河南省非物质文化遗产档案式保护与建设

祝洁　刘小可　主编

郑州大学出版社

图书在版编目(CIP)数据

河南省非物质文化遗产档案式保护与建设／祝洁，刘小可主编．—郑州：郑州大学出版社，2021．1(2025．1 重印)
ISBN 978-7-5645-6174-1

Ⅰ．①河…　Ⅱ．①祝…②刘…　Ⅲ．①非物质文化遗产-档案管理-研究-河南　Ⅳ．①G127．61②G275．9

中国版本图书馆 CIP 数据核字(2019)第 058298 号

河南省非物质文化遗产档案式保护与建设
HENANSHENG FEIWUZHI WENHUA YICHAN DANG'AN SHI BAOHU YU JIANSHE

策划编辑	王卫疆　胥丽光	封面设计	苏永生
责任编辑	部　毅	版式设计	苏永生
责任校对	胥丽光	责任监制	朱亚君

出版发行	郑州大学出版社	地　　址	河南省郑州市高新技术开发区长椿路 11 号(450001)
出 版 人	卢纪富		
经　　销	全国新华书店	网　　址	http://www.zzup.cn
印　　刷	广东虎彩云印刷有限公司	发行电话	0371-66966070
开　　本	787 mm×1 092 mm　1／16		
印　　张	14.25	字　　数	340 千字
版　　次	2021 年 1 月第 1 版	印　　次	2025 年 1 月第 2 次印刷

书　　号	ISBN 978-7-5645-6174-1	定　　价	46.00 元

作者名单

主　编　祝　洁　刘小可

副主编　郝伟斌　王　涛
魏　斌　陈　靖
郭亚军

前 言

河南省地处中原，是中华民族和华夏文明的重要发源地，文化底蕴丰厚，文化遗产丰富多彩，是全国非物质文化遗产资源大省。河南省非物质文化遗产资源有以下几个特点：第一，历史悠久。很多项目，如民间文学中的神话传说等，流传久远，带有华夏民族早期文化特征，对于中华民族文化的传承具有广泛的影响和重要价值。第二，内容丰富。经过普查，全省有价值的非物质文化遗产线索达 22 万多条。第三，分布广泛。全省各个市、县，甚至每个村庄都有相当数量的非物质文化遗产项目（简称“非遗”）和代表性传承人。尤其在一些保护相对完好的历史文化名镇（村）等地，非遗项目相对集中。第四，跨地域分布项目较多。如豫剧在全省几乎各个市、县都有存在，一些民间传说、传统技艺、民俗类项目在不同地区流布，并具有较大的共性。第五，影响较大。如新郑黄帝故里拜祖大典、马街书会、浚县正月古庙会、伏羲太昊陵祭典、洛阳牡丹花会等传统节会在全国都具有较大影响；太极拳、少林功夫、豫剧、河南坠子、马街书会，钧瓷、汝瓷、唐三彩烧制技艺，朱仙镇、滑县木版年画等，已经成为国内外文化交流的重点项目，在全国乃至世界范围内都有着很高的知名度和影响力。

近年来，河南省非物质文化遗产保护工作取得了明显成效，通过政府的努力，建立了专门管理和保护机构，对省内非物质文化遗产进行了全面调研和登记，建立了基地和试验区。截至 2016 年，已申请成功人类非物质文化遗产代表作名录项目 1 个（保护单位 2 个），国家级非物质文化遗产代表性项目 113 个、代表性传承人 84 名；分批通过了河南省级、市级、县级非物质文化遗产代表性项目、代表性传承人；建立国家级和省级非物质文化遗产生产性保护示范基地、研究基地、文化生态保护试验区、社会传承基地展示馆（传习所）、生产性保护示范基地。

目前政府主导的非物质文化遗产保护主要集中于调查、立项和建立专门机构。但是，非物质文化遗产本身具有对原生文化生态依赖强烈的特点，河南省非物质文化遗产的长远保护和传承必须落地于其在社会中的自然生长和延续，如何使各种社会组织和公民在认同非物质文化遗产重要性的基础上，真正参与保护。调动社会中的各种力量进行非物质文化遗产保护成为下一阶段保护工作的重点。

但是，河南省非物质文化遗产历史悠久、种类繁多、内容复杂、地理位置分散的特点给其跨地区、跨机构的保护和开发带来了困难，而其他社会组织和公民个人难以了解哪些是河南省非物质文化遗产，如何联系河南省非物质文化遗产代笔性传承人，难以获取河南省非物质文化遗产的详细信息，外界仅能通过文化交流项目集中获取河南省非物质文化遗产的详细信息，信息资源整合与共享不足导致社会和公众对河南省非物质文化遗产保护和开发的参与度不够，这是全面保护、传承和开发河南省非物质文化遗产必须解决的问题。

因此，在收集和管理河南省非物质文化遗产档案的基础上，建立河南省非物质文化遗产档案资源共享平台，多机构合作整合和共享信息资源，使政府部门、社会组织、公民个人以及非物质文化遗产传承人等获得翔实丰富的河南省非物质文化遗产信息，是实现对其管理、保护、传承和开发的基础。

如何建立河南省非物质文化遗产档案资源共享平台是本书要回答的第一个问题。该平台不仅为政府部门服务，也为其他社会组织和个人，如教育工作者、产品开发者等服务，并为不同的用户提供不同的功能，满足不同用户的需求。

在建立河南省非物质文化遗产档案资源共享平台的过程中，除了技术、人员、机构、法规政策的支持以外，也需要全面翔实的河南省非物质文化遗产档案资源。对现有河南省非物质文化遗产档案进行充分收集和整理，是本书要回答的第二个问题。

本书兼具理论性和实用性，读者对象既包括高校档案专业学生（博士生、硕士生、本科生）和教学研究人员，又包括非物质文化遗产保护和开发的实践同行。

本书由祝洁规划和设计框架，并执笔完成了第一、二、三、四、六、十章。刘小可撰写了第八章，王涛撰写了第十一章，郝伟斌撰写了第七、十二、十四章，魏斌撰写了前言及第五、九章，陈靖撰写了第十三章，郭亚军撰写了第十五章。郑州航空工业管理学院15级档案专业李小丽、成雅昕、李昭、徐小苗、刘笑阳、孙秋霞、曹潇和张佳琪同学参与了本书相关资料的收集和整理工作。

本书是国家档案局科技项目“数字人文视域下的非遗档案资源整合与开发研究”（项目编号:2019-B-14）、河南省档案局科技计划项目“河南省非物质文化遗产档案资源建设与服务研究”（项目编号:2018-R-16）的阶段性研究成果，感谢以上项目为本课题提供的立项支持。感谢所有指导、帮助和参与项目研究的人员，也感谢在项目研究中被引用或参考的所有文献作者，他们的智力成果为本书的写作做出了贡献。

本书的出版得到了郑州大学出版社的大力支持。

出于主、客观的局限性，本书一定存在不少疏漏甚至错误，恳望专家和广大读者批评指正。

编者

2020年11月12日

目 录

上篇 理论篇

下篇　资源篇

上篇

理论篇

第一章

绪 论

第一节 研究背景

非物质文化遗产(非遗)是民族文化的精华,是文化延续之命脉,也是文化创新的基础和源泉。非物质文化遗产是指各族世代相承与人民群众生产生活密切相关的表现形式,包括各种载体的语言形式,例如音乐、舞蹈、戏曲、习俗节庆。非物质文化遗产深深地植根于民间,融入人民的生产生活中,跟人民群众的生产生活息息相关,紧密相连,体现了中华民族特有的生活方式、道德观念、审美情趣和生活方式。很多国家的民族传统艺术形式,如戏曲舞蹈和手工艺逐渐消亡,保存文化的多元性和丰富化逐渐成为世界各国的共识。

非物质文化遗产档案是国家机构、社会组织以及个人在保护、传承和弘扬非物质文化遗产过程中,运用文字、录音、录像、数字化多媒体等各种形式对非物质文化遗产本身及其传承进行真实、系统和全面收集整理,而形成的对社会有保存价值的各种载体的信息记录。非物质文化遗产档案直接反映了文化活动项目的基本面貌、传承状况等,并且将非物质文化遗产由无形转化为有形的实物,保存和利用好这部分档案是非物质文化遗产抢救和保护工作必不可少的重要内容。以档案为载体依托,活性的非物质文化遗产寻求到适合自身的固化保存方式,文化的发展性、多样性和包容性得以见证,同样,通过对档案中包含的非物质文化遗产信息进行深层次的开发、挖掘和利用,使得档案的重要性再次得到重申,也为传统的档案工作开辟新的施展舞台①。

国务院办公厅在2005年下发的《关于加强我国非物质文化遗产保护工作的意见》中明确规定:“要运用文字、录音、录像、数字化多媒体等各种方式,对非物质文化遗产进行真实、系统和全面的记录,建立档案和数据库。”这就为建立非物质文化遗产档案,构建非物质文化遗产档案数据库,推进非物质文化遗产档案工作提供了切实的法律保障。

---

① 韩凤.我国非物质文化遗产的档案式管理研究[D].南昌:南昌大学,2013.

河南省是非物质文化遗产大省，截至2024年，河南省拥有的省级非物质文化遗产名录达到1 030项。目前河南共有国家级非物质文化遗产项目125个。河南非物质文化遗产资源具有价值较高、内容丰富、分布广泛、跨地域分布项目较多、影响较大等特点。如新郑黄帝拜祖祭典、马街书会、浚县民间社火、太昊伏羲祭典、洛阳牡丹花会等传统节会在全国都具有较大影响。太极拳、少林功夫、豫剧、河南坠子、马街书会，钧瓷、汝瓷、唐三彩烧制技艺，朱仙镇、滑县木版年画等已经成为国内外文化交流的重点项目，享誉海内外。但是当前河南省非物质文化遗产（河南非遗）生存环境急剧恶化，许多传统技艺濒临消亡，大量有历史、文化价值的珍贵档案与资料遭到毁弃或流失，缺乏有效的保护、管理和开发利用。同时，河南省非物质文化遗产信息化的工作相对滞后，严重影响了河南省非物质文化遗产的保存、发展与传承。

第二节　研究意义

非物质文化遗产是近年来我国档案学研究中的一个新兴领域，这对于拓展档案学的研究内容，加强非物质文化遗产的保护与开发均具有重大的理论意义及现实意义。

一、理论意义

首先，近年来非物质文化遗产的保护越来越受到人们重视，而档案作为保存非物质文化遗产的较好方式已为社会所公认，因此，保护非物质文化遗产，进行非物质文化遗产档案资源建设成为全人类共同的责任。

其次，关于非物质文化遗产保护的研究是一项跨学科的课题，在现有的文物、档案、图书专业领域的知识和理论框架中都无法全面解释和透彻分析。解决这一问题既需要有扎实的理论基础，又要有深厚的专业知识。非物质文化遗产保护策略的研究是档案、图书、文物等领域研究工作者和管理工作者一项长期的艰巨任务。非物质文化遗产档案的研究对保护非物质文化遗产是一个突破口，具有一定的学术意义。

二、现实意义

首先，联合国教科文组织于2003年10月通过了《保护非物质文化遗产公约》，旨在保护以传统、口头表述、节庆礼仪、手工技能、音乐、舞蹈等为代表的非物质文化遗产。联合国教科文组织已经启动世界范围抢救、保护非物质文化遗产的工程，得到全世界各族人民的积极响应和配合。我国于2004年8月加入《保护非物质文化遗产公约》，2005年12月22日，我国设立“文化遗产日”，大力宣传保护非物质文化遗产。因此，研究和保护非物质文化遗产是时代赋予我们的责任。

其次，作为档案学者，我们应当拓展非物质文化遗产的保护途径，积极发挥档案的记录、保护、利用功能，完善非物质文化遗产档案管理体制，加强对非物质遗产档案资源的收集、管理、开发和利用，这有助于推动我国非物质文化遗产档案资源建设，传承中华民族文化和精神。

与非物质文化遗产有关的档案信息资源既是非物质文化遗产展现和继承的媒介与载体，又是非物质文化遗产发展与传承的产物。在现代技术环境下，利用信息数字化、数据库等技术手段对与非物质文化遗产相关的档案信息资源进行数字化处理揭示信息资源的内容与特征，建构系统、规范、开放的信息资源检索系统，通过统一的平台向用户提供河南非物质文化遗产档案信息资源的服务，可以为非物质文化遗产的保护、宣传、研究、传习提供强大的信息资源支撑。

最后，在全球化的今天，非物质文化遗产的诸多形式受到文化单一化、武装冲突、旅游化、工业化、农业人口外流、移民和环境恶化的威胁，正面临消失的危险①。目前我国非物质文化遗产保护也面临极大的问题和困难，保护非物质文化遗产是一项极为紧迫的任务。研究非物质文化遗产档案这个课题，可以对活态的非物质文化进行记录、保存、整理和传播。

第三节 国内外研究现状

一、国外研究现状

国外的研究方面，日本是第一个对于非物质文化遗产实施活态保护的国家，早在年颁布的《文化财保护法》中，最早使用了“无形文化财”一词，也即我们后来所说的“非物质文化遗产”。这一新名词的诞生，标志着人类对文化遗产的保护范围已经从原有的物质层面延展到非物质层面，在人类遗产保护史上具有划时代的意义②。同时，日本提出了大文化遗产的理念，并对其戏剧、音乐等古典表演艺术及传统手工艺技术等“重要无形文化财产”进行指定和保护工作，日本的图书馆、档案馆、博物馆都充分利用馆藏资源进行非物质文化遗产档案化、数字化建设，积极建立非物质文化遗产档案资源数据库，进而建立起文化遗产资源公共获取平台。

韩国自 20 世纪 60 年代就着力于传统民族、民间文化的搜集和整理。1962 年韩国制定了《韩国文化财产保护法》，从这年开始韩国政府主持进行了大量的非物质文化遗产的记录工程。从最初的利用文字、相片、影像三种方式进行记录，到利用数码方式进行记录。韩国政府不仅抓紧对即将遗失的资料进行建档保存，另外还从国民文化享受权的角度，谋求多样化的方案来对外公开现有资料。半个世纪以来，韩国已经陆续公布了 100 多项非物质文化遗产，且有立项加速的趋势。韩国记录非物质文化遗产的方式主要分为三种：一是调查过程中获取的录像及相片资料；二是非物质文化遗产现状的调查报告、记录性书籍和记录性电影；三是对非物质文化遗产进行调查后整理的综合报告书。韩国政府自 2003 年起，便致力于建设国家非物质文化遗产信息网，截至目前，已经构建成较为

① 联合国教科文组织.人类口头和非物质文化遗产代表作申报书编写指南.[EB/OL][2019-05-12].https://www.chinesefolklore.org.cn/web/index.php? NewsID=5441&Page=4.

② 储蕾.非物质文化遗产档案化保护研究[D].苏州:苏州大学,2012.

丰富、完整的国家级非物质文化遗产档案数据库，便于公众浏览、获取非物质文化遗产信息，同时积极申遗，扩大本国文化影响力，增强文化软实力。

美国的《民俗保护法案》于1976年颁布，虽然时间上要晚于日韩等国，但是口述档案在美国的发展为非物质文化遗产工作做出了巨大贡献。早在1948年，历史学者亚伦·芮文斯(Allen Nevins)，在美国哥伦比亚大学建立了第一座现代口述历史档案馆，用于记录、保存美国生活中有意义的私人回忆资料。时至今日，在美国各州，收藏口述历史资料的博物馆、图书馆随处可见。其他各国也纷纷效仿美国，口述档案已成为非物质文化遗产研究与保护工作不可或缺的资料来源。

北欧很早就建立了民俗档案，1972年成立了北欧民俗学协会，具体领导整个北欧的民俗档案的研究工作。在北欧民俗学协会的整体指导之下，北欧各国民俗档案馆在搜集、整理、归档、研究、传播、利用民俗材料等各个层面统一了思路，真正实现了北欧各国民俗档案馆之间的互通有无与互利合作，为世界民俗档案馆的建设提供了丰富的经验。

1989年，联合国教科文组织通过了《保护民间创作建议案》，其中以“民间创作”来指代非遗，并具体规定了民间创作的鉴别、保存、保护、传播、维护以及国际合作各个方面的实施。2001年，联合国进一步通过《世界文化多样性宣言》提倡对非物质文化遗产的保护，认为非物质文化遗产与物质文化遗产同样重要，同样是世界多样性文化的重要组成部分。2003年，非物质文化遗产保护史上的一部重要文件诞生了——《保护非物质文化遗产公约》，第一次以法律形式确定了“非物质文化遗产”(intangible cultural heritage)的称谓，并明确规定了具体保护措施。此外，国际上还有很多关于非物质文化遗产代表作认定的法规文件。

二、国内研究现状

截至2024年，我国共有44个项目列入联合国教科文组织非物质文化遗产名录，成为世界上非物质文化遗产最多的国家。在组织机构的设置上，文化部下设有非物质文化遗产司，另设有中国非物质文化遗产保护中心以及国家非物质文化遗产保护工作专家委员会等组织，负责全国的非物质文化遗产保护和传承工作。国务院办公厅于2005年颁布《关于加强我国非物质文化遗产保护工作的意见》，每两年批准并公布一次国家级非物质文化遗产代表作名录。但是，非物质文化遗产在受到社会飞速发展的冲击，不少有价值的文化遗产正在不断消失，如大部分古艺术处于人亡艺绝的境地，不少民俗文化处于解体、瓦解、崩溃甚至急速消亡的状态。

近年来，档案界对非物质文化遗产保护工作较为关注。以期刊论文为例，在中国知网中搜索标题中包含“非物质文化遗产”和“档案”的关键词，共检索出论文338篇。这些论文的研究内容主要集中于以下几个方面。

(一)非遗档案、非遗档案式保护等概念的提出

2006年，侯采坪、工晓燕第一次提出了“非遗档案”的概念，并指出“档案部门应加强对非遗档案的收集”。2007年，覃美娟提出档案式保护，就是将无形的非遗用文字或形成图像的手段保留下来，并按照特定的管理方式存档。对非遗资料的搜集、整理、保管等工

作，主要依托和借鉴档案馆工作，通过建立非遗档案辐射整个非遗保护过程。李珊珊等人系统论述了非遗信息资源的档案式管理，由于非遗具有无形性、活态性、分散性等特点，无法直接予以保存和管理，因而提出了建档管理非遗的方法。具体途径是通过拍照、录音、录像等记录方法，将活态的非遗固化到一定的载体上，形成非遗信息资源，并科学地整理、归档保管保存，为非遗价值开发和日后查阅利用提供有利条件。

(二)对不同门类非遗档案的研究

胡立耘从声音档案角度提出要加强非遗的保护，这是学者研究首次将档案工作与非物质遗产保护相结合。彭毅指出“艺术档案与非遗有着密不可分的联系。”蔡杏君对浙江新昌腔调艺术档案保护进行了解析。汪洁等学者对非遗中口述档案进行了研究。学者对非遗档案的研究还包括女书档案、声像档案、民俗档案、城建档案等类型，研究范围不断覆盖其他门类的非遗档案，研究成果显著。

(三)对非遗档案的保护研究

对非遗档案的保护研究，既是实践工作的需要，又促进了档案事业的进一步发展，主要包括对非遗档案的保护理论研究和保护实践研究。

(1)非遗档案的理论研究。于宏敏强调档案部门作为历史记忆记录者和保存着，应从自身角度加强对非遗保护工程中的档案工作的重视。王云庆、赵亚敏指出档案馆是档案的保存单位，参与非遗保护具有必要性，并对档案馆参与非遗保护的方法和举措进行了全面阐述。何永斌从档案学的角度，分析了档案与非遗的关系，指出非遗保护对档案主体、客体、载体关系的深刻影响，总结了非遗保护工作中，档案部门应该重视和处理好的五个基本问题。王云庆、陈建对非遗档案及档案资源保护原则进行理论与实践上的探讨，指出在非遗保护中应警惕档案机构边缘化，档案部门应在非遗保护中坚持及时建档、真实完整、系统有序、分级保护、优化利用的原则，并建议政府应尽快把档案机构引入非遗保护工作的联动机制，形成保护非遗的更大合力。储蕾指出非遗具有档案的一些属性，是对其实行档案化保护，是建立非遗档案的依据。

(2)非遗档案的保护实践研究。张弘、练红宇分析了四川非遗档案保护工作中存在的问题并提出解决对策，提高对非遗档案保护意识，进一步促进四川旅游产业的开发。韩凤对非遗档案的内涵进行剖析，论证了档案部门介入非遗档案收集、整理、利用环节的可行性，并指出实践中非遗档案保护策略应注意的具体问题。严妍、谭文君、虎娇玫对云南省哈尼族非物质档案遗产现状进行分析，有针对性地提出保护方法和对策。

(四)非遗档案式保护的研究

覃凤琴分析了从“非物质”到“外化物质再现”保护的原因及措施，提出了从“档案式保护”考察非物质文化“外化物质再现”的意义。张继选取1972年《关于在国家一级保护文化和自然遗产的建议》、1989年《保护传统文化和民俗的建议》《建立“活的人类财富”国家体系指南》、2003年《保护非遗公约》这四个国际法立法对“非遗”的档案式保护进行了探析，随后他又对非遗的档案式保护中的“社会参与”从国际法、国内法、学界上的界定进行了探析，指出了“社会参与”的主要特点和主要障碍，并提出了两点解决策略。陶园、李青以徐州琴书保护为例，分析了非遗保护工作的迫切性，指出档案式保护能渗透到各个环节，在管理方式、资源配置、记录和保存上的优势。而后，陶园，缪晓梅探讨了档案式保护的策略，即普查、建档、保存、提供利用，并提出了档案式保护应注意的四个问题。

从研究数量上看，我国研究非物质文化遗产档案的总体数量呈上升趋势，但篇数很少；从研究内容上看，对非物质文化遗产档案的研究很片面，学者们更侧重于对非物质文化遗产档案的概念、工作管理的研究，但在非物质文化遗产的利用方面的研究和对非物质文化遗产对人们生活起到积极作用的研究相对较少；从学科领域上看，非物质文化遗产档案研究只在档案领域关注度较高，在其他领域并没有引起广泛关注。数字化和信息化是未来信息资源管理发展的必然趋势，应重视对非物质文化遗产档案信息化建设的研究，在未来为非物质文化遗产档案资源管理上提供理论依据。

第四节　研究思路和方法

一、研究思路

本书在非物质文化遗产档案管理基本理论和现状研究的基础上，探索了非物质文化遗产档案式保护和建设的理论和实践。本书分为理论篇和资源篇，理论篇为非物质文化遗产档案式保护的相关理论研究，对非物质文化遗产与档案工作、非物质文化遗产档案式保护模式以及数字时代非物质文化遗产档案资源建设与服务等问题展开研究。资源篇按照民间文学、传统美术、传统音乐、传统舞蹈、传统戏剧、曲艺、传统体育、游艺与杂技、传统技艺以及传统医药和民俗十大类列举河南省国家级非物质文化遗产代表性项目，图文并茂地介绍河南省国家级非物质文化遗产档案资源。

第一章为绪论。介绍了本书选题的研究背景、研究意义、国内外研究现状以及研究思路和方法。

第二章主要分析了非物质遗产与档案工作的关系。对非物质文化遗产、非物质文化遗产档案的概念进行界定，并从工作目的、理论基础、工作内容等方面分析了非物质文化遗产保护与档案工作的关系。

第三章探讨了非物质文化遗产档案式保护的具体实现。从非物质文化遗产档案的收集、建档、保管、利用、宣传等方面研究了非物质文化遗产档案式保护的实践环节。非物质文化遗产档案化保护的实践措施以档案工作的阶段划分为基础，但在具体实施中又有着自己的特色。

第四章以河南省为例研究了数字时代非物质文化遗产档案资源建设与服务。从河南省非物质文化遗产档案资源共享平台构建的必要性和可行性、影响因素、系统需求分析和功能设计、关键技术以及运行保障措施等方面展开研究。

第五章分析了当前河南省非物质文化遗产保护的现状、存在的问题及对策。

第六章到第十五章具体介绍河南省国家级非物质文化遗产档案资源，包括各个项目的历史沿革及分布情况、项目基本内容和艺术特征、传承谱系及代表性人物、主要价值和目前受保护的情况。

二、研究方法

（一）调查法

运用实地调查、走访和问卷调查的方法，对河南省非遗项目所在地进行实地走访调查，充分了解河南省非遗信息资源建设现状，并以此为基础分析其中存在的问题，进而提出相应的对策，构建河南非物质文化遗产档案资源共享平台。

（二）文献研究法

通过调查文献来获得资料，从而全面地、正确地了解非物质文化遗产档案资源建设的历史和现状，掌握非物质文化遗产档案资源保护和建设研究的全貌。

（三）案例分析法

立足于河南非物质文化遗产档案资源共享平台建设和运行实例，探讨了非物质文化遗产档案资源共享的需求，并对共享平台的功能及运行情况进行了分析。

第二章

非物质文化遗产与档案工作

第一节 非物质文化遗产

一、概念界定

非物质文化遗产是文化多样性的熔炉，又是文化可持续发展的保证，保护人类非物质文化遗产是全世界普遍的意愿和共同关心的事项。但是另一方面，非物质文化遗产面临损坏、消失和破坏的严重威胁。

为了促进全世界范围内的非物质文化遗产的生产、保护、延续和再创造，2003 年，联合国教科文组织第 32 届大会通过《保护非物质文化遗产公约》，对“非物质文化遗产”做出了最新的定义：非物质文化遗产指被各群体、团体、有时为个人所视为其文化遗产的各种实践、表演、表现形式、知识体系和技能及有关的工具、实物、工艺品和文化场所①。这种非物质文化遗产世代相传，在各社区和群体适应周围环境以及与自然和历史的互动中，被不断地再创造，为这些社区和群体提供认同感和持续感，从而增强对文化多样性和人类创造力的尊重。在公约中，只考虑符合现有的国际人权文件，各社区、群体和个人之间相互尊重的需要和顺应可持续发展的非物质文化遗产。

二、分类

依据《保护非物质文化遗产公约》的规定，非物质文化遗产可分为两类：①传统的文化表现形式，如民俗活动、表演艺术、传统知识和技能等；②文化空间，即定期举行传统文化活动或集中展现传统文化表现形式的场所，兼具空间性和时间性。

非物质文化遗产的范围包括：

（1）口头传统，包括作为文化载体的语言。

① 联合国教科文组织.《保护非物质文化遗产公约》.

(2)传统表演艺术。

(3)民俗活动、礼仪、节庆。

(4)有关自然界和宇宙的民间传统知识和实践。

(5)传统手工艺技能。

(6)与上述表现形式相关的文化空间。

在我国的国家级非物质文化遗产代表性项目中，将非物质文化遗产代表性项目分为十大类，即民间文学、传统音乐、传统舞蹈、传统戏剧、曲艺、体育游艺与竞技、传统美术、传统技艺、传统医药、民俗。

第二节　非物质文化遗产档案

一、定义

非物质文化遗产是一种特殊的人类文化活动，活动从开始到结束都会不断有档案产生，这部分珍贵的历史记忆就是非物质文化遗产档案，它们忠实地记录活动的发展进程，反映人类文明的发展状况，在非物质文化遗产的传承与保护中有着举足轻重的分量。

目前国际上对非物质文化遗产档案的定义还没有权威、统一的界定，这对其保护是不利的。国内的不少学者依据自身的研究对非物质文化遗产档案下定义。其中，顾永贵认为，非物质文化遗产档案是指国家机构、社会组织以及个人在保护、传承和弘扬非物质文化遗产过程中，运用文字、录音、录像、数字化多媒体等各种形式对非物质文化遗产本身及其传承进行真实、系统和全面收集整理，而形成的对社会有保存价值的各种载体的信息记录。王云庆、赵林林提出："非物质文化遗产档案是指在非物质文化遗产活动中形成有价值的、真实的、原始并不加修饰的全部内容进行归档，如在非物质文化遗产活动中用到的服装、器材等物品，以及在其活动中形成的文字记录、音像资料等。对于已经列入非物质文化遗产名录的遗产项目，它的档案还应当包括与'申遗'工作有关的一系列档案文件材料等。"

总之，在学术界主要存在两种主流观点，一是狭义的定义，即非物质文化遗产档案是非物质文化遗产项目在申报活动中形成的一系列档案。另外一种是广义的定义，认为非物质文化遗产档案是与非物质文化遗产活动有关的所有档案的总称。如王云庆在《论非物质文化遗产档案及其保护原则》一文中提出的观点。

在非物质文化遗产定义的基础上参照档案的概念，非物质文化遗产档案可以界定为社会组织和个人在表现、传承和保护非物质文化遗产活动中直接形成的用于保存备查的各种形式和载体的信息记录。

非物质文化遗产档案应当包括这样一些内容：①非物质文化遗产发生、发展、演变的历史过程；②非物质文化遗产的活态遗存状况；③非物质文化遗产的标志性物质载体和表现方式；④非物质文化遗产代表性传承人的基本情况与相关资料；⑤非物质文化遗产工作和事业发展的全景式记录及各类阶段性成果等。

二、特点

(一)客观性

非物质文化遗产档案具有客观性。非物质文化遗产活动是一种特殊的文化活动,它的存在势必借助一定的物质载体。而档案可以对当时的文化活动做出真实可信的记录,信守于真实反映其起始情况、沿革状况以及未来趋势,非物质文化遗产档案是切实存在的,它能够将非物质文化遗产转化为以有形化具体化的实体形式保存,体现了客观特性。

(二)文化性

非物质文化遗产档案具有文化性。非物质文化遗产是一种活态的文化现象,具有厚重的文化特性,体现了人民群众在日常生产生活的常态,反映了各地不同的文化习惯。非物质文化遗产档案及时将这些文化特性记录下来,将中华文化在历史进程中的发展脉络清晰地铺开在我们面前,并使我们确信中华文化的发展始终遵循某种规律,正是这种规律保证了民族文化的一脉传承始终刻记着中华民族的烙印。

(三)历史性

非物质文化遗产档案具有历史性。档案的客观记录性赋予档案要肩负起镌刻历史记忆的职责。我们渴望真实触碰到中华民族在几千年文明发展中留下的记忆痕迹,恰好非物质文化遗产档案可以帮助最大限度地还原历史面貌;透过它,我们可以身临其境,置身于不同历史时期、不同民族、不同地域、不同文化场景的切换当中。

(四)多样性

非物质文化遗产档案具有多样性。非物质文化遗产档案的多样性主要体现在内容多样性和载体多样性两个方面。内容多样性是指涵盖了中华文化几千年历史积淀的非物质文化遗产内容,包罗万象,作为它具体形象反映的非物质文化遗产档案内容自然也是相当丰富。载体多样性是指非物质文化遗产表现形式多彩纷呈,对其加以记录不能只寄希望于传统的纸和笔,必须引入多种媒介载体将这些转瞬即逝的文化形势保存下来以保持其原汁原味的艺术性,如照片、录音带、录像带、胶片、光盘,等等①。

三、分类

(一)基于载体的非物质文化遗产档案分类

1. 纸质类非物质文化遗产档案

从档案载体分,纸张是文字的主要载体材料,纸质档案具有很大的优越性且应用广

① 董达. 非物质文化遗产档案资源建设研究——以南京地区为例[D]. 哈尔滨:黑龙江大学,2015.

泛，是数千年档案资料积累的重要主体。非遗本身及相关文献记载、非遗传承人的人事档案和相关资料、非遗申遗和保护记录，都以纸质形式存在，数量巨大。非遗保护已然成为文化工作的重点，相关纸质档案也日渐增多。有些纸质档案是能够反映非遗原貌的罕见资料，对于非遗的研究、传承和保护至关重要。如何管理这部分纸质档案，配合非遗保护工作也成了日常非遗档案管理的重点。

此外，非遗纸质档案中还包含有一部分特殊的档案内容，即非遗申遗调查资料的文字化资料。非遗田野调查之后形成的档案照片、音像资料、口述录音等都需要文字化。这需要档案工作者积极了解非遗知识，用科学专业的态度进行加工整理。

2. 实物类非物质文化遗产档案

非遗档案管理需要保存大量的实物档案，非遗传承中用到的制作工具、演出道具、成果产品，这些物质成果与非遗活动本身是一个整体，是不可分割的，都属于非遗实物档案，都需要收集归档。已经登录的非遗档案、尚未收集保管的非遗档案中很大一部分是实物档案。一方面，非遗实物档案在非遗保护中发挥不可替代的优势，具有真实性、凭证性、历史性、形象性等特点，能以直观的姿态展现在人们面前，活灵活现，感染力强，往往更能向观众展现非遗的精华和价值，其凭证价值和研究是文字材料所不能及的。另一方面，为维护非遗档案的完整性，必须将实物档案一并收集。散落在民间的木版年画、钧瓷瓷器、罕见的唐三彩成品瓷器、民间私人保留的龙舟、贝叶经等都是价值极高的非遗实物档案。

3. 特殊载体类实物档案

非遗自身发展演变、保护传承、非遗项目申报需要用录音、录像、数字化等多媒体手段对非遗进行真实、传神、全面、系统的记录。这就形成了大量的照片档案、音频档案、录像档案等特殊载体档案。在实际工作中，人们依据特殊载体档案的形成领域、信息表现形式等特征，将其区分为声像档案和电子档案。声像档案包括录音档案、录像档案以及照片档案，它们是通过专门设备，如录音机、录像机以及照相机等，将声音和图像记录在载体上电子档案是在数字设备及环境中生成，以代码形式存贮在磁盘、闪存盘以及光盘等载体上，依赖计算机等数字设备阅读、处理，并可在网络上传输的文件。以江苏的竹马舞申请成为国家级非遗为例，申报时需要准备的材料中包括一定量珍贵的竹马舞视频和照片资料。非遗口述档案中的神话传说、歌谣谚语、民间说唱以及对传承人的采访记录等也往往制作成录音、录像形式的特殊载体档案。

(二)基于非遗项目类别的非物质文化遗产档案分类

由于非物质文化遗产的项目特征比较明显，因此，以联合国教科文组织《保护非物质文化遗产公约》为基础，可以将非物质文化遗产分为以下几种类别。

(1)口头传统类，包括作为各地区文化载体的各地语言以及一些神话传说。如嫦娥传说、梁祝传说、孟姜女传说、口传叙事长诗《阿诗玛》等。

(2)表演艺术类，包括戏曲、曲艺、民间杂技、山歌、民歌等，如古琴艺术、昆曲艺术、京剧艺术、新疆维吾尔木卡姆艺术、苏州评弹等。

(3)社会风俗类，包括一些经常性的民俗活动、礼仪、节庆等，如端午节、泼水节等传统礼俗。

(4)手工艺类,如剪纸、刺绣、云锦、宣纸、紫砂陶等制作技艺。

(5)有关自然界和宇宙的知识和实践,如民间科学、民间哲学、民间医学等。

(6)文化空间类,文化空间指的是某个民间或传统文化活动集中的地区,或某种特定的、定期的文化事件所选定的时间。如大理白族绕三灵、妙峰山庙会等。

(三)基于内容的非物质文化遗产档案分类

1. 非遗本体档案

非遗本体档案是记录和反映非遗产生、发展和变化的完整历史过程的档案。包括记录和反映非遗传承和发展的文字资料、录像材料、从有关文献中挖掘出的档案史料的系统整合材料,以及作为非遗表现道具和成果展示的实物等。例如传统的雕塑工艺、口头形式创造并流行于民间的巧媳妇、呆女婿故事、木偶戏表演用到的木偶等。非遗本体档案是最原始、和非遗传承相关度最高的。这部分档案对于推动非遗保护具有重要作用,是非遗档案管理的重要对象。但是往往来源广泛、保管状况不一,具有明显的动态性、复杂性与综合性,管理起来难度较大。众多非遗是自主传承的文化遗产,但是非遗面临自身生存状况恶化和社会转型危机的关键时期,非遗研究学术界往往能够承担起抢救非遗、唤醒社会保护意识的重任。要注重对非遗本体档案的编研和利用。以传统戏剧类非遗为例,其利用需要求包括多个方面,例如排练《穆桂英挂帅》《花为媒》《贵妃醉酒》等著名剧目,编写影艺术史志、申报国家级非遗项目、举办艺术展览、非遗相关产品的产业化开发等都需要用到非遗相关资料。中国作为一个发展近万年的文化大国,传统的农耕生产和农具制作知识、传统的农作物品种和农作物品种及繁育知识丰富。以非遗本体档案编研成果为基础,学者们能够通过深入研究,发现非遗保护及传承的规律,辅助非遗保护决策工作,为更好地保护非遗奠定基础。非遗保护及其档案编究成果可以通过论文集、出版专著的方式向社会宣传。非遗宣传是非遗保护工作的重要组成部分,而本体档案,尤其是令人叹为观止的实物档案,在唤起人们对传统文化的情感记忆和对非遗价值的认同中作用巨大。以非遗实物档案资源为基础,创造包括展览、展演、社会实践在内的形式多样、内容丰富、百姓喜闻乐见的宣传活动,将在传播非遗保护理念方面起到巨大作用。

2. 非遗传承人档案

非遗传承人档案包括传承人信息及其背景资料、传承人艺术作品,以及和传承人相关的非遗信息。只有有传承人载体并正在持续活态传承的文化遗产才是非遗。

建立传承人档案是保护传承人的重要方式,也是保护非遗的必然途径。非遗真正的传承主体是深深植根于民间社会的非遗传承人。非遗传承人是非遗保护的关键节点和重要主体。他们掌握着非遗的知识和技艺,既是非遗的知识宝库,又是非遗活传继的线索所在,同时还是非遗的代表性人物,保护非遗传承人对于非遗保护至关重要。他们承担着传承民族历史文化记忆、传承传统工艺技术、传承民间文学艺术、传承民族精神与道德传统的职能。以我国最早被联合国宣布为人类口头和非物质文化遗产的代表作的昆曲为例,其传承人的老龄化现象严重,许多传承人在被认定的过程即"人亡艺息"。通过建立濒危项目传承人档案,是抢救非遗的重要途径。非遗传承人档案记录和反映了非遗传承人的活动和技艺，完善传承人档案，加强传承人档案管理是非遗保护的必然。

非遗传承人档案管理包括档案收集、整理、保管、编纂、检索、提供利用等。

传承人档案的收集可以通过传承人本人及非遗活动参与者收集，也可以通过人事部门收集，也可以充分发挥主动性，通过社会渠道征集流落在民间的传承人资料。

3. 申遗与保护档案

非遗申遗与保护档案是指非遗申遗过程中形成的相关材料，正式公布的非遗保护名录以及为抢救、保护、管理和开发非遗过程中形成的各种材料。包括非遗项目申遗过程中形成的申请报告、项目申报书、保护计划，为记录、抢救非遗形成的一系列的资料等，也包括各级政府颁布的非遗保护文件、地方性非遗保护政策法规文件，如《国务院办公厅关于加强我国非物质文化遗产保护工作的意见》。以河北传统麒麟舞的保护为例。其申遗与保护档案包括申请国家级非遗项目的申请文件，为申遗成功准备的一系列优秀的麒麟舞视频文件、相关的纸质说明、最后的申请结果文件以及后续保护和开发利用麒麟舞的相关记录。

非遗申遗与保护工作档案，一般由特定的文化机构收集和产生。这部分档案数量也相对较少，各官方机构应该以秉承专业、严肃的态度，在日常非遗保护工作中形成的档案要注意将非这部分档案及时归档，要完整保存、连续发展，妥善保管，并按时移交档案馆①。

第三节 非物质文化遗产保护与档案工作的关系

非物质文化遗产的主体是人，是用人的声音、形象和技艺等行为的艺术表现，并经代代相传的文化活动。在非物质文化遗产形成过程中存留了大量的已经形成的资料，这些宝贵的资料具有真实性、历史性、多样行、动态性，社会性等特点。档案是社会活动中已经形成的真实可靠的具有原始记录本质特性的产物，它同时也是一个民族、一个国家历史的真实记录，是历史文化的积累和传承手段。非物质文化遗产和档案都能把过去带到现在和未来，以便人们利用。非物质文化遗产具有档案的特性，可以转化为档案保留、传承，因此它是档案中的一部分。

一、档案管理与非物质文化遗产保护高度契合

首先，现代档案部门的使命为“为社会保留记忆、传承文化、提供信息”，这一点与非物质文化遗产的根本目的“为中国社会未来的可持续发展留存并提供精神财富”是基本一致的。

其次，档案管理理论适用于非物质文化遗产的保护。例如文件生命周期理论强调了文件运动的时间跨度，实现文件的整个生命运动过程的全面控制，提高了文件管理效能。非遗档案管理按特定时间对文件实施特定的保护措施，契合非物质文化遗产抢救性保

① 李丹. 非物质文化遗产档案式保护中的分类问题研究[D]. 长沙：湘潭大学，2016.

护、整体性保护的要求。通过研究非遗“形成—传承—消亡”整个运动过程,探讨非遗价值属性与其传承、保护主体行为之间关系。档案价值鉴定理论,以档案的内在和外在形式特征为评判标准区分不同档案的价值。对非遗保护过程中产生的文件和资料必须进行价值和真伪鉴定,才能进行归档保存。在这一过程中,档案价值鉴定理论就可以提供理论指导。

最后,保护非物质文化遗产工作的具体内容和档案部门的业务环节存在着高度默契。保护非物质文化遗产工作的具体内容中口述档案的收集与非物质文化遗产的调查记录之间、一般档案的基础工作与非物质文化遗产的建档与保存之间、档案的开发利用与非物质文化遗产传承之间存在着高度契合关系。

二、档案机构参与非物质文化遗产保护是其不可推卸的责任

档案机构应主动参与非物质文化遗产保护,强化对非物质文化遗产档案的业务指导力度、积极为非物质文化遗产的普查、申报、保护、宣传和开发利用工作提供支持。档案工作者在开展非物质文化遗产档案工作时要考虑非物质文化遗产的特殊性,对原有的档案管理模式进行创新,开创一种符合非物质文化遗产保护要求的管理模式;档案部门对其进行管理时,要以法律为根据,以利用非物质文化遗产档案为前提,并主动与参与非物质文化遗产保护行动的相关人员和传承人联系。档案机构为非物质文化遗产保护工作提供保障,使其有法可依,能够顺利开展非物质文化遗产保护工作,保护非物质文化遗产工作联席会议需要档案机构的加入。政府应鼓励档案机构尽快参与到非物质文化遗产保护工作中去,使非物质文化遗产成果最大限度地受到保护。因此,档案部门参与非物质文化遗产保护是其不可推卸的责任。

三、收集非物质文化遗产档案是丰富公共档案馆馆藏资源的有效途径

发掘、收集非物质文化遗产档案可以丰富和优化公共档案馆馆藏,为建立特色档案工作提供丰富资料,可以促进拯救民族文化遗产工作的进程。部分非物质文化遗产完全符合纳入特藏室的标准,档案馆可以利用档案特藏室对保存档案独有的特点,实现对非物质文化遗产价值的利用,充分发挥非物质文化遗产的价值。针对非物质文化遗产保护,应通过建立非物质文化遗产数据库为非物质文化遗产档案提供技术手段,在建立非物质文化遗产数据库下,将不同区域的非物质文化遗产档案形成专题,从而对未来开展文化服务提供作用,也会成为未来公共档案馆重要的一部分。

收集非物质文化遗产档案要到民间进行深入调查,走街串巷地访问群众,从群众口中得知非物质文化遗产的相关信息,从而找到传承人并从那里获得大量有价值的原始资料,以保证非物质文化遗产活动内容的真实性;从历史文献中找到有记载非物质文化遗产相关内容的史料,可以使收集到的非物质文化遗产活动内容很完整,不只局限在某一阶段的史料档案,而是能收集到活动中各个阶段形成的资料;面向社会开展征集非物质文化遗产史料的活动,可以从个人、组织机构那里收集到真实记录非物质文化遗产的珍贵照片、录音和录像等;还可以通过查找在申报非物质文化遗产保护名录工作中形成的档案。

四、非物质文化遗产档案管理工作有利于对非物质文化遗产的长效保护

开展非物质文化遗产档案管理工作既能对非遗相关实物和场所进行全面收集、整理、保存,又能将“无形的”非遗进行固化,更加生动形象地进行记录和保护。同时,利用非遗资料进行研究和利用,促进非遗保护和价值开发,实现“以保护促发展,以发展增保护”的非遗保护可持续发展之路,从而有利于建立和实现非遗保护的长效机制,增强非遗保护的自觉与自信。

参与非物质文化遗产保护工作是档案工作中的一部分,可以利用档案部门的优势开展非物质文化遗产档案的整理和利用工作。在非物质文化遗产档案整理的过程中,可以设置非物质文化遗产档案客体全宗,并参照《中国档案分类法》、遵循“信息集中”和“馆藏独立”原则建立非物质文化遗产实体分类法。在利用环节,在对非物质文化遗产进行保护的同时要与当今档案工作实际需求相结合,分析历史档案在非物质文化遗产保护中的利用意义,提出历史档案利用在非物质文化遗产保护中的基本原则。同时,通过对非物质文化遗产形成的过程进行反复研究,确定最接近非物质文化遗产原貌的文献资料,并对其制订保护计划,充分利用现有的档案资源,对“申遗”工作提供有力支持。

第三章

非物质文化遗产档案式保护的具体实现

第一节 非物质文化遗产材料的收集

非物质文化遗产的档案式保护，是将档案管理的方式直接运用于非物质文化遗产的保护工作中。对非物质文化遗产进行档案式保护，最重要的是要将非物质文化遗产通过各种文字、图表、音像等不同形式记录保存起来。

收集工作是档案工作的基础性环节，更是档案资源开发利用的前提条件。对于非物质文化遗产档案来说，最直接、有效的收集方式无疑就是直接参与非物质文化遗产的普查工作。通过参与普查，广泛收集具有档案价值的实物、文献、音像资料等，从而摸清我国非物质文化遗产的底细，帮助形成非物质文化遗产名录。此外，还能发现民间一些天才的讲述者、传承人、表演者的下落，记录或录制流传了千百年并深刻影响着民众生活和群体社会的民俗事项，同时也为档案的持续收集提供线索和途径。

大普查是非物质文化遗产保护的必由之路。档案部门具有高度的档案收集意识与丰富的建档经验等优势，可以积极参与普查队伍，对散存民间的反映非物质文化遗产的历史起源、地域分布、表现形式、文化特征、传承状况等各个方面的珍贵档案资源等进行广泛的收集和登记，以备进行系统的分类、整理、编目、保存和研究。

非物质文化遗产档案的普查、收集工作是一项复杂、长期和系统的工作，不能漫无目的地开展，要有目标、有计划、有步骤地推进和进行。在该项工作的初期阶段，有必要制定、撰写普查提纲，制订收集计划或是针对某一地区的非物质文化遗产档案作全面、综合性的调查收集或是对某类文化事项或艺术形式如口头文学等档案资源展开专门性调查征集，又或是针对某一个案如某种习俗、某类传人的档案资源进行调查征集等，以提高工作成效。一般来说，档案的收集工作还应当制订一项长远的计划，采用定期征集、定期回访等形式保证档案内容的完善和丰富。

第二节　非物质文化遗产的建档

非物质文化遗产的建档就是要对收集到的众多材料进行鉴定和系统有序的整理，最终形成非物质文化遗产档案。建立“非遗”档案，不仅能把档案工作与非遗保护紧密联系起来，还能通过建立专题档案、汇编资料等方式挖掘新的信息，为非遗的深层次保护、开发与传承打下坚实的基础。此外，档案具有载体的物质形态，在非遗保护中实现档案式管理能更好地弥补非遗因无形而难以保护的缺点。

一、明确建档对象

非遗种类繁多，在进行非遗普查时，要对一切可能的非遗进行建档保存。在对非遗建档时，可借鉴档案的分类方法，进行分级分类建档，如建立非遗档案和准非遗档案。需要注意的是，在目前非遗保护中，人们更注重的是对已认定的非遗进行保护，而忽视了对准非遗的资料收集和建档工作。非遗不像物质文化遗产那样有所依凭，在现代社会的急剧变化中，不经意间就会消失，更何况那些不被人们重视或是还未被发现的非遗资源。因此，在非遗建档工作中，不应仅仅注重眼前非遗保护项目，还应重视“准非遗”的发掘性保护和已消失非遗的抢救性保护。

二、确立建档内容

非遗建档内容主要分为两个方面：一方面是非遗的代表性实物、图片、资料等现已存在的相关材料，属于非遗自身，是不受外部力量干预而形成的历史事实。另一方面是非遗保护主体在非遗保护过程中形成的文件内容。主要包括：各地区、各部门、各单位关于非遗保护工作的文件；领导同志有关非遗保护实践活动的指示、批示和讲话；各保护部门印发的各种文件的印制稿、签发稿，召开的各类重要会议的会议纪要、录音、录像、照片，做出的决定、实施方案、总结、报告、简报、大事记等；其他具有保存和利用价值的文件材料。另外，数字化非遗资源建档过程中，要明确电子文件归档和接收要求，保证归档或接收的电子化非遗文件收集齐全、整理有序、命名科学、格式规范、元数据合理有效，实现齐全完整、标准规范的优质档案信息资源建设目标。

三、完善建档方法

以非遗主管部门为主体，对现存的非遗，通过文字记载、照片、录音、录像、数字化等方式将非遗物化、外化为档案形式记录保存下来，以一个非遗项目为一个建档单位。对非遗事实部分，根据每一项非遗的固有基因和成长属性对其进行整理、编排、保存和开发，形成有机联系的保护整体；对非遗保护工作部门，按照非遗保护部门工作联系进行建档，完整记录非遗保护措施和成效。档案部门应积极参与非遗的建档工作，通过宣传、业务指导、派人亲自参与建档等方式，实现对“非遗”的科学、规范的建档①。

第三节　非物质文化遗产档案的保管

一、非物质文化遗产档案保管的要求

档案保管的目的是维护非物质文化遗产档案的完整与安全。非物质文化遗产档案的有效保管能够最大限度地保持非遗材料的寿命。对非物质文化遗产来说，档案实体材料的保管是对非物质文化遗产的有形保护。对濒临消失的非物质文化遗产来说，档案材料的保管在一定程度上改善了目前的不利状况。而对那些已经消失的非物质文化遗产来说，齐全完整的档案更是对其存在的一种有力证明，虽然它们已消逝在人类文明的长河中，但这些档案的保存使它们的生命以有形的形式延续。非物质文化遗产档案的保管要有专门的档案库和专门的档案人员。档案馆应有专门的非物质文化遗产档案库房，用于分门别类地存放非物质文化遗产档案，每类档案要预留空架，以便存放不断增加的材料。档案库房中的档案柜、档案架、消磁柜等档案装具都要配置齐全。非物质文化遗产专门的档案管理人员有着一定的素质要求，上岗前要对他们进行专门的知识培训，其中不仅包括了档案专业知识的培训，还涵盖了非物质文化遗产相关知识的培训。有了两方面知识的武装，就更有利于档案人员尽快上岗和尽快熟悉业务。

二、非物质文化遗产档案保管的重点

非物质文化遗产档案的保管中要特别注重档案的保护。档案人员要根据不同载体档案的不同特点，采取不同的保护措施，加强对档案内容和档案载体的双重保护。非物质文化遗产档案的保护应参照档案的先进保护技术。非物质文化遗产档案库的温湿度控制、防虫防霉措施等都要按照规定严格执行。虽然，计算机技术、网络技术和信息技术的发展为档案创造了很多的有利条件，但接踵而来的信息安全问题还是令人担忧的。故要定期对计算机和数据库系统进行安全检查，确保档案数据的安全性。

此外，档案人员还要定期对非物质文化遗产档案库房进行检查。内容包括：检查库存档案的数量是否准确、相关资料是否齐全等；对档案受损情况进行记录并尽可能进行修复；档案进出是否如实登记；库房管理制度是否落到实处等。

---

① 魏娇. 档案式管理在非物质文化遗产保护中的应用研究[D]. 长沙：湘潭大学，2014.

第四节　非物质文化遗产档案的利用

一、传统形式的非物质文化遗产档案利用

对于实体档案馆来说，非物质文化遗产档案形成后，要积极开放，提供给全社会利用。因此，档案馆要积极提供各类非物质文化遗产档案的利用，提供专门的阅览室和检索设备。利用工作中，对于涉及国家和行业机密的档案，应根据档案法予以保密；对于其他非物质文化遗产档案，可以按照用户要求提供检所利用。对档案借出和复制等要进行如实登记。档案馆要对用户的档案利用活动进行监督，尤其要重视非物质文化遗产的知识产权问题。用户在利用过程中，不得以谋取不正当利益为目的，有意或无意侵犯非物质文化遗产的知识产权。

二、数字化非遗档案信息数据库的建设和利用

进入大数据时代，在办公自动化、信息传输网络化日益普及的情况下，社会上很多部门已经实行了无纸办公和信息的网络传送。“非遗”保护必须顺应时代发展的要求，加快信息化建设。以“数字导向”的数字档案馆的建设在全国档案系统逐步开展，已积累了不少经验和技术，能充分应用到非遗保护档案式管理之中，形成以“数字导向”的数字化非遗信息数据库。这个数据库由非遗名目数据库和非遗传承人数据库为主体构成。建立非遗数字库意味着非遗保护将通过先进的数字信息技术，实现非遗的“抢救保护数字化、工作管理信息化、宣传弘扬立体化”。

（一）从保护源头抓起，注重信息积累

在非遗保护的档案式管理中，必须加强对非遗的普查力度，既能摸清家底，对非遗数量、分布“心中有数”，还能形成记录信息，做好保护有依据。从对现有纸质“非遗”档案的数字化处理和对形成的非遗电子信息收集保存两个方面，注重数据库内容的积累，并及时接收进档案馆备份保存。

（二）以“内容为王”，着重数字化建设

非遗数据库由非遗名目数据库和“非遗”传承人数据库为构成。“欲求木之长者，必固其根本。”要构建非遗信息数据库，就必须重视对决策信息、监控信息、执行信息等多方面信息的收集与积累，实现以内容建设促进非遗保护，进一步优化档案式管理在非遗保护中的服务功能。

（三）严格规范数据化标准，保证信息兼容与安全

在注重信息数量和质量的同时，还要注意数据标准化和信息安全问题，始终树立“安全第一”的思想。在非遗数字化建设过程中，不断加强各部门之间的合作与交流，严格遵

循国家相关标准和技术规范，建立统一的服务系统和统一的规范标准，保证数据的兼容性和共享性。利用现代信息技术，打破当下非遗保护的组织界限，通过基础设施建设、组织制度完善和安全技术等多种手段构建安全保障体系，确保非遗保护信息兼容与安全。

（四）加强各方面的协调，实现共建共享

在全社会参与非遗保护的大体系中，各级政府和部门的网上服务标准都存在着差异，业务对接存在困难，会在不同程度上影响各保护主体之间的信息共享，造成保护工作的沟通不便。对此，应将非遗保护硬软件建设与数字档案馆（室）硬软件建设、电子政务和信息化硬软件建设相衔接，联合多个信息化平台，下大决心、整体规划、循序渐进、持续进行。牢牢把握信息化的“制高点”，运用社会各界力量、各种激励手段，推进非遗保护信息化进程①。

① 魏娇. 档案式管理在非物质文化遗产保护中的应用研究[D]. 长沙：湘潭大学，2014.

第四章

数字时代的非物质文化遗产档案资源建设与服务——以河南省为例

第一节　河南省非物质文化遗产档案资源共享平台构建的必要性和可行性分析

一、河南省非物质文化遗产档案资源共享平台构建的必要性

我国非物质文化遗产资源数量庞大,种类繁多,而数据库的建设就显得相对滞后。据有关调查,在我国公共图书馆的特色馆藏或自建馆藏中建有非物质文化遗产资源数据库的只占到6%,而96%的公共馆网页只是通过链接该地区的文化信息资源共享工程网站。高校图书馆虽然重视特色资源建设工作,但对非物质文化遗产资源的数字化建设却同样重视不够。以中国高等教育文献保障联盟(简称 CALIS)的特色数据库建设为例,在获得 CALIS 特色库的立项中,二期包括 63 个立项,三期包括 228 个立项,特色库项目分别体现了学科特色、文献类型特色、民族特色、地方特色等,内容十分丰富。然而,其中直接以"非物质文化遗产"命名进行专题库建设的只有兰州大学承建的"甘肃非物质文化遗产数据库"、广东技术师范学院承建的"岭南少数民族非物质文化遗产数据库"、徐州工程学院承建的"淮海地区非物质文化遗产数字资源库"等 3 项;与非物质文化遗产资源相关的专题包括中南民族大学承建的"女书文化特色数据库"、贵州民族学院承建的"傩文化数据库"、郧阳师范高等专科学校承建的"武当文化专题特色数据库"、广东嘉应学院承建的"客家文化信息资源库"等项目,在全部立项的特色库中所占比例很小。河南作为一个非物质文化遗产大省,信息化工作相对滞后,缺乏一个统一的平台来进行数字化非遗资源的展示、传播和提供利用。

(一)有利于河南省非物质文化遗产档案资源的存储

一直以来,非物质文化主要以民族、群体、社区,甚至个人的记忆方式进行保存,这是一种封闭的、低质量的、分散的保存方式。一方面,受传承人的认知理解,在传播过程中

容易失真；另一方面，受外界文化的冲击，没有合适的文化继承者也容易消失或濒临灭绝。借助现代信息化获取和处理技术，可使非物质文化遗产以最保真的形式长久地进行保存。目前，通过非物质文化遗产调研工作中搜集和购买的民间文化资源，经过整理，已经从文献类型、载体形式、学科类别等多角度进行了归类和格式统一，为非物质文化遗产档案数据库建设提供了资源保障。

（二）有利于河南省非物质文化遗产资源的传播

信息技术在现代文化艺术领域的应用，给文化艺术传播带来了 重大变革，但是也使非物质文化遗产的传统传播方式陷入了困境。非物质文化遗产与现代文化艺术之间出现了“数字鸿沟”“技术壁垒”，非物质文化遗产还处在有限的群体内低效、封闭式传播。因此，需要充分利用网络技术、数字化技术、数据库技术等手段，扩大非物质文化遗产在文化艺术领域的话语权。在全国非物质文化遗产保护工作重点中，指出要进一步推动非物质文化遗产信息化建设，完善非物质文化遗产数字化保护工程建设方案，统筹规划非物质文化遗产数据库建设，初步建立适应社会发展、满足工作需要、兼顾各地实际、提供公共服务的数据库群和工作平台。

（三）有利于河南省非物质文化遗产的知识转化

非物质文化遗产既包含显性知识，又包含隐性知识，二者不是完全独立的，而是相互作用、相互转化的。由于非物质文化遗产自身的特殊性，如活态性、高度的个性化、传承性和变异性等，其蕴含的显性知识和隐性知识，在二者的转化过程中均出现了困境。而借助数据库技术、网络技术、现代影像技术、虚拟技术等，可在传播者和接受者之间实现非物质文化遗产的双向传播、交流和继承。

二、河南省非物质文化遗产档案资源共享平台构建的可行性

（一）计算机和网络技术的快速发展为非物质文化遗产档案信息资源共享平台建设提供了技术保障

计算机与网络技术的日新月异为建设非物质文化遗产档案信息资源共享平台提供了美好前景，海量存贮技术的不断成熟为人们集中管理电子文件提供了可能；大容量硬盘和磁盘阵列等为电子文件的生成、归档提供了基础；磁带与光盘备份技术的推陈出新为电子文件的脱机备份与物理归档打开了方便之门；数据库技术、多媒体技术广泛使用以及应用软件对于数据兼容性的发展取向，为电子文件在不同平台上的创建、读写与传递创造了条件；网络互联及带宽的高增长为非物质文化遗产档案信息资源的广泛利用提供了便利。

（二）文化部出台的非遗保护政策为非物质文化遗产档案信息资源共享平台建设提供了政策支持

2014 年文化部提出了 11 项加强非物质文化遗产保护的措施，具体包括开展贯彻《非物质文化遗产法》的执法检查、建立国家级非遗代表性项目的评估制度和监测体系、加强

非遗保护与生产技术的研发与改进、鼓励非遗衍生品的开发，拓展与丰富非遗的主题及表现形式、支持举办多种形式的展示活动、开展大规模的非遗代表性传承人和保护工作人员的培训、开展非遗抢救性保护成果的利用和传播、强调非遗环境和生态的整体保护、让非遗在当地得到公共传承和生存空间、进一步加强非遗保护生产的国际合作、开展非遗资源的重点补充调查等 11 项的措施[①]。

（三）非物质文化遗产数据库的建设为非物质文化遗产档案信息资源共享平台提供了数据支撑

非物质文化遗产是以人为本的活态文化遗产，对其进行建档、数字化存储和保护是最有效的手段，而数据库以其操作灵活、便于存储与管理信息资源的特点，已经成为非物质文化遗产保护的重要途径。利用数字扫描、立体扫描、数字录音、数字摄影、运动捕捉、全息摄影、虚拟现实等现代信息技术手段可以对非遗进行真实、全面、系统的记录，采集所得的非遗数字资源经过标准化处理和转化后，借助数据库技术、多媒体技术、网络技术能够方便地实现专业化分类、系统性整合、永久性保存和一站式检索，为非遗资源今后的广泛共享、动态传播和再次开发利用奠定坚实的数据基础。

第二节　河南省非物质文化遗产档案资源共享平台构建的影响因素分析

一、信息技术能力

随着科技的不断发展变化，能够对其产生制约的主要因素也在随之更新。在构建河南省非物质文化遗产档案资源共享平台的过程中，网络安全以及相关技术和具体的规范都是平台构建的重要保障。相关技术支持主要包含部分就是针对信息的处理过程。技术在实施的过程中必须要具备统一的标准和规范，借助国际标准对数据进行处理，可以切实稳保信息的统一性，有效提升对于信息资源的加工质量，同时还能够增强信息同步分享的服务效果。但是由于相关软件、硬件的更新速度日新月异，这在很大程度上成为制约平台建设的主要因素。

二、平台综合管理能力

建设河南省非物质文化遗产档案资源共享平台的关键就是需要对其进行科学有效的管控，其中不但包括河南省非物质文化遗产档案资源共享平台的管理，也包括与之相关的人才、资金的管理，对河南省非物质文化遗产档案资源共享平台的管理的部分主要包含的内容有：日常运营过程中的维护以及随着科技发展而不断完善更新的技术，这样

① 中国经济网. 文化部加强非物质文化遗产保护的十一项措施. [EB/OL][2019-05-20]. http://culture.people.com.cn/n/2014/0820/c172318-25503190.html.

才能够有效保证平台运营过程中的平稳和健康;技术的运用和人才之间具有不可分割的联系,对其的管理内容主要包括借助高校有效把控非物质文化遗产档案资源共享平台的专业化技术人才,加大对于人才的关注程度,竭尽全力将人才培养作为发展的重点,努力为平台输送全方位、多元化综合人才,并为其提供良好的发展环境,这样才能够从根本上降低运营维护成本;对资金的管理,主要是指要保证大数据环境下开放信息资源共享平台有稳定的资金投入,信息平台的建设并非一日之功,从前期的数据整合开发开始,到后期的运营与维护都需要大量的资金支持,所以,资金的不间断对于平台的可持续发展具有非常重要的作用。

三、资源与服务能力

河南省非物质文化遗产档案资源共享平台构建以及提供服务的根本就是信息资源,因此,具备系统全面的信息资源并实现定期更新,同时稳保资源的不间断发展,才能够从根本上实现高效能的信息资源的同步与共享。与此同时对于非遗信息资源的处理过程必须要采用统一的处理标准,这样才能够保证信息在输送过程中的统一性。最后要不断扩大信息资源分享的范围,不断提升对于信息资源的利用率。在对平台的创建水准进行衡量的过程中,服务能力成为其中的决定因素。只有提供高效能的服务能力,才能够有效提升平台的使用率,保证平台发展的稳定和不间断。

为了有效提升平台的服务品质,应该从以下方面进行改善:首先在服务内容方面要实时根据用户需求不断更新,同时拓展个性化的服务模式,比如可以针对特定客户实施定制服务;在服务理念方面,要将传统的被动接受,转而走向主动为客户服务的思维模式,不断发现用户需求的改变;在服务方式上,要根据外部环境的变化以及用户需求的变化,开展多元化的服务方式,比如可以在移动终端上开发相应平台,可以通过各种交流软件实现和用户之间无障碍的联系、沟通和交流。

四、终端用户

建设河南省非物质文化遗产档案资源共享平台的最终目标是为终端用户提供高效、满意的服务。用户的需求是建设河南省非物质文化遗产档案资源共享平台的指南针,因此在建设河南省非物质文化遗产档案资源共享平台时,用户的参与至关重要。

五、法规政策

河南省非物质文化遗产档案资源共享平台在对相关信息进行处理的过程中无法回避的现象就是信息权利,特别是和知识产权相关的信息权利。作为信息资源机构首先应该要具备保护意识,其次,在平台构建的过程中,也要有意识地规避国内外相关的知识产权的政策。总之,应该构建必要的法律环境对此问题实现有效解决。

第三节　河南省非物质文化遗产档案资源共享平台的系统需求分析和功能设计

一、河南省非物质文化遗产档案资源共享平台的系统需求分析

需求分析是软件开发过程的开始阶段，对于整个软件开发过程以及软件产品的质量至关重要。只有通过需求分析才能把软件功能和性能的总体概念描述为具体的软件需求规格说明，从而奠定软件开发的基础。

系统面向的用户类型分别是普通浏览用户（游客型的浏览用户、非遗项目申报人、非遗工作人员、非遗方面的学者、对某些项目感兴趣的投资者），非遗研究方面的专家，非遗处省、市、县各级非遗系统管理工作者。各类用户对系统的主要需求如下。

（一）游客类型的浏览用户

此类用户进入网站仅仅是来浏览非物质文化遗产信息的，也就像是在博物馆进行游览一样，这类用户的需求主要是非遗各方面丰富的信息。这些信息包括：非物质文化遗产概况，非遗名录中具体项目的项目内容，非遗名录在线的视频、音频以及图像，非遗传承人信息，非遗传承方式，非遗相关的新闻等。另外，大部分用户在浏览时还会有许多的问题，他们也会希望能够有人针对他们的问题做出专业的解答，甚至是在线的互动交流。

（二）非遗项目申报人

非遗项目申报人一般是非遗项目的传承人或者非遗工作人员，此类用户希望通过访问网站得到非遗相关的法律法规、非遗项目的申报流程以及申报材料。

（三）研究非遗方面的学者

研究非遗的学者希望利用系统找到相关的学术文章、文献资料等，甚至希望能够在系统中同其他的学者进行互动交流。

（四）对某些项目感兴趣的投资者

投资者们更关心非遗项目的内容、传承人信息、传承方式、相关的法律法规，以及是否能够将非遗项目产业化。

（五）非遗研究方面的专家

专家们除了希望找到学术文章、文献资料等学术交流，还希望能够下载非遗高清的视频、音频等信息来进行研究。

（六）非遗处省、市、县各级普通非遗工作者

普通非遗工作者除了对于非遗各方面信息的需求外，还希望能在网站上看到非遗工

作的各项通知、活动信息、工作简报等工作动态。

基于上述的功能需求，系统中的各个模块必须能够合理实现各类用户的基本功能；系统需要提供丰富的非遗相关内容、良好的用户界面，保证系统的易操作性；还要能够能及时快捷地发布有价值的信息，快速更新动态信息。

二、河南省非物质文化遗产档案资源共享平台的功能模块设计

河南非物质文化遗产档案资源共享平台的功能模块主要由非遗目录管理、专题展示、多媒体互动、电子资源检索、信息发布、学术交流、Web2.0 服务和系统管理组成。

（一）非遗目录管理

非遗目录是首页展示非遗档案信息的重要来源，只有从此功能中录入的非遗档案才会在首页非遗目录中显示。目录可以按照民间文学、传统音乐、传统舞蹈、传统戏剧、曲艺、杂技与竞技、传统美术、传统技艺、传统医药和民俗等类别进行细化。

（二）专题展示

河南省仅国家级非物质文化遗产就多达百余项，例如豫剧、河南坠子、少林功夫、朱仙镇木版年画、汴绣、钧瓷烧制技艺、太昊伏羲祭典（民俗）等，可以将具有代表性的、具有重要价值的部分非物质文化遗产档案制作成相应专题，利用文字、图像、音频、视频等多种形式加以展示。

（三）多媒体互动

利用数字化信息获取技术、多媒体虚拟场景展示技术使用户零距离地接触非物质文化遗产，实现用户与场景之间的完全互动，实现现有遗址、遗迹与原貌的完美叠合，展示非物质文化遗产背后的文化内涵。

（四）电子资源检索

实现对非遗档案资源的分类浏览功能，可通过项目种类、地区等进行各类资源的访问。

（五）信息发布

此模块的主要功能是对非遗相关法规、新闻、动态等信息进行发布。包括非遗相关的法律法规、申报动态、活动信息、新闻动态和传承利用等。

（六）学术交流

此模块是专门针对非遗学者提供的相关信息和服务，具体应包括研究成果、经验交流、专家讲堂等，涵盖大量的学术交流相关的学术文章、调查报告、文献资料等信息。

(七)Web2.0服务

Web2.0服务模块可以充分借助Web2.0优势,开展视频点播流媒体服务、RSS内容订阅、移动社区SNS、用户动态评论等服务;提供用户信息推荐、上传下载、交流等信息服务功能。鼓励广大用户自主参与资源的收集与发布,增强用户体验,并实现相关问题的交流和知识共享。

(八)系统管理

系统管理主要是指对后台管理系统的使用者进行基本信息管理、授予权限、划分等级等方面的管理。包括以下几个部分:用户管理、组织机构管理、角色管理和区域管理。其中用户管理模块实现用户身份认证管理(注册、登录、注销、查询、修改、权限)。

三、河南非物质文化遗产档案资源共享平台的前台设计

中原大地历史悠久,厚德载物,有着丰富多彩的非物质文化遗产。河南非物质文化遗产档案资源共享平台的规划和设计依托于此,在为访问者提供非物质文化遗产信息需求的同时,也通过精妙恰当的设计展现了非物质文化遗产的形象。准确的网站定位,是网站建设成功的最重要一步,本站的定位即宣传推广中原大地的非物质文化遗产,通过形象、严谨的多媒体载体将各地的文化直观展现给网站访问者,通过交流与合作推动非物质文化遗产的产业开发,建立非物质文化遗产保护和促进非物质文化遗产长久发展的网络平台。

网站设计要能充分吸引访问者的注意力,让访问者产生视觉上的愉悦感。因此在网页创作的时候就必须将网站的整体设计与网页设计的相关原理紧密结合起来。网站设计是将策划案中的内容、网站的主题模式,结合自己的认识通过艺术的手法表现出来;而网页制作通常就是将网页设计师所设计出来的设计稿,按照W3C规范用html语言将其制作成网页格式。网站应兼容各种主流的浏览器,如IE、傲游Maxthon、火狐FireFox等。网站的二级页面和三级页面都包含网站Logo、导航栏、当前位置、版权信息、联系我们、关于我们等链接,方便用户快速访问。以下我们以“河南省非物质文化遗产档案资源网”为例,通过技术、版式、艺术设计等方面详细阐述一下网站的设计思想。

首先,在网站设计的技术方面,利用了诸多符合用户体验并能实现不俗效果的应用。全站利用层叠样式表定义页面结构和字体、颜色、图形等页面元素,通过对不同类名的控制实现整个网站效果的统一化和资源集约化,压缩了大量的外观冗余设计代码,提高了网页的下载速度和多浏览器兼容性,同时也为网站日后的维护工作打好了基础,使之维护起来更加便捷和高效。

其次,在非遗门户首页设计方面,根据河南省非物质文化遗产网的定位和对用户需求的把握,我们提炼了几个关键信息并逻辑地组织起来,构成本站规划的八个大一级栏目,分别为:非遗项目、非遗图集、非遗之音、非遗视界、非遗学术、非遗阅读、在线留言、关于我们。这几个一级栏目涵盖了非遗网站建设的主要目标。一级栏目下又分若干二级栏目,二级栏目更方便用户进行信息的查询与检索。

网站表现形式应有自身特色，在网站设计上体现网站方便于浏览者的思想，尽量从易用性和人性化的角度出发设计网站和相关服务。色彩方面采用了黄褐色和土褐色为基础，寓意孕育中原大地文化遗产的黄河文化和农耕文化，同时结合页面顶部相近色系的纹路，体现了一种历史感与真实感。菜单和标题文字的深褐色，在丰富色彩层次、突出显示重要内容的同时，也体现了一种历史的厚重感。在褐色系之外，我们也采用了很多的灰色系，让页面色彩变得柔和丰富，也调和了诸如内容图片等不可控色彩之间的冲突和突兀。艺术图形方面的设计能充分传达中原传统文化的元素，结合色彩，营造了一种纯粹历史文化艺术的氛围，让网站主题更直接、更深入访问者内心。

页面布局设计是指网页内容在页面上所处位置的设计。页面布局有下列基本要求：各层级页面布局风格协调统一；各层级页面中，应当包含相应的功能设置，便于使用；各层级页面附加功能区的布局相对固定。

网页的区域划分是指在网站的整体规划中，通过对具有相同性质、类别的频道或栏目的组织来体现页面不同区域。网页区域划分有下列基本要求：网站应根据所在机构的工作特点和主要的业务范围，建立健全相应的内容与服务等

网页效果是指网页制作完成后在用户面前展示的效果。网页效果有下列基本要求：有统一的色彩风格和主色调、能体现自身特色；各层级页面均包含设计上协调一致的网站标志（logo）图案及文字；网页字体应使用标准字体，字号不可畸大畸小，可向用户提供字号选择功能；. 网页整齐，不变形，不出现表格错位、文字错行的情况；网页文件不宜过大①。

此外，网站名称要求中文名称：突出网站性质，简洁易记，有特色。域名：应在页面显著位置放置域名。网站标志是网站的图形标记，应有统一的网站标志，尺寸、位置适当；色调、形象应体现网站性质；网站标志形象独特美观、简单易记，与网站名称或域名联系紧密。

第四节 河南省非物质文化遗产档案资源共享平台构建的关键技术

一、存储虚拟化技术

存储虚拟化是通过相关技术将硬件存储资源抽象集中，映射成一个完整的统一的资源池。从应用的角度看，是一个统一的资源，部署应用时不需要知道具体的存储路径和存储位置，简化部署。从管理的角度看，集中对资源进行管理，可以根据应用需求动态调配资源，应用与存储之间是松耦合，可以方便地进行迁移、存储容量扩充等。

虚拟硬件存储由三部分组成：虚拟逻辑单元、逻辑映射单元和物理设备。①虚拟逻辑单元提供应用的存储单元视图，是接受用户请求和资源调度的入口。②逻辑映射单元

---

① 新疆政府门户网站建设与管理规范，http://wap.aksu.gov.cn/art/2015/2/9/art_1770_41211.html.

负责完成逻辑磁盘到物理磁盘之间映射的管理，连接逻辑磁盘和物理磁盘。③物理设备即实际物理存储设备。

虚拟化操作系统，在主机上虚拟化的操作系统可以独立控制管理属于该虚拟操作系统的 CPU、内存、硬盘、网卡等硬件资源。

二、云数据管理技术

云计算数据管理主要包括数据分析、数据处理和数据存储三部分。通过制定相关的存储策略、备份策略及知识库等对存储数据分析，在此基础上进行数据分类，通过数据模型进行数据格式的整理转换。检索算法支持从逻辑集中的资源池中检索共享数据。数据存储层通过智能路由，数据分发完成共享数据的存储。云计算数据管理层次分为四层，分别为：数据组织与管理，数据集成与管理，分布式并行处理，数据分析。最终实现对非确定性数据的管理与集成，为用户提供高效的查询等服务。

（一）数据组织与管理

采用分布式的存储技术可用于大型的、分布式的对大量数据进行访问的应用，类似 GFS，它运行于各种类似的普通硬件上，提供容错功能，为用户提供高可靠、高并发和高性能的数据并行存取访问。

（二）数据集成与管理

针对数据的非确定性、分布异构性、海量、动态变化等特点，采用分布式数据管理技术，通过采用 Bigtabe，Hbase 等分布式数据库技术对大数据集进行处理、分析，向用户提供高效的服务。

（三）分布式并行处理

为了高效地利用在分布式环境下的数据挖掘和处理，采用基于云计算的并行编程模式，如 MapReduce，将任务自动分成多个子任务，通过映射和化简两步实现任务在大规模计算节点中的调度与分配。后台复杂的并行执行，任务调度对用户和编程人员透明。

（四）数据分析

云计算的数据管理中最终需要对数据进行分析和挖掘以提供给各种应用使用，通过采用不同的数据挖掘引擎的布局及多引擎的调度策略；通过基于浅层语义分析和深层语义分析的技术，在不确定知识条件下的高效的数据挖掘，从而从大量的结构化的关系数据库中的数据、半结构化的文本、图形和图像数据中，提取潜在的、事先未知的、有用的、能被人理解的数据。

三、聚类技术

聚类技术是采用数学方法，在分析事物属性或某些指标的基础上，计算出事物之间的关系,并根据这种关系将事物分类。聚类方法主要分为以下几种。

规则聚类方法:规则聚类方法是在给定的事物对象或数据中,采用某种规则进行划分,将对象分为若干簇,每个簇即为一类。比较常用的划分规则采用的度量标准是距离,在一定距离内的对象分为一簇。

模型聚类方法:根据聚类需求,事先制定一个聚类模型,聚类事物与聚类模型的相似度决定事物是否属于一类。这种聚类方法比随机给定聚类中心更具有实际意义。

层次聚类方法:对事物对象进行分析,就像树状结构一样逐层分解,可以对合并集合分解也可以由个体进行合并,分裂型聚类就是采用集合进行逐步分解,凝聚型聚类就是采用个体逐步合并。这种方法在生物领域的聚类研究中应用较多。

密度聚类法:通过计算事物对象在某个区域的密度,确定其是否属于一类。这种方法可以划分较特殊的对象单独为一类,使分类更尊重客观事实。

网格聚类方法:将事物对象用网格划分成不同的区域,每一区域的对象聚集为一类,聚类的精度将取决于网格的划分①。

四、数据安全技术

(一)数据加密技术

静态数据加密是数据常用的安全防护技术,通过采用加密算法把明文变为密文,并以密文形式存在,从而保护原始数据信息。对明文进行加密需要明确两项内容,一个是采用的加密算法,一个是密钥。由于密钥多种多样,因此采用相同加密算法而采用不同的密钥得到的密文也不相同。即使加密算法公开,但密钥是保密的,也很难破解出原始数据。根据加密、解密方采用密钥的区别,可以将加密技术分为对称密钥加密和非对称密钥加密。

1. 对称密钥加密

对称密钥加密出现较早,在数据加密中应用广泛。对称密钥指的是加密密钥和解密密钥相同或可以互相转换。密钥要求保密,加密算法可以采用公开的加密算法。但为了保证加密的安全性,密钥足够大,并确保有一定的分组长度,以保证窃取数据者无法通过穷举法解密。目前比较常见的对称加密算法有 DES、3DES、RC4、AES 等。其优点是加密快,缺点是需要保护好密钥的保存和传递,以免密钥被窃取,从而导致数据保密失败。

2. 非对称密钥加密

非对称密钥加密指加密方和解密方所用的密钥不相同,加密方使用的密钥称为公钥,解密方使用的密钥称为私钥,这两个密钥配对使用。密钥不需要传递,公钥保存在加密方,而私钥保存在解密方。目前典型的算法是 RSA 算法。其优点是破解困难,缺点是解密计算量大,可能导致解密速度慢。

---

① 胡雷芳.五种常用系统聚类分析方法及其比较[J].统计科学与实践,2007(4):11-13.

(二)全同态加密技术

静态数据由于不需要在传输过程中进行计算,直接采用传输端加密,在接收端解密的方式就可对数据进行防护,但动态数据由于要在传输过程中参与计算,而加密后的数据无法参与计算,需要在计算时解密,这时的数据由于缺乏防护,容易被窃取,从而难以保证数据的安全。针对这一需求,在静态数据加密算法基础上出现的同态加密技术,对动态数据的安全提供了新的防护手段。

全同态加密技术可以在数据加密后对数据进行处理、运算和操作,对加密数据操作后再解密得到的结果与对数据直接操作得到的结果相同。采用这种加密技术,可以在共享平台端对数据同态加密,计算处理后,传送到客户端,对数据再进行同态解密。即使数据在传输途中被窃取,也因为是加密数据而不会导致数据泄露,可以有效地保证数据在计算处理传输过程中的安全①。

(三)传输协议加密技术

数据在传输时,为确保传输数据安全,对传输协议加密。SSLV3.0(secure sockets layer)是一种传输加密协议,基于非对称密码体系,保证连接过程中传输安全,主要有三个特点:①利用认证技术识别身份;②利用加密技术保证通道的保密性;③利用数字签名技术保证信息传输的完整性。

SSL协议提供的服务主要有:同时对用户端和服务器端认证,保证数据传输两端的合法性。在数据传输过程中对数据加密,并对数据完整性进行校验,保证数据在传输过程中的安全。

SSL协议服务器端和客户端建立会话基本包括以下四个阶段:①交换协议版本、会话ID、套接字、压缩算法和随机数等信息;②发送服务器端证书,并验证客户端证书;③客户端响应;④互换密码组,完成会话建立。

第五节　河南省非物质文化遗产档案资源共享平台的运行保障措施

一、河南省非物质文化遗产档案资源共享平台的技术保障措施

(一)基础设施保障

河南省非物质文化遗产档案资源共享平台的建设,离不开每个组成部分要具备完整的一套信息化基础设备,和同时拥有已获得的数据资源和硬件资源以及科学技术,在软硬件基础上,对信息决策平台进行有效的控制。为使得平台运营得法,必须为其匹配一定的计算机软硬件设备、网络设施、必要的办公及会议场所、打印和复印设备等基本设

---

① 李雪松,彭长根等.基于同态加密的统计数据处理[J].信息安全与技术,2015(7):22-25.

备,以上都是为云计算环境下能够保证资源共享平台正常、有效运转的基础设施保障。

(二)信息标准化保障

信息标准化是能够实现信息共享、信息交流的必要条件。信息资源共享一定要有同意的规划、统一的运行规划、统一的技术标准。要从完善和键盘保障机制,对信息资源的挖掘、收集、提取、转换、存储、传递、检索、检测、分析和利用等方面定制统一的标准和制度,来避免不兼容、各自为政等现象,标准化是河南省非物质文化遗产档案资源共享平台构建的核心,是平台实现数据共享的最本质的保障。

(三)信息安全保障

由于信息资源平台的开放性、共享性,计算机遭病毒或黑客侵扰是不可避免的,由此,一定对信息安全保障予以高度重视与警觉。因此要建设安全防范机制,例如加密技术、防火墙技术、防毒技术、跟踪监测等技术,来实现信息资源共享平台的安全运行。

二、河南省非物质文化遗产档案资源共享平台管理保障措施

为协调各个信息系统,以便对区域非遗档案信息资源管理,在个区域下设对应的管理机构。就目前而言,信息共享最大的难题不是技术,而是行动能力。因为信息资源在共享上往往是不能一视同仁、一概而论的,大的信息机构通常借出信息,小的信息机构通常获得收益。但中国的信息资源又分布于不相联系的机构,非遗信息资源不在一个统一的地方,各个机构独自收益。所以,在收益不平衡的情况下,只有做到一定程度上的信息交流分享,更要有强硬的管控力度才能把握。

三、河南省非物质文化遗产档案资源共享平台的人才保障措施

要不断加大培训的力度来不断培养出能够掌握创新技术和知识的学习型人才,这样不仅降低信息技术引进人才的成本,更重要的是为资源共享工作提供良好的技术环境,确保信息资源共享平台事业的稳定、健康发展。完善培训机制,重视人才团队的建设,实施人才战略的计划,分期培养,形成人才的梯队,这样才能满足云计算环境下,河南省非物质文化遗产档案资源共享平台构建和发展过程中对人才的需要和要求 。

建立合理的人才考评制度。从安排计划、服务过程、总结汇报等几个方面对工作人员进行公平、公开、公正的考评和考核。一方面从组织上对平台的目标进行管理和监督,检验平台服务效果;另一方面,平台对工作人员的工作进行统一的检测,以达到提出问题和改进问题的目的。此外,只有考核评价公平公正才能提高人们的积极性,从而推动平台工作人员工作的开展,提高工作效率,促使平台的良好发展。提高平台工作人员的工作积极性,激励出现有人才的潜能。

四、大数据环境下开放信息资源共享平台法规制度保障措施

政府是信息资源平台建设的参与者和倡导者,应该做好战略部署、服务及综合协调

的工作，全力打造好的氛围，构建和完善决策平台的政策法规，确定各参者的职责和义务，通过保障制度来推进平台建设，为河南省非物质文化遗产档案资源共享平台建设创造一个良好的环境，以保平台能够顺利地进行建设发展。

政府部门应遵循一定的原则，有义务和责任承担决策多个主体，并将各个部分资源交流分享与合并整理，制定完善的共享体系。明确各参与部门在平台使用中的职责、义务和权力，将平台信息资源的分享使用规则化。

建立数据的法律法规，明确平台数据信息的使用制度。河南省非物质文化遗产档案资源共享平台的使用和共享的过程中肯定会引起不少问题，比如责任、安全等方面的问题。所以在开放信息资源共享时，必须与相关法律紧密联系并逐渐完善其内容，规定其责任。向平台分享信息、传输、跟新等内容时，作为责任方的团队必须在平台上设置权限。在法律的保护下，设置规范合法的数据法规，保证数据丢失的补救措施，使之更具规范性，更具法律效应。

第五章

河南省非物质文化遗产保护的现状、存在的问题及对策

第一节　河南非遗保护的现状

河南省地处中原，是中华民族和华夏文明的重要发源地，文化底蕴丰厚，文化遗产丰富多彩，是全国非物质文化遗产资源大省。近年来，河南省非物质文化遗产保护工作取得了明显成效。

截止到2024年，有人类非物质文化遗产代表作名录项目4个，国家级非物质文化遗产代表性项目125个、代表性传承人126名，省级非物质文化遗产代表性项目1 030个、代表性传承人1 147名。

河南省非物质文化遗产资源有以下几个特点：一是价值较高。很多项目，如民间文学中的神话传说等，流传久远，带有华夏民族早期文化特征，对于中华民族文化的传承等具有广泛的影响和重要价值。二是内容丰富。河南省省级非物质文化遗产名录内容包含经过普查，全省有价值的非物质文化遗产线索达22万多条。三是分布广泛。全省各个市、县，甚至每个村庄都有相当数量的非物质文化遗产项目和代表性传承人。尤其在一些保护相对完好的历史文化名镇（村）等地，非遗项目相对集中。四是跨地域分布项目较多。如豫剧在全省几乎各个市、县都有存在，一些民间传说、传统技艺、民俗类项目在不同地区流布，并具有较大的共性。五是影响较大。如新郑黄帝故里拜祖大典、马街书会、浚县正月古庙会、伏羲太昊陵祭典、洛阳牡丹花会等传统节会在全国都具有较大影响。河南省的一些项目如少林功夫、太极拳、木版年画、传统戏曲等，已经成为国内外文化交流的重点项目。河南省每年出国境文化交流项目100多个，其中大部分为非物质文化遗产项目。太极拳、少林功夫、豫剧、河南坠子、马街书会，钧瓷、汝瓷、唐三彩烧制技艺，朱仙镇、滑县木版年画等在全国乃至世界范围内都有着很高的

知名度和影响力。①

第二节　非遗保护的相关政策与法律

一、国际法

1972 年 11 月 16 日联合国教科文组织大会第十七届会议于在巴黎通过的《关于在国家一级保护文化和自然遗产的建议》指出："各成员国应根据各国的适当条件，在其尚无此类组织的领土上设立一个或多个专门的公共行政部门，负责有效地执行以下各项职能：制订和实施各种旨在保护、保存和展示本国文化和自然遗产并使其成为社会生活的一个积极因素的措施，并且先编纂一份文化和自然遗产的清单，建立相关的档案资料服务机构。"该文件以国际法的名义规定了档案及档案机构在非物质文化遗产保护中的地位。1989 年 11 月 15 日联合国教科文组织大会第二十五届会议于在巴黎通过《保护传统文化和民俗的建议》，其在第三部分"民俗的维护"中强调："维护关系到与民俗传统相关文件。如果此类传统不被利用或已改进，保护目标是为研究者和传统承担者提供能使他们理解传统改变过程的数据。当具有发展特性的生活民俗不能总是直接被保护，以有形的形式确定下来的民俗应得到有效保护。"这里的"以有形的形式确定下来"就是指把民俗信息用档案固化下来，再次以国际法的形式强调了档案在非物质文化遗产中的作用。联合国教科文组织网站推出的《建立"活的人类财富"国家体系指南》中，提出了可持续性保护的方法，把培训、建档和传播作为非物质文化遗产的保护的整体来规定，拓宽了档案保护模式的内涵。2003 年 10 月 17 日联合国教科文组织在《保护非物质文化遗产公约》中明确指出：所谓"保护"，就是"指采取措施，确保非物质文化遗产的生命力，包括这种遗产各个方面的确认、立档、研究、保存、保护、宣传、弘扬、传承（主要通过正规和非正规教育）和振兴"，这样非物质文化遗产的档案式保护具有了全新的内涵，即以确保非物质文化遗产的生命力为宗旨，包含着对非物质文化遗产的确认、立档、研究、宣传、弘扬、承传等一系列过程的综合②。

2005 年 10 月 20 日在第 33 届联合国教科文组织大会上通过《保护和促进文化表现形式多样性公约》，提出各缔约国应该"采取必要措施确保其领土上的非物质文化遗产受到保护""由各社区、群体和有关非政府组织参与，确认和确定其领土上的各种非物质文化遗产"。

① 于小薇. 河南省非物质文化遗产保护工作概况. [EB/OL] [2019-06-20]. http://www.yxhenan.com/info/hnyc/fydt_12621_20728.html.

② 张继. "非遗"档案式保护的国际法立法探析[J]. 吉首大学学报(社会科学版), 2010, 31(06): 114-117.

二、国内立法

非物质文化遗产传承人建档保护属于档案管理和非物质文化遗产保护的交叉领域,《中华人民共和国档案法》和《中华人民共和国非物质文化遗产法》两部法律对传承人建档保护工作都有相关规定,国务院及地方政府发布的行政法规、部规章和各类规范性文件较多,其中与河南省非物质文化遗产档案式保护相关的主要有《国务院办公厅关于加强我国非物质文化遗产保护工作的意见(2005)》《河南省非物质文化遗产保护条例(2013)》《国家级非物质文化遗产项目代表性传承人认定与管理暂行办法(2008)》《河南省省级非物质文化遗产代表性传承人认定管理办法(2016)》,替代原《河南省非物质文化遗产代表性传承人命名暂行办法[2007]》《河南省文化生态保护实验区申报暂行办法》《河南省非物质文化遗产保护专项资金管理办法》《各级各类档案馆收集档案范围的规定(2011)》等①。

非物质文化遗产保护立法工作,最早可以追溯到 20 世纪 90 年代。1997 年 5 月 20 日国务院颁布实施了《传统工艺美术保护条例》,拉开了用法律手段保护非物质文化遗产的序幕。

2003 年 10 月,联合国教科文组织通过了《保护非物质文化遗产公约》。2004 年 8 月,我国全国人大常委会批准加入《保护非物质文化遗产公约》。

为了加强对非物质文化遗产保护工作的领导,2005 年 3 月,国务院办公厅颁发了《关于加强我国非物质文化遗产保护工作的意见》(国办发〔2005〕18 号),确立了保护非物质文化遗产的方针和原则,并对我国非物质文化遗产保护工作的任务、目标、要求和措施等提出了指导性意见。它是新世纪新阶段全面保护非物质文化遗产的重要工作指针。

2005 年 6 月,中共中央宣传部、文化部等五部委联合下发了《关于运用传统节日弘扬民族文化的优秀传统的意见》。

同年 12 月,国务院又颁发了《关于加强文化遗产保护工作的通知》(国发[2005]42 号),决定从 2006 年起,每年 6 月的第二个星期六为我国的"文化遗产日"。《通知》还明确了我国文化遗产保护的总体目标。这几个重要文件的出台,体现了党和政府对民族文化遗产的高度重视,非物质文化遗产保护工作正在逐渐成为我国政府工作的重要内容。

2011 年 2 月 25 日由中华人民共和国第十一届全国人民代表大会常务委员会第十九次会议通过的《中华人民共和国非物质文化遗产法》共 6 章 45 条,明确了对不同的非物质文化遗产分别采取不同的措施进行保存、保护,以及非物质文化遗产的保护原则;规定了非物质文化遗产的调查主体及其职责;规定了建立非物质文化遗产代表性项目名录的政府层级、程序规范以及对名录项目的各种保护措施,确立了对非物质文化遗产代表性项目集中、特色鲜明、形式和内涵保持完整的特定区域实行区域性整体保护的制度;确立了非物质文化遗产代表性项目的代表性传承人认定制度和支持措施,规定了各级人民政府及其部门宣传非物质文化遗产、鼓励支持开展相关科研活动、鼓励设立专题博物馆和

① 黄体杨.白族非物质文化遗产传承人建档保护研究[D].云南大学,2016.62-63.

传承场所、鼓励支持合理利用非物质文化遗产代表性项目开发文化产品和文化服务等职责,以及学校、新闻媒体、公共文化机构等在教育、传播非物质文化遗产方面的责任等。

《中华人民共和国非物质文化遗产法》是我国文化领域继文物保护法之后又一项重要法律,在文化法制建设中具有里程碑的意义,标志着我国非物质文化遗产保护将走上依法保护的阶段。其第三条规定:“国家对非物质文化遗产采取认定、记录、建档等措施予以保存,对体现中华民族优秀传统文化,具有历史、文学、艺术、科学价值的非物质文化遗产采取传承、传播等措施予以保护。”

2007 年河南省文化厅豫文社[2007]16 号《河南省非物质文化遗产代表性传承人命名暂行办法》确定了河南省非物质文化遗产代表性传承人的命名,应经申报、审核、评审、公示、认定等程序。

2016 年 11 月 14 日,河南省文化厅印发《河南省省级非物质文化遗产代表性传承人认定管理办法》,规定省级代表性传承人认定工作由省文化厅负责组织实施,坚持公开、公平、公正的原则,严格履行申报、审核、评审、公示、公布等程序,规范河南省非物质文化遗产代表性项目的代表性传承人认定和管理工作。市一级也出台了非物质文化遗产的法规,如 2017 年 10 月 20 日,郑州市人民政府法制办公室公布了《郑州市非物质文化遗产保护办法(征求意见稿)》。

非物质文化遗产保护法规的出台,对于河南省非物质文化遗产的保护、管理和开发,起到了至关重要的规范和支撑作用。

第三节　河南非遗保护的实践

一、建立专门机构

2009 年 6 月,河南省文化厅成立非物质文化遗产处,2011 年 6 月 22 日,成立了独立建制的河南省非物质文化遗产保护中心[①],该中心是省级非物质文化遗产保护的专业机构,单位性质为财政全额拨款的正处级事业单位。中心现有 4 个内设机构,分别是办公室、管理保护部、理论研究部和典藏部。现有编制 12 人,在职 14 人。

全省 18 个省辖市已有 11 个省辖市成立有独立编制的非遗科,12 个县成立了独立的非遗股。有 2 个省辖市、15 个县区成立了独立编制的非遗保护中心,其余市县区也全部挂靠成立非遗保护机构。建立了“非物质文化遗产保护工作专家委员会”制度,初步形成了较为健全的保护工作网络。

二、开展普查

为了摸清我国非物质文化遗产的家底,全面了解和掌握各地区、各民族非物质文化

---

① 于小薇. 河南省非物质文化遗产保护工作概况. [EB/OL][2019-06-20]. http://www.yxhenan.com/info/hnyc/fydt_12621_20728.html.

遗产资源的种类、数量、分布状况、生存环境、保护现状及存在的问题，文化部于 2005 年 6 月部署了全国非物质文化遗产普查工作。这是我国 21 世纪之初在全国范围内开展的第一次大规模的非物质文化资源的全面、深入调查。参与这次普查的有 76 万人次，投入经费 3.7 亿元，录音记录 13 万小时，拍摄图片 408 万张，参与民众达上千万人次，收集珍贵实物和资料 26 万多件，共走访民间艺人 115 万人次，普查文字记录量达 20 亿字，汇编普查资料 14 万册，收集珍贵实物和资料 29 万件，非物质文化遗产资源总量近 87 万项。

按照国家统一部署和安排，2007 年至 2009 年，河南省组织开展了第一次全省非物质文化遗产普查工作，获得各类线索 180 余万条，其中，基本立项 22 万余条。普查工作共整理文字资料 30 多亿字、照片 10 万多张、录音 3800 多小时、录像 4300 多小时。2016 年开展了传统村落非物质文化遗产资源调查，在省级以上传统村落中有非遗项目 603 项，传承人 1 201 人。

三、建立名录体系

建立和完善非物质文化遗产保护名录体系，是我国保护非物质文化遗产具有开创性意义的重要举措。2006 年 5 月 20 日，国务院批准公布了第一批国家级非物质文化遗产名录，包括 10 个门类共 518 个项目，涉及 758 个申报地区或单位。2008 年 6 月 14 日，国务院公布了第二批国家级非物质文化遗产名录，共计 510 项，以及第一批国家级非物质文化扩展项目名录，共计 147 项。2011 年 5 月 23 日，国务院批准文化部确定的第三批国家级非物质文化遗产名录（共计 191 项）和国家级非物质文化遗产名录扩展项目名录（共计 164 项）。2014 年 11 月 11 日，国务院批准文化部确定的第四批国家级非物质文化遗产代表性项目名录（共计 153 项）和国家级非物质文化遗产代表性项目名录扩展项目名录（共计 153 项）。这些经过层层甄选出来的且具有典型意义和杰出价值的优秀非物质文化遗产，成为全民关注的热点。

2006 年 10 月，文化部颁发了《国家级非物质文化遗产保护与管理暂行办法》。在此基础上，我国非物质文化遗产保护名录体系逐步完善。国家、省、市、县四级的宝塔形的非物质文化遗产名录体系逐步形成，初步实现了非物质文化遗产的分级保护。

截至 2010 年，我国共有非物质文化遗产资源近 87 万项，进入国家、省、市、县四级非物质文化遗产名录体系的非遗项目有 7 万项之多，其中 1 028 项“国家非物质文化遗产名录”，7 109 项“省级非物质文化遗产名录”，18 186 项“地市非物质文化遗产名录”，53 776 项“县级非物质文化遗产名录”。

截至 2010 年，我国共有 34 个项目入选联合国教科文组织非物质文化遗产名录，其中 28 个项目入选“人类非物质文化遗产代表作名录”，6 个项目入选“急需保护的非物质文化遗产名录”，成为入选名录项目最多的国家。

河南非物质文化遗产丰富、品类繁多，第一批河南省级非物质文化遗产名录（2007 年）囊括了包括民间文学、美术、音乐、舞蹈、戏曲、曲艺、体育竞技、杂技、手艺、节令、信仰、习俗乃至民间知识 14 类 148 项，第二批（2009 年）11 类 129 项，第三批（2011 年）10 类 132 项，第四批（2015 年）10 类 114 项。河南省现有国家级非遗项目 113 项、省级非遗项目 728 项、市级非遗项目 2 181 项、县级非遗项目 7 086 项。

2016 年 11 月 30 日，联合国教科文组织通过决议，正式将“二十四节气”列入“人类非物质文化遗产代表作名录”。这不仅是我国文化领域的又一件大事，同时也是河南省非遗保护工作的一个里程碑。

四、抢救性保护

注重实地考察、归纳分析，组织各领域专家研究每一类非遗的类别特点，在遵循其传承发展规律的基础上，坚持把抢救性保护放在第一位。根据其濒危程度，并结合河南省实际，制定出台符合项目特点和实际的分类保护标准与规范，再分期分批开展工作。这样一种非遗分类保护方法的实施，成果显著，有力推动了河南省非遗的健康传承与可持续发展。

坚持把抢救性保护放在第一位，切实保障濒危项目得到有效保护，相继启动实施“铭刻——河南省非物质文化遗产全面记录计划”“河南省稀有剧种抢救工程”“河南省传统美术抢救保护工程”“非物质文化遗产数字化建设”试点工程等，通过录音、录像等综合性、科技化手段，对一些重大项目和濒危项目及其代表性传承人进行全面系统的建档、记录、立体化保存。

2012 年 12 月，河南省正式启动“河南省稀有剧种抢救工程”，经过全省各级文化部门和各稀有剧种保护单位的共同努力，历时两年多，各稀有剧种保护单位共复排传统剧目 420 余部，拍摄传统剧目 313 部，收集整理剧目剧本近 1 900 部、曲谱 1 557 本、相关实物 5 800多件，编撰出版图书 10 本，并于 2015 年 6 月遗产日期间举办了“河南省稀有剧种抢救工程成果展”。

此后，在 2015 年和 2017 年相继启动了“河南省传统美术抢救保护工程”“河南省传统工艺振兴计划——传统技艺抢救保护工程”等。“河南省传统美术抢救保护工程”于 2015 年 3 月至 2016 年 12 月实施，历时近两年。河南省非物质文化遗产保护中心、河南省文化艺术研究院、河南博物院等单位联合成立了摄制小组，其成员涵盖了非遗理论、美术、摄影、摄像等多个专业，自 5 月中旬开始，对 94 个省级以上的传统美术类非物质文化遗产项目逐个进行实地拍摄。共形成传统美术类四级非遗项目及传承人纸质档案资料 3 套共 2 454 份，数字化档案资料 818 份，共 14. 3GB；完成了 250 个传统美术类非遗项目的拍摄和 306 名传承人口述史采访，积累访谈录音 300 余小时，视频素材约 30TB，图片素材约 2TB；编辑出版书籍、图录达 120 多册；收集传统美术作品、工具等相关实物达 26 824 件，其中省级以上非遗项目实物、作品达 9 803 件；建成 78 所展示馆和传习所；举办培训班 929 班次，参训人员包括传统美术类相关管理人员、传承人、社会传承对象等，共计 24 907人次。

2015 年度国家级、省级非遗代表性传承人抢救性记录工程实施项目共计 15 人。2017 年 2 月，文化部举办国家级非遗代表性传承人抢救性记录工程 2015 年第一批实施项目中期交流会，从全国诸多项目成果中挑选出 4 个有代表性的项目进行交流，其中河南省有两项入选，分别是豫剧国家级传承人王冠君和撂石锁国家级传承人沈少三。

按照“保护为主、抢救第一、合理利用、传承发展”的工作方针，对省内国家、省、市、县四级名录内的项目进行摸底调查。按照“六个一”的工作标准开展抢救保护工作：为每个项目和传承人建立一套纸质和数字记录档案，编辑整理出版一批书籍图录，拍摄记录一批影像制品，征集收藏一批代表性实物，建成一批专题展示馆，培养一批人才。同时，通过新闻媒体加大实施非遗分类保护的舆论宣传力度，营造开展非遗分类保护的良好氛围。

在进行抢救性保护工作的同时，也注重人才培养，如2015年9月6日至9日，河南省非物质文化遗产保护中心在郑州举办“河南省非物质文化遗产抢救性记录工作培训班”，旨在科学有效地推进河南的非物质文化遗产抢救性记录工作，确保非遗保护工作人员按照文化部非物质文化遗产司下发的操作规程和标准，科学、规范、有序地开展工作。

五、整体性保护

整体性保护是非物质文化遗产保护的重要方式，而文化生态保护是整体性保护的重要内容。建立文化生态保护区标志着我国文化遗产保护工作进入一个活态、整体性保护的新阶段。文化生态保护区是指在一个特定的区域中，物质文化遗产（古建筑、历史街区与村镇、传统民居及历史遗迹等）和非物质文化遗产（口头传说与表述、传统表演艺术、民俗活动、礼仪、节庆、传统手工技艺等）相依相存，并与人们的生活生产紧密相关，与自然环境、经济环境、社会环境和谐共处的生态环境。为推动非物质文化遗产整体性保护，加强文化生态保护区建设，文化部指导起草了《关于加强文化生态保护区建设的意见》和《国家级文化生态保护区申报暂行办法》[①]。

2017年1月，河南省第一个国家级文化生态保护实验区——说唱文化（宝丰）生态保护实验区经文化部批准在宝丰县设立，填补了省内该项工作的空白。截至2017年6月，河南省有国家级文化生态保护实验区1个，省级文化生态保护实验区8个。

六、生产性保护

积极保护与合理利用相结合，使非物质文化遗产造福当代，是非物质文化遗产保护工作可持续发展的必由之路。对于各种非物质文化遗产，我国根据具体情况，采取不同的保护方式。对于那些已经失去了生存条件的文化形式，采用收入博物馆的方法加以保存；但对于那些仍然具有生命力，又有开发潜质的传统手工艺和民间艺术，则正在进行合理开发利用，以生产性方式保护，使之既有利于更好地传承与发展，又能体现非物质文化遗产的最大价值，并获取多方面效益。

在运用生产性方式保护非物质文化遗产的实践中，通过举办各种类型的民间文化艺术节、旅游节、工艺品展销会、民间歌舞比赛、开展集中宣传展示活动等，使本地区的非物质文化遗产转化为经济资源，并获取较大的经济效益，有力地促进了地方经济和社会的发展。一些地区有效地开发利用非物质文化遗产，使之辐射全国、走向世界，已经形成了本地区亮丽的文化名片。

积极运用生产性保护等方式，通过命名“河南省非物质文化遗产生产性保护示范基

---

① 潘澍. 我国非物质文化遗产保护的成就与挑战[J]. 环球市场信息导报,2016,(46):86-87.

地”、开展传统技艺成果大展、研究传统工艺振兴计划等工作，推动保护工作。从2011年开始实施非物质文化遗产生产性保护方式方法，通过了解各地项目保护单位的基本情况、相关国家级、省级非物质文化遗产名录项目概述、生产性保护中坚持非遗本真性、完整性及核心技艺的保护与传承情况、产生的社会效益和经济效益情况、保护与传承计划等情况，相继开展了3批省级生产性保护基地的命名工作，并积极申报国家级生产性保护示范基地。截至2017年6月，河南省有国家级生产性保护示范基地5个，省级生产性保护示范基地30个。其中，国家级生产性保护示范基地包括禹州市杨志钧窑有限公司的钧瓷烧制技艺，禹州市星航钧窑有限公司的钧瓷烧制技艺民族乐器制作技艺（维吾尔族乐器制作技艺）、洛阳九朝文物复制品有限公司的唐三彩烧制技艺、开封市素花宋绣工艺有限公司的汴绣、汝州市朱文立汝瓷艺术有限公司的汝瓷烧制技艺；省级生产性保护示范基地共3批，包括开封市素花宋绣工艺有限公司（汴绣）、河南伟康实业有限公司（四大怀药种植与炮制）、好想你枣业股份有限公司、洛阳杜康控股有限公司等。

河南省在淮阳举行非物质文化遗产展演活动，传承数千年的淮阳太昊陵庙会。2012年展演活动历时半个多月，独具地方特色的国家级非物质文化遗产项目齐聚淮阳，精彩亮相。展演了40多个省级以上、30多个周口当地的优秀非物质文化遗产项目，以非遗传承人为代表的2 600多名演员奉献了6场民俗盛宴，集中展示了包括传统音乐、传统舞蹈、传统戏剧、传统体育、游艺与竞技、曲艺等几大类非遗项目。充分展示了河南丰富多彩的非物质文化遗产，让群众和游客亲身感受到了非物质文化遗产的独特魅力。淮阳市也被打造成了全省性的非物质文化遗产保护平台①。

七、传承性保护

非物质文化遗产是一种活态文化，它的传承是以人为载体的。传承人承载着非物质文化遗产的薪火，如果不对他们进行抢救与保护，非物质文化遗产就成了无源之水、无本之木。因此，加强对非物质文化遗产代表性传承人的保护，是非物质文化遗产保护的关键环节。为了有效地传承和保护国家级非物质文化遗产项目，鼓励和支持代表性传承人开展传习活动，进而建立起一套科学有效的传承机制，文化部命名公布了国家级非物质文化遗产项目代表性传承人，各地也陆续开展了省、市、县级非物质文化遗产项目代表性传承人的认定和命名工作。为了使非物质文化遗产传承人保护工作制度化，中华人民共和国文化部部务会议2008年5月14日审议通过《国家级非物质文化遗产项目代表性传承人认定与管理暂行办法》，时任文化部部长蔡武同日签署第45号令予以发布，自2008年6月14日起施行。此办法对国家级名录项目的代表性传承人的认定标准、权利、义务和资助等做出了规定。

2007年《河南省非物质文化遗产代表性传承人命名暂行办法》，2016年11月14日，河南省文化厅印发《河南省省级非物质文化遗产代表性传承人认定管理办法》，明确了申报程序、申报条件、申报材料、代表性传承人权利和义务等。

---

① 李孝敏.河南非物质文化遗产保护现状探析[J].全国商情(理论研究),2012(04):18-19.

截至2017年底，文化部共认定公布了5批国家级非物质文化遗产项目代表性传承人。2007年6月5日公布第一批，分民间文学、杂技与竞技、民间美术、传统手工技艺、传统医药等5大类，共226人；2008年2月25日公布第二批，分民间音乐、民间舞蹈、传统戏剧、曲艺、民俗等五大类，共551人；2009年5月26日公布第三批，共771人；2012年12月20日公布第四批，共498人；2017年12月29日公布第五批，共1 113人，其中对尚未认定过国家级代表性传承人的项目，推荐827人；对已认定过国家级代表性传承人的项目，推荐286人。

河南省共认定了4批省级非物质文化遗产代表性传承人。2017年认定191人，入选者总共分为10大类，包括民间文学类20人、传统美术类34人、传统音乐类11人、传统舞蹈类24人、传统戏剧类26人、曲艺类7人、传统体育和游艺与杂技类9人、传统技艺类37人、传统医药类16人、民俗类7人。至此，河南省级非遗代表性传承人已达832人，其中84人被认定为国家级非遗代表性传承人。

截至2017年6月，河南省共有国家级传承人84名、省级传承人641名、市级传承人2 534名、县级传承人6 922名。此外，还建立了代表性传承人名录保护体系，制订了传承人培训计划，分批对传承人进行轮训，扶持、指导传承人开展传习活动，并于2016年启动了传承人群研修研习培训计划。

作为加强非遗人才队伍建设工作的重要组成部分，2011—2014年，河南省文化厅相继举办了5期代表性传承人培训班，对文化部、省文化厅公布的84名国家级非物质文化遗产代表性传承人和642名省级非物质文化遗产代表性传承人进行了系统培训，多名非物质文化遗产保护工作专家委员会的专家应邀授课。

如2010年12月，河南省第二期非物质文化遗产代表性传承人培训班在郑州举行，来自全省的140余名传统戏剧、曲艺类国家级、省级非物质文化遗产名录项目代表性传承人参加了培训，培训内容主要包括非物质文化遗产保护工作的方针政策、工作原则、全国及河南省非遗保护工作的基本情况、河南省传统戏剧和曲艺类非物质文化遗产资源状况、传承工作基本要求等。

2014年12月8日，由河南省文化厅举办的河南省第三批省级非物质文化遗产代表性传承人培训班在郑州开班，培训内容包括全国非物质文化遗产资源概况及河南省非物质文化遗产保护工作基本情况、《中华人民共和国非物质文化遗产法》《河南省非物质文化遗产保护条例》解读、代表性传承人如何更好地开展保护和传承工作、国家级非物质文化遗产代表性传承人申报基本方法等。

2017年11月7日至10日，河南第四批省级非物质文化遗产项目代表性传承人培训班在郑州举行，来自全省的190余名传统音乐、传统舞蹈、民间文学、民俗类、传统技艺类省级非物质文化遗产项目代表性传承人参加了培训。

2016年8月16日，河南省文化厅公布了《河南省非物质文化遗产2016—2020年培训工作规划》，《工作规划》中指出，将对全省各级文化部门从事非物质文化遗产保护的管理人员和业务人员、列入四级名录体系的代表性项目保护单位负责人、列入四级名录体系的代表性传承人、非物质文化遗产传承人群，在政策法规、业务工作、基础知识三方面进行培训；河南省文化厅统筹组织、指导开展全省培训工作，负责全省培训工作的规划和实施;市、县(区)文化主管部门负责本市、县(区)培训工作的规划和实施。

河南省还分类进行非遗代表性传承人培训班,如2016年10月12日至10月14日在郑州举办了“河南省省级以上非物质文化遗产(传统美术类)代表性传承人培训班”;2016年8月19日至8月21日在郑州举办了“非物质文化遗产代表性项目河南坠子代表性传承人培训班”;2016年11月30日至12月2日在郑州举办了“河南省省级以上非物质文化遗产(传统技艺类)代表性传承人培训班”。

八、基础设施建设

非物质文化遗产在长期的发展和传承过程中,留下了大量珍贵的实物和物质载体,如民间美术中的绘画、雕塑、手工艺品;民间戏曲中的剧本曲谱、乐器、戏服、古戏台等,可谓包罗万象、丰富多彩。每一件非物质文化遗产的实物和载体,都是凝结劳动人民智慧和创造力的结晶。只有设立相关博物馆、传习所等基础设施,才能将这些稀少而又珍贵的实物分类进行收藏、展示、研究、传习。所以,非物质文化遗产博物馆、传习所,是开展非物质文化遗产保护传承工作的重要场所。到2009年底,全国共建立非物质文化遗产博物馆424个,展厅96个,民俗博物馆179个,传习所1 216个。起草了《关于加强非物质文化遗产基础实施建设的意见》和《非物质文化遗产博物馆建设与管理暂行办法》,以加强建设规范管理。在一些非物质文化遗产专题博物馆内,还邀请民间艺术大师或优秀传承人现场献艺,通过他们精湛的技艺,让人们领略到民间艺术或民间工艺巧夺天工的魅力。此外还通过多媒体技术,真切地展现出非物质文化遗产的活态形式。

2016年,由河南省非遗保护中心筹办的河南省非物质文化遗产展示馆(河南省非物质文化遗产传习所)开馆。河南省非物质文化遗产展示馆是由河南省非遗保护中心筹办的公益性非遗展示、传习场馆,定期举办河南省非遗展示和传习活动。2014年12月31日上午,郑州非物质文化遗产展示馆正式开馆并向社会免费开放,展示馆面积达1 500平方米,囊括了郑州市非物质文化遗产项目的展览展示、制作表演、收藏培训、动手操作、产品自选服务等功能,集中了各级非物质文化遗产资源和非物质文化遗产保护成果。博物馆式的收藏展示,不仅有效地抢救和保护了一大批濒危珍稀的物质文化遗产和非物质文化遗产,而且能通过展示和演示,使民众直接欣赏甚至触摸到大量的民间瑰宝,唤起民众强烈的自觉保护民族文化遗产的意识。

此外,2016年滑县道情、商丘四平调、新蔡县毛氏济世堂传统医药炮制等3个项目获中央财政2 000万元扶持,河南省34个中国传统村落入选2016年中央财政支持范围。

2017年9月5日,河南省文化厅印发《河南省非物质文化遗产展示传习示范馆管理办法》,进一步规范非物质文化遗产展示馆、传习所管理工作,确定了申请设立河南省非物质文化遗产展示传习示范馆的条件、流程、开放原则等,使河南省非物质文化遗产展示传习示范馆的管理进入法制轨道。

九、数据库建设

数据库建设是对非物质文化遗产前期保护工作的总结,也是后期管理和开发工作的基础。文化部、中国艺术研究院设立了中国非物质文化遗产数据库;河南郑州大学建立了中原民族民间文化资源数据库。①

河南省启动省级非遗数字化保护工作,建立省级非遗数据库。非遗项目豫剧、太极拳被列入国家非遗中心首批非遗数字化保护试点项目,两个项目保护单位共采集资源432.7GB,在本级系统中录入资源1 332条。河南坠子、黄河号子作为第二批试点项目,资源采集和录入工作已全部完成。

十、展览、网站与App建设

2013年6月8日,为迎接中国文化遗产日,"河南省非物质文化遗产保护成果展"在河南博物院开幕。

2015年6月13日,为庆祝"申遗成功十周年"及2015年"中国文化遗产日",由国家文化部港澳台办公室、澳门特别行政区政府文化局及河南省文化厅主办,"澳门银河"协办《根与魂——河南省非物质文化遗产展览》于在澳门开展。透过展出多个河南省国家级及省级非物质文化遗产项目,例如木版年画、剪纸及灯彩等不同形式的非遗手工艺品,展示河南省非物质文化遗产的风采。

2006年,文化部联合中国艺术研究院建立了"中国非遗数字博物馆"网站,从国家层面对非遗进行数字化保护。②

河南省非物质文化遗产保护中心建立了官方网站,还建立了河南非物质文化遗产网,通过网站系统宣传河南省非物质文化遗产及其保护工作。市一级非物质文化遗产保护中心也纷纷建立了官方网站,进行集中展示和宣传。

截至2016年10月31日,在苹果App store上线的非遗相关手机App已有26种,这些手机App通过互联网平台发布、传播、分享非遗相关信息,形成新的传播空间。

第四节　河南非遗保护中存在的问题

非物质文化遗产保护工作产生了巨大的社会影响,社会各界和广大群众保护非物质文化遗产的意识大大增强。同时应当看到,非物质文化遗产保护工作是一项长期的、艰巨的任务,在全球化的进程中,随着工业化、城市化、国际化的步伐加快,源于农耕文明、主要靠口传心授方式传承的非物质文化遗产的生存土壤及生态环境受到了严重冲击,面临着巨大的生存危机,非物质文化遗产保护工作依然任重道远。

---

① 中国非物质文化遗产保护中心. 专访河南非遗保护中心主任裴景岭. [EB/OL][2019-06-10]. http://www.ihchina.cn/Article/Index/detail? id=7592.

② 胡郑丽."互联网+"时代非物质文化遗产"档案式保护"的重构与阐释[J]. 浙江档案,2017(01):22-24.

一、保护意识不足

尽管近些年来国家已经加速了非物质文化遗产保护的进程，但相对于一些发达国家对非物质文化遗产保护的重视程度，我国的非物质文化遗产保护措施和保护力度仍然是滞后的。对待非物质文化遗产，相当多的群众的态度常常是“漠视”或是“无所谓”，缺乏主动保护的文化自觉。而一些地方政府及相关的主管部门也往往把非物质文化遗产的申报工作当成一项政绩来看，重申报而轻保护，一旦申报成功则万事大吉，并没有在思想意识上真正地重视对非物质文化遗产的保护。就在“申遗”以及世界遗产大会成为13亿中国人耳熟能详的名词的同时，高速公路从长城上飞快碾过，平遥古城的部分墙体在风雨中坍塌，小桥流水的周庄充溢着猪肘子味，三江并流处布下了“天罗地网”，包括“三江并流”在内的6处遗产地在第31届世遗大会上受到世界遗产专家委员会的检测……

我国“非遗”面临着一种“两头热、两头冷”的窘境，即申报热、开发热，保护冷、投入冷。“两热两冷”的背后潜藏了一种自然文化遗产保护的通病：重申报、轻普查，重效益、轻保护，而其背后的申遗困境，则是当下社会的一面镜子，显示出一些地方政府的急功近利之心。正是由于对“非遗”项目的开发热情过于高涨，胡乱发烧，导致保护态度冷淡。像上海郊区就有水上“非遗”项目，却被当地旅游公司开发为旅游项目，后因经营问题被“压缩”掉，其可持续性令人忧虑。而有的“非遗”，因为要迎合种种需求，被掺入不少所谓“当代元素”，导致画蛇添足，又破坏了原生态，得不偿失。部分城市由于中心城区旧区改造、城乡接合部加速城市化，一批“非遗”项目赖以生存的生态环境发生巨变，只好仅仅把这些“非遗”的本体记入典籍、转入博物馆，没有连同它们的“根”一起移植保护，造成“非遗”的离土化、碎片化①。

二、保护方法偏失

非物质文化遗产的保护一般是实行静态保护和动态保护两种方式。静态保护以依托图书馆和档案馆为主，动态保护则依靠旅游开发和市场运作。而图书馆和档案馆在目前的保护中，不论非物质文化遗产属于何种形式都偏向于以物化的固体形态陈列在室内，将其与物质文化遗产的保护同等看待，放在博物馆内仅供参观。在以旅游开发和参与市场竞争的动态保护中，非物质文化遗产往往更多地充当着“文化搭台，经济唱戏”的“搭台”角色。在知名度日益上升的同时也面临着变质，失去本真。民间文化艺术不断被“固态化”和“展示化”，形成了表演目的的功利化、表演场地的舞台化、表演职员的职业化、表演内容的符号化等弊端，采取修建类似民俗村或进行“原生态”包装之类的举措，给民间文化艺术留下的往往只是一个个缺乏内在灵魂与生命力的外壳。

三、生存空间狭小

随着生产、生活方式的变化，文化需求的多元化趋势日渐明显，传统的非物质文化遗

① 黄亚明.变了味的“非遗”[N].深圳晚报，2010-03-24：B14.

产生存空间日渐狭小，这一问题的产生主要有以下三个方面的原因。第一，新型的文化娱乐方式对传统的表演艺术产生了巨大的冲击，群众对传统艺术的兴趣日渐淡薄。第二，外来文化的影响。经济全球化的发展带来了东西文化的交流与融合，西方的一些意识形态与价值观念传入我国并产生了巨大的影响，一些年轻人以西方的生活方式为荣，对西方的“圣诞节”“情人节”等洋节日的兴趣日渐浓厚。中国社会调查事务所的一份调查显示：53.6%的年轻人过“洋节”是为了“找个快乐的理由”；对于“洋节与中国传统节日有何区别”，57.1%的男性认为“中国传统节日停留在吃、穿等物质享受层面上，而洋节更注重精神的交流”，60.7%的女性认为“洋节轻松自在，中国传统节日过得累”。第三，科学技术的发展与传统手工技艺的碰撞。现代工业产品的出现致使许多传统手工艺制品滞销，传统手工业制品市场萧条，尽管一些手工制品可以作为旅游产品来开发，但传统手工技艺的整体生存现状不容乐观。

四、传承艺人断代

民间文化中的大部分项目是靠传承人的存在而存在的。目前国内民间手工艺和民间艺术的市场急剧萎缩，资金短缺，使得民间艺人缺少生存的舞台，纷纷转行从事其他行业，更没有年轻人愿意继承手艺。

朱仙镇木版年画是中国木版年画之鼻祖，是中国民间艺术之瑰宝。它起源于唐，兴于宋。明清鼎盛时期，朱仙镇一带有年画作坊300多家，每年销售年画3 000多万张，史有“家家都会沾染，户户皆善丹青”之说。1949年新中国成立时，朱仙镇当地还有23家年画作坊，而现在只有一家仅有8人的年画社。该年画社也是惨淡经营，掌握刻板技艺的老艺人仅剩2人，掌握用天然植物熬制颜料绝技的，只剩下58岁的刘金禄师傅1人。朱仙镇本地逢年过节也不再张贴年画了，年画已由实用的年画变为收藏的年画①。

与河北省吴桥齐名，在中国杂技艺术史上素有“南北两故里”之称的濮阳东北庄的民间杂技，目前有许多杂技项目濒于失传。如蹬大缸的乔玉莲老太太，现已75岁高龄，却依然登台表演，原因是无人传承。

人走艺绝，一旦这些拥有传统技艺的老艺人离开人世，他们身上所承载的传统文化也随之消亡。这就提醒我们不仅要保护技艺，还要保护我们的民间艺术家，只有传承人代代相传，民间文化才会生生不息。“只有活水才能养活鱼”，对传承人的保护要特别注意维持“民间文化生态”，让传承者、风俗活动、传承对象处于一个相对稳定的文化小系统内，使他们在一个适宜的环境里传承创新。

五、工程建设破坏

为了加快全面建成小康社会的步伐，提高广大农村、农民的生活水平，国家在农村大范围地开展了旧村改造或拆旧村建新村的建设项目，这本身是适应现代化发展要求的一

---

① 夏挽群，陈江风. 河南非物质文化遗产的历史、现状及抢救保护[J]. 河南社会科学，2007(01)：35-37.

件好事。但由于农村地区是非物质文化遗产项目的主要保存地，如果在建设过程中不特别注意保护非物质文化遗产生存所依赖的有形环境，不对蕴含历史文化内容的有形遗存加以认真保护，承载这个村庄历史文化记忆的载体也就荡然无存。必然会对非物质文化遗产的保护造成不可挽回的损失。在过去的几十年里，由于建设中保护措施跟不上，对非物质文化遗产事实上已经造成了很大的破坏。

六、不当保护伤害

一个“牛郎织女”的故事有六个省竞争，一个“梁祝故里”的传说有十几个城市虎视眈眈，一部《三字经》也有广东顺德和浙江宁波两地的“争斗”。尝到“申遗”带来的甜头后，很多地方似乎找到了一种新的“发财思路”。只要“申遗”成功，便像是可以守候在“提款机”边，就等着大把大把地接钱了。一些项目被确定为保护对象后，一些人片面地去开发它的经济价值，如对古老村落的过度旅游开发，使这些项目显现的某种人类文明以及这种文明成长的过程，因我们的“保护”而中断。

河南的非物质文化遗产都是非常有特色的，也蕴藏着丰富的文化内涵。可是，当地旅游部门在对其进行旅游开发时，只重形式，而忽视了其中蕴含的文化内涵，存在开发的简单化、庸俗化、雷同化的现象。结果旅游产品得不到游客的认同，缺少市场竞争力。例如，河南淮阳的泥泥狗是淮阳太昊陵“人祖会”中泥玩具总称。是一种原始图腾文化下产生的一种独特的民间艺术，又称“陵狗”或“灵狗”。泥泥狗反映了原始人类的生殖崇拜，作为一种非物质文化遗产，它具有民俗研究价值、审美价值、经济价值、文化教育价值等。当地政府在对此项“非遗”进行开发时，只注重了形式，缺乏对其内涵的宣传。每年，泥泥狗只在淮阳太昊陵庙会上制作和摆摊销售，由于缺少对其文化内涵的宣传，泥泥狗只能作为普通的玩具进行销售，因此销售价格非常低。因此，当地的年轻人不愿意去做这些泥玩具，纷纷出外打工，造成泥泥狗的传承和发展后继乏人①。

在服务于旅游开发的目的下，“原生态”在一些地方正被滥用，很多旅游表演为了迎合游客口味，不惜“大胆创新”，把原生态歌舞的表演按照当代肤浅时尚的审美趣味加以改造，甚至加入了许多不健康的内容；传统的民间手工艺制作大量机械复制；古老村落成了喧嚣的闹市。真正的非物质文化遗产项目所包含的人类文明和文化内涵因此荡然无存。从表面上看，似乎是被保护项目的繁荣，实际上是对非物质文化遗产的一种本质性伤害。

七、法规政策滞后

立法保护是最根本的保护。保护非物质文化遗产是“持久战”，需要一代一代的人来做，仅靠调动积极性和应急性措施是不够的，必须有坚实的法律和政策的规约和保障。虽然有《中华人民共和国非物质文化遗产法》等一系列中央和河南省相关法规出台，但实施细则方面仍不够清晰，可操作性不足，保护标准和目标管理以及收集、整理、调查、记

---

① 石素真．河南非物质文化遗产旅游开发现状研究[J]．长春师范学院学报，2012，31(03)：106-108.

录、建档、展示、利用、人员培训等工作相对薄弱,保护管理资金的困难仍然存在。

八、分类导致分割

许多文化现象是包含诸多要素的综合体。如民间的某一庆典仪式活动,里面包含有歌舞、音乐、工艺品。有的地方为了获得更多名录,进行分项申报。一项完整的“非遗”项目被人为地割裂成几个单项的名录,造成重复申报,也分割了文化的完整性,失去其本来面目。许多非物质文化遗产是人民群众的生活方式、生产方式和价值观,很难按我们当今的学科分类方法来分类。

2002 年以来,河南省非物质文化遗产保护逐渐走进法制轨道,保护体系逐渐形成,取得了显著成果,同时也存在重申报轻保护等现象,非物质文化遗产保护和传承仍任重道远。

下篇

资源篇

第六章

河南省民间文学类非物质文化遗产档案资源

第一节　梁山伯与祝英台

一、历史沿革及分布情况

梁祝传说据考最早始于晋代或南北朝时期，完整故事形成于唐，由艺人传唱或表演即在宋代了。在诸多梁祝传说地中，诸多学者历来都认定梁祝的故事就发生在河南汝南，梁山伯和祝英台有墓、故里、十八相送旧址等真实地点，更有真实人物、真实情节，较之其他地区的传说更完整，更真实。传说流传之广，影响之深，无与伦比。汝南人常以本地出过这样一个故事而津津乐道。老到叟妪，小到稚童，都能知晓并讲出梁山伯和祝英台的爱情故事。

有研究指出梁祝故事的雏形，即是《华山畿》。六朝时期，江南盛传《华山畿》这首令人性灵摇荡的民歌，宋郭茂倩《乐府诗集》亦有记载。

二、基本内容及艺术特征

东晋时期，浙江上虞县（现上虞区）祝家庄，祝员外之女英台女扮男装去万松书院求学，途遇梁山伯，一见如故，结拜为兄弟。同窗三年山伯不知英台是女儿身，英台因接到家信促其速归不便明言，将白玉扇坠请师母转交山伯，做爱情信物。山伯知情后，赶去祝家，英台已许配给马文才，她至死不从，山伯气急病亡，马家来娶亲，英台浑身缟素，经山伯墓前，坟墓爆裂，她跃入坟中，墓复合拢，梁祝化为蝴蝶。梁祝的传说主要表现了古代人民对自由美好生活的向往，对婚姻自由的追求。它是民间文化的积淀，代表了民间文学中积极向上的部分。汝南的梁祝传说之所以久传不衰，多具魅力，其原因不仅因为梁祝传说以河南汝南为中心，更因为它代表了人民大众的心声。

三、传承谱系及代表性人物

（1）篇目流传地

△《梁山伯与祝英台》等 43 则　浙江（其中宁波 22 则，其中有畲族）。

△《山伯琴剑英台扇》等 15 则　江苏。

△《三蝶奇缘》等 8 则　广西(其中有壮族、瑶族)。

(2)歌谣流传地

△《梁祝叙事山歌》2885 行　流传于浙江、湖北、湖南、江西、安徽等地。

△《梁山伯与祝英台》2845 行　流传于全国各地。

△《梁山伯与祝英台结义兄弟攻书传》2 500 行　流传于全国各地。

△《柳荫记》676 行　流传于全国各地。

△《英台恨》800 行　流传于全国各地。

四、主要价值

梁山伯与祝英台的故事是中国四大民间传说之一,被称为东方的“罗密欧与朱丽叶”。我们透过祝英台女扮男装所表现的反抗封建礼教的表层思想,能更深一步地把握到社会进步中要求男女平等、呼唤女权这一深层的民族潜意识。如果没有梁祝的悲剧,人们就不会认识到传统的包办婚姻制度的弱点和局限,就无法看到其他选择的可能性。传统的婚姻制度就将继续保持原样。

如果说,梁祝婚姻被残酷葬送具有强烈的悲剧意义,那么它的“化蝶”结尾便富有积极意义。活着追求不到的东西,在死后继续“追求”,终于得到。“化蝶”的结局,正是日益厚积的冲击封建礼教的强烈社会心理的生动反映。千百年来,这种结局鼓舞着人们向一切顽固封建势力做顽强的抗争。

五、目前保护情况

2006 年 6 月,“梁祝传说”被列入国家首批非物质文化遗产名录。河南省汝南县梁祝镇被命名为“中国梁祝之乡”。

联合国教科文组织驻北京代表青岛泰之先生曾说梁祝是人类珍贵的文化遗产。

第二节　董永与七仙女

一、历史沿革及分布情况

“董永与七仙女”的传说故事讲的是玉帝第七个女儿被“卖身葬父”的孝子董永打动,向往人间幸福生活,私自下凡与之结合。后玉帝派天兵天将把她追回天庭。董永行孝的动人故事被编入很多戏曲中,较早的为明代传奇剧《织锦记》,最有名的是黄梅戏《天仙配》。

唐宋以来,山西、江苏、河南、湖北等都称有董永遗迹,而河南省焦作市武陟县是董永的家乡,并有董永墓和董永庙。

二、基本内容及艺术特征

传说玉帝之女七仙女因感天宫孤独寂寞而思慕人间生活。一日随六位姐姐往凌虚台游玩，偶见下界卖身葬父的青年农民董永，被他的忠厚老实所打动而萌发爱慕之情。

大姐看穿小妹的心事，不顾天宫戒律森严，助其下凡。临行之时又赠难香一支，以便小妹危急时焚香求助。七仙女来到人间，经土地爷说合，槐荫树做媒，与董永结为夫妻。为了帮助丈夫赎身，七仙女去傅员外家做工。员外故意刁难，限她一夜之间织成锦绢十匹。

如成，便将董永的长工期限由三年改为百日，否则将三年改为六年。七仙女在机房燃起难香求救，六位姐姐下凡相助，一夜织成十匹锦绢。傅员外只得履行诺言。

董永做工期满后，夫妻双双愉快返家。途中，董永发现妻子已怀孕在身，赶忙去讨水为她解渴。这时，狂风骤起，空中出现天兵天将，传下玉帝圣旨，限七仙女午时三刻返回天宫，违命则将董永碎尸万段。七仙女不忍丈夫无辜受害，只得将自己的来历向董永说明，并在槐荫树上刻下"天上人间心一条"的誓言，怀着悲愤的心情，返回天庭。

三、传承谱系及代表人物

在1950年黄梅戏对之进行改写之后，董永遇仙传说获得了新生机，同时也埋下了新危机。时至今日，这个传说在"文化—经济"的大潮中，因与地方文化结缘且受利益驱动，从而又形成了许多新的文化景观。然而，作为口头文化遗产，在当今商业化与信息化时代，其价值正面临着被消解、其结构正面临着消亡的命运。

四、主要价值

1952年，由洪非等人重新将黄梅戏《天仙配》剧本进行了改编。戏中塑造了老实憨厚的董永、善良美丽的七仙女、相互帮助的仙女姐妹、刁钻刻薄的傅员外、无情狠毒的玉皇大帝等生动形象，再加上优美的舞姿、动听的黄梅调，深深地留在人们的记忆里。特别是著名的黄梅戏表演艺术家严凤英的出色表演，让"董永遇仙"这个民间传说故事更加引人入胜，"七仙女"艺术形象得以人人皆知。

五、目前保护情况

1950年，这个传说有赖于黄梅电影《天仙配》而大扬于天下。2002年10月26日中国邮政局发行的一套邮票《民间传说——董永与七仙女》，更是扩大了这个传说在当代生活中的影响。2006年，河南省武陟县申请董永与七仙女传说为国家级非物质文化遗产，并获通过。

第三节　花木兰传说

一、历史沿革及分布情况

元代侯有造《孝烈将军祠像辨正记》碑上的文字至今仍清晰可辨。《孝烈将军祠像辨正记》石碑，碑文后附有《木兰辞》全诗。碑文开头说："将军魏氏，本处子，名木兰，亳之谯人也……睢阳境南，东距八十里曰营廓，即古亳方域，孝烈之故墟也。亦建祠像，土人亦以四月八日致祀，乃将军生朝。"现河南虞城仍建有木兰祠，祠中设木兰像，并幸存两块祠碑，一是元代《孝烈将军像辨正记》碑，二是清朝《孝烈将军辨误正名记》碑，当地的各种民间传说和歌谣中也留有木兰从军的故事。

二、基本内容及艺术特征

一说花木兰(412—502)是北魏宋州虞城(今河南商丘市虞城县)人。时值太武皇帝时期(424—452 年)。

当时北方游牧民族柔然族不断南下骚扰，北魏政权规定每家出一名男子上前线。但是木兰的父亲年事已高又体弱多病，无法上战场，家里中弟弟年龄尚幼，所以，木兰决定替父从军，从此开始了她长达十二年的军旅生活。去边关打仗，对于很多男子来说都是艰苦的事情，而木兰既要隐瞒身份，又要与伙伴们一起杀敌，这就比一般从军的人更加艰难！可喜的是花木兰最终还是完成了自己的使命，在数十年后凯旋回家。皇帝因为她的功劳之大，赦免其欺君之罪，同时认为她有能力在朝廷效力，任得一官半职。然而，花木兰因家有老父需要照顾拒绝了，请求皇帝能让自己返乡，去补偿和孝敬父母。

三、传承谱系及代表人物

明清以后，经过几百年的艺术再创作，"花木兰"的艺术形象日臻完美。迄今为止，上演过木兰戏的剧种有京剧、越剧、汉剧、昆曲、秦腔、评剧、黄梅戏等 20 多种，特别是大师常香玉《花木兰》的全国巡演，"花木兰"在民间的影响更加深远，"花木兰"这个称谓在人们心中也逐渐"固定"下来。

四、主要价值

千百年来，花木兰一直是受中国人尊敬的一位女性，因为她又勇敢又质朴。1998 年，美国迪斯尼公司将花木兰的故事改编成了动画片，受到了全世界的欢迎。

《木兰诗》被列入中学课本，被千千万万的人世代诵颂。木兰的事迹和形象被搬上舞台，长演不衰。她的精神激励着成千上万的中华儿女保卫国家，可歌可泣。

五、目前保护情况

木兰祠始建于唐代，金代泰和年间(1201 年—1208 年)，敦武校尉归德府(今商丘市虞城县)。营郭镇酒都监乌林答撒忽剌又重修大殿、献殿各三间，并创塑了花木兰像。至元代元统二年(1334 年)，睢阳府尹梁思温倡议，募捐 2 500 贯，重修扩建。清嘉庆十一年(1807 年)，由该祠僧人坚让、坚科和其徒田何、田桢、田松等，又募资修祠立碑。由于历代重修，祠宇占地面积一万平方米，祠地四百余亩，住僧人十余人。

第四节　盘古神话

一、历史沿革及分布情况

盘古神话，是在中国流传得非常广泛的一则开辟神话，也是引起近代学者十分关注的一则上古神活。

盘古神话产生于非常久远原始文化时期，它的产生有着深邃的历史背景。

关于天地开辟的神话。盘古神话，始见于《艺文类聚》所引三国时吴人徐整的《三五历纪》和清人马骕《绎史》所引《五运历年纪》。

二、基本内容及艺术特征

远古时天地混沌像个大鸡蛋，盘古就生长在这个大鸡蛋中。经过一万八千年，天和地分裂开来，阳清为天，阴浊为地。盘古在天地当中，智慧超过天，能力超过地。天，每天升高一丈；地，每天加厚一丈。盘古的身子也每天伸长一丈。这样又经过一万八千年，天极高了，地极厚了，盘古的身子也极长了。

盘古临死时，呼出的气成了风和云，声音成了雷霆，左眼变成太阳，右眼变成月亮，四肢五体变成大地的四极和五方的名山，血液变成江河，筋脉变成道路，肌肤变成田土，头发和髭须变成天上的星星，皮肤上的汗毛变成草和树木，牙齿和骨头变成金属的矿物和岩石，精液和骨髓变成珍珠和美玉，流的汗变成雨……盘古用他的身体化成世界万物。

三、传承谱系及代表人物

有关盘古的神话，最早在我国南方少数民族民间广泛流传。苗，瑶向来崇奉盘古，把盘古看作自己的祖先。壮、侗、仫佬等民族也盛传盘古，把盘古看作开天辟地的人类始祖。“今南海有盘古氏亘三百余里，俗云后人追葬盘古氏之魂也。宇，人们为之“祝祀”。关于盘古神话，茅盾先生在其所著《中国神话》一书中，曾做过一个大胆的猜想。他认为盘古神话属于中国岭南民族神话。春秋战国时期，楚国大诗人屈原在《天问》中，就提出过关于天地创造的问题：“邃古之初，谁传道之？上下未形，何由号之？冥昭瞢暗，谁能极之？……圜则九重，执营度之？惟兹何功，孰初作之？”三国时，吴人徐整，方从古代南方少数民族中，收集了盘古神话，载入《三五历记》中，这算是我们迄今所知，最早见于古籍记载的天地开辟神话。

四、主要价值

盘古神话是以汉民族为主的、多个民族共有的最古老的创世传说之一，很早就被文人记入各种文献中，流传广泛，在海内外华人中具有非常广泛的影响。它对于研究中华民族宇宙观、自然观的形成和中华民族特有的思维方式具有重要意义。此外它还具有民俗学、语言学、历史学等方面的价值。

五、目前保护情况

近年来，为挖掘、传承盘古文化，泌阳县委、县政府审时度势，科学决策，立足境内盘古山丰富的自然和人文资源优势，以弘扬盘古文化为己任，打造盘古文化品牌，加大保护、传承和创新力度，使盘古文化的研究、保护和开发逐步走向科学化。

第五节　邵原创世神话群

一、历史沿革及分布情况

邵原是一个有 7 000 余年的历史古镇，即使有文字记载算起，也有 3 000 多年的沿革，随着行政区划的变更，历史上有召、郫邵、邵郡、邵州、邵伯县、邵原县、王屋县、邵原关、邵原镇等诸多名称。邵原自古就有女娲故事流传。镇北有名山大川，诸如被斩孽龙的黑龙山，断鳌足立四极的鳌背山，芦灰锁积的锁泉岭，炼石补天的银河峡等，都是后人乐以称道的“女娲补天”的原型物。它们规模宏大，自然形成，形象逼真，系统完整，为全国所仅有。经诸多专家学者考查认证：女娲神话之原创地即为济源市邵原镇为中心的古邵州一带。邵原及周边地区女娲神话之多，相对集中，直面全国，其他地方均不具备，显散于邵州大地上的古地名、古文物、古遗存，充分证明了专家及口传的意见。从地理、地缘观点观察，邵原北依太行，中条为屏障，南有黄河萦带，与巍峨耸天的伏牛山相望。东有王屋天坛毓秀，西有三晋大地钟灵，方圆五十里属黄土浅丘带。①

二、基本内容及艺术特征

邵原神话群种类繁多、内容异常丰富，神话故事有声有色，从盘古开天、女娲抟土造人、伏羲画八卦、女娲补天、神农尝百草和播五谷，到黄帝战蚩尤、大禹治水等，几乎囊括了中华汉民族文明创始时期的所有神话，如此完备的神话群在全国其他地方并不多见。②下面列举几个。

1. 盘古开天辟地

相传很久以前，天和地还没分开，就像很大的鸡蛋一样，里面有一个叫盘古的人类祖先。一万八千年以后，盘古心里憋闷，浑身像绳子捆着一样不好受，想活动活动筋骨，胳膊一伸腿一蹬，“咔嚓”一声，大鸡蛋被蹬碎了。蛋壳里轻的东西慢慢上升为天，重的东西慢慢下沉为地，天和地裂开了一条缝。他想站起来走一走，可觉得天离地太低，就手撑天，脚蹬地，使劲把天往上掩。盘古手掩着天站起来，身子一天长一丈，天也一天高一丈。又过了一万八千年，盘古身高九万里，天也升高了九万里。盘古开天辟地，流尽了汗水，耗尽了力气，不久就累死了。盘古死后，身体上所有的一切转化成了世上的万事万物，嘴里呼出的气变成了风和云彩，声音变成了雷霆，左眼变成了太阳，右眼变成了月亮，胳膊变成了山岳，骨头变成了地下的宝藏，血液变成了江河，经脉变成了地理，肌肉变成了田土，发髭变成了草木，汗流变成了雨……后人为纪念盘古，在邵原东修建了盘古寺。盘古出世挣破的蛋壳，埋在太行山下，慢慢变成了细腻的石头。后来，人们用这种石头制成了不渗水的砚台，这就是著名的“盘砚”。[③]

2. 伏羲画八卦

传说，伏羲在青龙腰发现鳌背山南端石崖上有一块大石头，像金鸡啄米形状。他便到南洼找到了一块形状像鱼的大石头，仔细观察后，心想石内一定有金鱼。伏羲举手开石，果真鱼从石中一跃逃出，只在石内留下鱼状石纹。伏羲琢磨，石开一分为二，鱼有阴阳两个，天地未分之前，不也像大石头一样混混沌沌？天地分离，也应有阴阳，上则为阳，下则为阴。伏羲坐在金鱼石上，耳听八方之风，仰观天象，采天地万物的灵气，一口气画了八卦，又将二龙图形画在石头上。[③]

三、传承谱系及代表性人物

经过多年的调查、收集、整理，该神话分别于2006年、2008年在国际神话学研讨会上讨论与探究，得到国内外学者认同。且该地已汇编了60多个神话，成为创世神话群珍贵的资料，现已分类汇编成册，共6集10册，70余万字。邵原创世神话代表性传承人有杨择令、翟明东、李菊月、杨天祥、卢乃礼、翟良山、李林洲、高军红等。[②]

四、主要价值

邵原创世神话被誉之为“唯美”的神话，具有道德化、伦理化、哲理化的魅力。邵原创世神话人文底蕴厚重，哲理思想古今传承。盘古、女娲作为中华民族血脉同根的先祖和英雄形象，其蕴含的开天辟地、开拓创新、无所畏惧、勇往直前、自强不息、继往开来的精神；其鞠躬尽瘁、垂死化身、甘于奉献、不怕牺牲的美德；其造福人类、惩恶扬善、以人为本、护民佑民的高贵品格；其自强、自信、自勤、自爱的精神，都对我国人文精神的形成和丰富，具有极为珍贵的价值，对提升民族文化的自觉起到促进作用。济源邵原创世神话群厚重的文化容量，必将与时俱进地释放出新的光彩，成为中华民族共享的精神文化财富。邵原是中国创世文化的自然遗存，极其珍贵，研究邵原创世神话群，从一定意义上来说对提升民族自信心，增强民族凝聚力，是非常有意义的。[④]

五、目前保护情况

2006年9月，邵原被中国民间文艺家协会命名为“中国女娲神话之乡”。2007年2月，邵原创世神话群被列入河南省第一批非物质文化遗产名录。2008年6月，邵原神话群又成功入选国家第二批非物质文化遗产名录。[②]

第六节　老子传说

一、历史沿革及分布情况

老子，字伯阳，谥曰聃，春秋时楚国人，曾任周朝守藏室之史。农历二月十五，为道教重大节日，乃道祖太上老君“圣诞”。主“无为”之说，后世以为道家始祖。孔子尝往问礼，著有《道德经》五千余言。在很多道观的三清殿中，供奉玉清元始天尊、上清灵宝天尊、太清道德天尊，其中太上老君塑像居元始天尊右位，手执蒲扇，居住大罗天上太清仙境，是“道教最高尊神三清天尊”之一。

二、基本内容及艺术特征

相传春秋末年，老子骑一青牛，从洛阳向函谷关而来。函谷关守吏尹喜平日里喜好道学，颇有些道根。老子来之前，尹喜观星象、“望气”，就看见一股紫气从东方冉冉而来，于是推算出必有真人要来。当老子骑牛过关时，尹喜认定老子就是那位真人。这就是“紫气东来”的故事。后人因之以“紫气东来”表示祥瑞。

老子在函谷关住下后，见尹喜心慈人善，气质纯清，于是取其精华而为尹喜著书，名为《道德经》。《道德经》写成后，老子对尹喜道：“老夫授汝《道德经》，分上下两篇，上篇为《道经》，言宇宙根本，含天地变化之机，蕴神鬼应验之秘；下篇为《德经》，言处世之方，含人事进退之术，蕴长生久视之道。研习不止，苦修不懈，终有所成！”言罢，老子飘然而去。

道教认为，老子就是老君的化身，因其传下道家经典《道德经》，故称老君为太清道德天尊，也被道教奉为道祖。

三、传承谱系及代表性人物

在河南，函谷关、太清宫、老君台等处承载了诸多老子的典故；门楣贴“紫气东来”和“金牛”等习俗向世人诉说着老子文化的精髓。

四、主要价值

老子传说浓厚的神话色彩，亲切的地方口语叙述，描述了老子传奇的一生。这些优美的故事反映出了河南深厚的文化积淀，传承了老子思想，也从另一个方面佐证了老子出生地的历史本源。老子传说在河南代代相传，大多采用地方口语，语言通俗优美，有着较高的文学研究价值。收集、挖掘和保护这些民间故事，对于考证老子生地，弘扬道家道教文化，传承老子思想有着非常重要的推动作用。

五、目前保护情况

2014 年 12 月，老子传说入选第四批国家级非物质文化遗产代表性项目名录。老子传说入选国家级非遗名录，有助于推动老子文化向海外传播。

第七节　河图洛书传说

一、历史沿革及分布

河洛，“河”指黄河，“洛”指洛河，在黄河与洛河交汇的区域，称作河洛地区，古代人民创造了灿烂的物质文明与精神文明，形成了华夏文明源头之一的河洛文化。

河洛地区古代文化博大精深，龙马负图出于河，神龟背书出于洛的传说，形成了华夏文明之一源。伏羲创八卦，周公演易经，哲理之光耀千秋。九宫图扩展，纵横天下玄机无限，数独游戏风靡世界。古老的神话传说所蕴藏的智慧不断地萌发新枝，泽惠人类。祖先创造的灿烂物质文明与精神文明，我们有责任发扬光大。本文试图理出脉络，启示当今，引发思考，期盼再创辉煌，圆梦中华复兴。

二、基本内容及艺术特征

河图洛书传说是诞生于河南省洛阳地区的关于“河出图”“洛出书”等相关故事的民间传说体系，主要包括龙马负图寺的传说、神龟献洛书等内容。

传说描绘了河图、洛书的由来：相传伏羲氏时期，黄河里浮出一匹龙马，它身上的旋毛变成“一六居下，二七居上，三八居左，四九居右，五十居中”的图形，这就是“河图”，伏羲氏依“河图”画出八卦，《周易》一书由此而来；大禹治水之时，洛河里浮出一只神龟，神龟的背上长有纹、圈、点，自列成组，这就是“洛书”，大禹对“洛书”进行阐释，此即《尚书》中的《洪范》篇。

河图洛书传说在河洛地区流传久远，先秦文学中也多有记载。《周易・系辞上》中就说：“河出图，洛出书，圣人则之。”西汉孔安国、刘歆等也对“河图洛书”进行了阐释。南宋朱熹的《周易本义》则首次附上了“河图洛书”的图案。

三、传承谱系及代表人物

《周易》起源于伏羲八卦，伏羲八卦又源于“河图”“洛书”。到了宋代，大理学大家朱熹在其易学著作《周易本义》中，第一次把“河图”“洛书”单列出来，并将其图置于卷首，以九为河图，十为洛书。后世多数学者认为朱熹之“河图”“洛书”源于宋代道士陈抟，朱熹是演绎陈抟之说而成。朱熹对“河图”“洛书”的发展过程有一个简单的交代，说：“图书之象自汉孔安国、刘欣、魏关朗子，明有宋康节先生，邵雍尧夫，皆谓如此，至刘牧始两易其名，而诸家因之，故今复之，悉从其旧。”朱熹如是说，但到了清代，学者黄宗羲、胡渭等对宋儒“河图”“洛书”说均提出反对意见。此后，“河图”“洛书”就成了学术界一个长期争论不休的千载难解之谜。

四、主要价值

河图、洛书是中华文化、阴阳五行术数之源，汉代儒士认为，河图就是八卦，而洛书就是《尚书》中的《洪范九畴》。河图、洛书最早记录在《尚书》之中，其次在《易传》之中，诸子百家多有记述。太极、八卦、周易、六甲、九星、风水等皆可追源至此。

《易・系辞上》有：“河出图，洛出书，圣人则之”之说。《周易》和《洪范》两书，在中华文化发展史上有着重要的地位，在哲学、政治学、军事学、伦理学、美学、文学诸领域产生了深远影响。作为中国历史文化渊源的河图洛书，功不可没。

五、目前保护情况

2014 年 12 月洛阳市的河图、洛书传说正式入选国家级非物质文化遗产名录。

第八节　杞人忧天传说

一、历史沿革及分布情况

杞国是我国历史上自夏朝立国，一直延续到战国初年的诸侯国。杞国国君为姒姓，是大禹的直系后裔。虽然国土面积不大，杞国国祚却延绵 1 500 多年，在杞县建都就长达 1 000 余年，直到杞武公十一年，也就是公元前 740 年杞国从杞县迁都至齐、鲁之间的淳于一带重建杞国，后来于公元前 445 年被楚国灭亡。至今，已在杞县境内发现众多的夏、商、周文化沉积。至于为什么叫杞，传说与杞县境内多杞柳而得名。杞人忧天的故事秦朝时在这里置雍丘县，五代时期改为杞县，可谓是县因古国名，国因柳名。

二、基本内容及艺术特征

“杞人忧天”，这是一句人们相当熟悉的成语，它是发生在古代的杞国的一个饶有情趣的故事：寓言出自《列子・天瑞》。其记载古代杞国有个人担心天会塌、地会陷，自己无处存身，便食不下咽，寝不安席。另外又有个人为这个杞国人的忧愁而忧愁，就去开导他，说：“天不过是积聚的气体罢了，没有哪个地方没有空气的。你一举一动，一呼一吸，整天都在天空里活动，怎么还担心天会塌下来呢？”那人说：“天是气体，那日、月、星、辰不就会掉下来吗？”开导他的人说：“日、月、星、辰也是空气中发光的东西，即使掉下来，也不会伤害什么。”那人又说：“如果地陷下去怎么办？”开导他的人说：“地不过是堆积的土块罢了，填满了四处，没有什么地方是没有土块的，你行走跳跃，整天都在地上活动，怎么还担心地会陷下去呢？”（经过这个人一解释）那个杞国人才放下心来，很高兴；开导他的人也放了心，很高兴。

三、传承谱系及代表性人物

杞人忧天传说是我国历史悠久的民间传说之一，在《山海经》《淮南子》《路史》《列子》《史记》等史料中均有记载。杞人忧天传说中蕴含着造福于民、泽被后世的无私奉献精神，积极进取、勇于探索的开拓精神和忧国忧民的忧患意识，是中华民族优秀传统文化精神的重要体现。2014 年 12 月，河南开封申报的“杞人忧天传说”入选第四批国家级非物质文化遗产名录。它所传承的“探天问地、善于思考、居安思危、未雨绸缪”的伟大精神光照千秋。2016 年 12 月，河南开封申报的“杞人忧天传说”入选第四批国家级非物质文化遗产名录。杞县也是“省级历史文化名城”，也是杞国的都城，古称“雍丘城”。

四、主要价值

这则寓言辛辣地讽刺了那些胸无大志，患得患失的人。“天下本无事，庸人自扰之。”我们决不做“现代的杞人”，而要胸怀大志，心境开阔，为了实现远大的理想，把整个身心投入到学习和工作中去。后来，人们常用“杞人忧天”这个成语来形容不必要的无根据的忧虑。

五、目前保护情况

2014 年 12 月洛阳市的杞人忧天传说正式入选国家级非物质文化遗产名录。2016 年 12 月，河南开封申报的“杞人忧天传说”入选第四批国家级非物质文化遗产名录。

第七章

河南省传统音乐类非物质文化遗产档案资源

第一节 唢 呐

一、历史沿革及分布情况

沁阳的唢呐艺术历史悠久,早在1606年,沁阳的明代著名科学家朱载堉就改良了唢呐的发音位置,还在唢呐八音孔的基础上研制出“三眼管子”,并在沁阳九峰寺创建“金鼓会”,每逢农历九月二十三日就集聚各地的唢呐班在此吹奏。由于他的巨大影响,沁阳(古怀庆府)一带就组成了不少唢呐“吹打班”;明末清初时的“同乐会”“贾家班”,清末民初时的“麻金班”“毛旦班”“银河班”等在当地颇有影响。民间办“红、白”事、寺庙开光、开业庆典、生日祝寿等,都要邀请这些唢呐班子演奏。民间流传有“大花轿、麻金吹,麻金不吹不结婚”“嫁闺女、门婿到,毛旦不吹不上轿”等俗语。

沁阳的唢呐在历史上分为四大家两大派。四大家即:张家、贺家、马家、贾家。两大派即以沁阳境内沁河为界,沁北派为张家、贺家、马家,沁南派为贾家,两派的演奏风格各有不同。在四大家的影响下,使沁阳境内的唢呐队伍不断发展、壮大。新中国成立至20世纪80年代以来,沁阳已发展唢呐班三十余个,唢呐演艺人员达四百多人,基本乡乡有唢呐,村村有乐声。

二、基本内容及艺术特征

唢呐是一种历史悠久的中国传统民族乐器,它音色高亢明亮,极具感染力。沁阳一带唢呐种类很多,有高音唢呐(B调)、次高音唢呐(G调)、中音唢呐(A调),另外有附属乐器海笛(闷子)、卡腔(小咪)、手搦(大咪)、管子、口哨等。它的伴奏乐器有两大类:打击类:主要有锣、鼓、钗、小锣、小钗等;拉弹类:主要有笙、板胡、二胡、月琴、三弦、琵琶。近年来又增加了大提琴、电子琴、西洋管乐等。据不完全统计,在沁阳境内的唢呐曲目有三百多首。

三、传承谱系及代表性人物

唢呐曲谱:唢呐曲牌中常用的有《春来到》《大汉东山》《小汉东山》《大桃红》《小桃红》《大开门》《小开门》《大风入松》《小风入松》《文二凡》《武二凡》《水龙吟》《新水令》《折桂枝》《晏驾令》《山坡羊》《红绣鞋》《唢呐皮》《娃娃》等。一枝花;小开门;小放牛;喜庆丰收;十八板;山坡羊;六字开门;啦呱(二重奏);哈哈腔;凤阳歌绞八板;百鸟朝凤;婚礼曲;二人转牌子曲;普天乐;百鸟朝凤;欢庆胜利(协奏曲);二人转牌子曲;一枝花;大得胜(吹打乐);抬花轿;十样景(二重奏);天府好;庆丰收;塔塔尔舞曲;小放牛;龙腾虎跃(吹打乐);河北梆子腔;喜庆丰收;丰收;小开门;送新娘。

1606年,沁阳人乐圣朱载堉用科学的方法阐明了十二平均律,解决了历代众说纷纭的"旋相为宫"难题,并改良了唢呐的发音位置,在唢呐八音孔的基础上研制出"三眼管子",为我国民族管乐的发展做出了巨大贡献。朱载堉还担当沁阳唢呐演奏的领班人,他在九峰寺创建了"金鼓会",每逢农历九月二十三,各地的唢呐班都要在这里聚会。在朱载堉的影响下,怀庆府一带的唢呐班逐渐增多,明末清初时的"同乐会""贾家班",清至民国时的"麻金班""毛旦班""银河班"等在当地影响很大。沁阳流传着"大花轿、麻金吹,麻金不吹不结婚","闺姑女、门婿到,毛旦不吹不上轿"的俗语。沁阳境内的唢呐整体上可分为四大家两大派。以沁河为界,分为沁北派和沁南派,两派演奏风格各有不同。

四、主要价值

唢呐在沁阳(旧怀庆府)民间音乐中占有重要地位,对沁阳唢呐的发掘、抢救、保护,有其重要的学术价值和实用价值。

学术价值:因沁阳唢呐为木管双簧乐器,对研究中国民族吹奏乐及西洋管乐有着特定的意义;对丰富和完善中国音乐史,乃至对世界音乐史,都将产生一定的推动作用。

实用价值:通过发掘整理沁阳唢呐所演奏的曲子,对研究、发掘、弘扬本地的民间文化有着重要意义;对丰富人民群众的文化生活,提高人民群众的文化素质,构建社会主义和谐社会有着重要的促进作用。

五、目前保护情况

河南省沁阳市素有"唢呐之乡"的美誉。2005年12月底唢呐艺术被列为"世界非物质文化遗产名录"后,该市民间唢呐艺人开始酝酿成立唢呐艺术团。今年3月份,该市组织100余名民间唢呐艺人和喜爱唢呐演奏的农民,成立了"神农山唢呐民俗艺术团",旨在传承唢呐艺术,提高农民文化生活水平,打造文化、旅游产业品牌。该团成员年龄在13～70岁,其中有荣获2005年全国推新人才艺大赛器乐组金奖的获得者刘建华,荣获河南省唢呐状元、全国第二届群星奖银奖的李国营等民间艺术家。该团成立以来,已参加了"焦作市第五届山水国际旅游节""神农山三月三古庙会"等大型活动,目前正在山西晋城、郑州、洛阳等城市巡回演出。

第二节　板头曲

一、历史沿革及分布情况

南阳板头曲音乐与历史悠久的中原鼓子曲(大调曲子)相辅相成,是在大调曲演唱之前用独奏、合奏等形式演奏的前奏乐曲。先奏板头曲是为了活跃气氛,引入境界,以音乐的语言表现艺术之美。音乐题材包罗万象,具有鲜活灵性、纯净悠扬、音韵绵长和雅俗共赏等特点,和江南丝竹、潮州音乐、山西音乐有同等价值,并称为我国民族器乐曲中的四大流派。其代表作《高山流水》在全国影响很大。

板头曲为中州古曲,用筝、琵琶、三弦等乐器演奏,是中华民族音乐遗产中的经典。因主要在河南曲子正式演唱之前,用独奏、合奏等形式演奏的前奏乐曲,故亦称“板头曲”或“河南曲子板头曲”。

二、基本内容及艺术特征

中国传统器乐弦索乐的一种。是河南大调曲子(一种“曲牌联”缀体的说唱艺术)的一个组成部分,流行于河南省南阳、开封、信阳、洛阳等广大地区板头曲为中州古曲,用筝、琵琶、三弦等乐器演奏,是中华民族音乐遗产中的经典。因主要在河南曲子正式演唱之前,用独奏、合奏等形式演奏的前奏乐曲,故亦称“板头曲”或“河南曲子板头曲”。

南阳地处河南省的南阳盆地,文化积淀深厚,尤其是在曲艺、音乐、舞蹈

等诸方面更具特色,是全国闻名的曲艺之乡,有“书山曲海”之美誉。

大调曲子包括“板头曲”“牌子套曲”“杂牌”(又叫小令)三部分。板头曲是在开唱牌子套曲或杂牌之前演奏的器乐曲,它类似戏曲的开场锣鼓,主要用于召唤听众或稳定情绪。它的风格质朴、潇洒、文雅,经历代文人和艺人的加工提高,艺术上有很高的造诣,逐渐发展成为具有一定艺术水平的独立曲种。

河南板头曲的演奏常以三弦、琵琶、古筝等弹拨乐器为主,配以手板、月琴、软弓京胡、二胡(二翁)、洞箫及八角鼓等,在演奏人员少时,只用三弦和手板演奏;另外还有一种独奏形式,常用三弦、古筝等。

河南板头曲的曲式结构严谨。它以广为流传的《老八板》(河南板头曲中称《单八板》)的旋律为基本素材加以变奏,成为能表现多种情感的乐曲,如《小鹊》《葡萄架》等,速度有快板、中板和慢板之分,大多为 68 板;另一种结构形式是以演唱的牌子曲为基调,模仿《八板》的曲式结构改编而成,有时也加入鼓子头的演奏,如《闺中怨》《哭周瑜》等。

三、传承谱系及代表性人物

板头曲分布较广,南阳、泌阳、邓县(邓州市)、许昌、开封皆可见其踪迹,但传播中心在南阳市。乐曲多半源于古老器乐曲牌《八板》及其各种变体,同时广泛吸收河南曲子曲牌、唱腔及民间小调。

河南板头曲的曲目约有100余首。其代表曲目有《单八板》《高山流水》《打雁》《思乡》《思春》《大救驾》《銮铃》《叹颜回》《征西》《落院》《八景》《和番》《萧妃舞》《寒鹊争梅》,等等。1953年,扳头曲传人曹东扶先生及后人致力于板头曲的记录整理和演奏。2008年5月,宋光生入选为第二批目录级非物质文化遗产项目代表性传承人。

四、主要价值

1949年后,板头曲得以复苏并受到广泛重视。1953年,著名古筝演奏家、板头曲传人曹东扶先生代表河南参加了全国第一届民间音乐舞蹈会演。一代名家曹东扶先生传谱的筝曲《高山流水》《苏武牧羊》更是传遍神州,远播海外。中国乐器表演课程(本科)教学大纲中的《闺中怨》《高山流水》《闹元宵》《上楼》《下楼》等都是板头曲曲谱。此后,曹东扶及其后人全力投入板头曲的记录整理和演奏,为传承、保护这一罕见的音乐品种做出巨大贡献。随着大多数传人去世,板头曲正面临凋敝失传的危机。

国家非常重视非物质文化遗产的保护,2006年5月20日,板头曲经国务院批准列入第一批国家级非物质文化遗产名录。

五、目前保护情况

1949年后,板头曲得以复苏并受到广泛重视。1953年,著名古筝演奏家、板头曲传人曹东扶先生代表河南参加了全国第一届民间音乐舞蹈会演,板头曲的独特风格在音乐界引起强烈反响。同年,部分板头曲经中央音乐学院民族音乐研究所整理出版。2006年,河南省南阳市将板头曲申报国家级非物质文化遗产并获通过,2019年,南阳市群众艺术曾获得板头曲项目保护单位资格。

第三节 信阳民歌

一、历史沿革及分布情况

信阳市地处豫尾、江淮之间,鄂豫皖三省交界处,这里山清水秀、雨量充沛、四季分明、林茂粮丰,素有“鱼米之乡”“茶叶之乡”“歌舞之乡”之美誉。重要的南北分界线——淮河横贯全境,形成独特鲜明的地域特征和文化特征。世代生活在这里的信阳人民不仅创造了丰富的物质财富,而且形成了特征鲜明的地域风情和豫风楚韵、兼收并蓄的深厚文化特征,尤其在民间音乐、舞蹈等传统文化方面有着丰厚的存量,在风格上迥于淮河以北的河南省内各地区。信阳民歌既有北方民歌之粗犷、豪迈,又有南方民歌之细腻、婉转。不论是嘹亮悠长的山歌、高亢热烈的劳动号子,还是委婉缠绵的小调,诙谐风趣的田歌,无不生动活泼,各具风采。

二、基本内容及艺术特征

信阳民歌主要包括小调和劳动歌曲两大类型,又可细分为情歌、小调、叙事歌、仪式歌、号子、山歌、田歌、灯歌、会歌、儿歌、叫卖歌等十余个类别。其中小调、情歌多为无伴奏即兴演唱;灯歌、会歌往往以管弦或打击乐伴奏,常用乐器有唢呐、竹笛、笙、板胡、二胡、琵琶、扬琴、堂鼓、钹、大小锣等;水歌、打夯歌等劳动歌曲演唱时则多辅以劳动用具和其他相关器具。信阳民歌题材广泛,将历代的社会生活内容都涵盖在内,风格鲜明,影响深远。其曲式、调式丰富多样,旋律以民族五声调式为主,宫、商、角、徵、羽各调均备。有的歌曲还出现变宫、清角等音,构成六声、七声调式。

信阳地处河南南部,处于南北民歌过渡地带,这一特殊的地理位置造成信阳民歌兼具南北方民歌之长的特点,因而具有刚柔并济的艺术风格。这些民歌反映了信阳不同时期的社会状况,显示出独特的历史文化研究价值。

三、传承谱系及代表性人物

南北文化的交融使信阳民歌形成了独具魅力的艺术特色,方言语韵的多样化使它既有西、北方民歌的高亢、嘹亮、奔放之风尚,又有东、南方名额的细腻、婉转、靓丽。

信阳民歌形式多样、种类齐全、体系完整,大致可分为革命历史情歌、民歌、新民歌、号子、山歌、田歌、水歌、灯歌、叫卖、小调、儿歌、仪式歌、叙事歌等十余种之多。它们深刻而生动地表现了信阳人民的生活、思想、感情、意志和愿望,反映了信阳不同地区和不同时代的社会实践,是信阳人民集体智慧的结晶,虽经千锤百炼,却还在不断地推陈出新。

四、主要价值

与现代的流行音乐相比,信阳民歌最大的特点就是纯粹——朴素到极致的纯粹,将中原语系和湖广音韵融会贯通到极致的纯粹。信阳民歌反映着信阳人民生活中的种种真实感受,让劳动者得以吐露他们内心深处的思想和愿望,因此一切欢乐和痛苦、无奈和愤怒、热烈和诙谐都会不可避免地反映到民歌中来,它们向我们展示着信阳人民的生活,引领着我们走向他们灵魂的最深处。

五、目前保护情况

2008 年,《信阳民歌》被国务院公布为第二批国家级非物质文化遗产名录,这一国家级名录的确定,填补了信阳市没有非物质文化遗产国家级名录的空白,是信阳市非物质文化遗产保护的一项重要成果。但当前民歌生存环境日益窘迫,加之艺人相继辞世,后继乏人。

第四节　西坪民歌

一、历史沿革及分布情况

据考证,汉时西坪地区民间已有歌谣传唱,到了唐代开始盛行,该处深山区从很早以前就有“唐将”班子在一起干活的习俗(就是换工班子)。传说李世民建唐后,怕有功的兵将居功自骄、造反,就把他们集体留在河南西部和陕西东部的深山涧里开荒种地,生活单调枯燥,于是他们就在劳动时唱歌、打哑谜、打落号嗨,以消除疲劳,解除苦闷。到明末清初,宛西大旱造成人烟稀少,山西洪洞大槐树下先后6次移民与安徽、湖北等江南地区的移民相汇于西坪,各种文化杂交、碰撞,背井离乡的人们通过民歌表达生活中的喜怒哀乐,促进了西坪民歌的大繁荣、大发展。于是民歌这种民间传统语言艺术就在西坪这块古老的土地上产生、发展、流传下来。

二、基本内容及艺术特征

西坪民歌的类型有山歌、劳动歌、爱情歌、生活歌、儿歌等多种,其中劳动歌、爱情歌、生活歌地方特色浓郁。西坪民歌的劳动歌中有劳动号子、夯歌,具有协调动作、指挥劳动、鼓舞情绪的作用;有田歌、渔歌,描绘劳动情景,诉说劳动感受;有工匠歌、采茶歌,以反映社会生活、抒情见长。西坪民歌里的情歌,表达方式朴素、生动、幽默、风趣,颇具画面感和形象感,无论是抒发爱情的炽热、相思的缠绵,还是别离的凄婉和对爱情的渴望,都表达直率,情真意切。另外西坪境内河流密布,淇河、峡河、黑漆河三条大的河流交汇,大姑娘小媳妇爱在河边洗头、洗衣,男青年在河边田里劳动,水边的情歌就诞生了,如“黑漆河流水欢,姑娘洗衣在河边。东张西望干什么,一件小褂洗半天?等俺情哥来相逢,这个地方最适应;山高风大河水响,说句情话两人听”。也许一首情歌就能牵出一段美好的姻缘。西坪民歌的生活歌中,对歌形式较多。

三、传承谱系及代表性人物

西坪民歌出名的如对花系列就有《大对花》《小对花》《对花》等,《小对花》经过整理,多次在省市民间文艺会演中获奖。另外西坪境内地势险要,古来为中原西南之屏障门户,战时为兵家必争之地,平时为屯兵之所。至今地名多与“关、营、寨”字相连,与历朝历代屯兵营盘相关。这些来自四面八方的屯兵士卒相聚吟唱怀乡思亲之意,畅谈各自家乡的风土人情,也极大丰富了西坪民歌生活歌的内容。在西坪镇,村村寨寨都有人会唱民歌。在西坪民歌普查中,像袁香华、魏秀菊、包信刚、姚书成、李香兰等老歌手,每人都能演唱民歌几十首甚至上百首。特别是在农村每年正月十五灯会上,老歌手能根据情景,以物起兴,见什么唱什么,天文地理、历史故事、民间传说、周围景物等都在演唱范围之内,正如西坪民歌中所唱:“改了调改了调,改了梆子唱二黄。从前唱的梆子戏,现在又唱花鼓腔。大戏唱的有朝有代,唱这花鼓都是算编来的。”但西坪民歌也不是容易唱好的,有歌为证:“樱桃好吃树难栽,花鼓子好听口难开,要吃樱桃早栽树,要唱花鼓子你下场来。”可是随着岁月的变迁,时代的进步,使原有的农耕生产方式发生了改变,加上现代文化的冲击,以及老民间歌手纷纷谢世,现在会唱西坪民歌的人很少了。

四、主要价值

西坪民歌歌手利用这种民间艺术形式走村串户,唱生活、唱爱情、唱历史。传承历史与文化、科学与生活、劳动与经验,丰富人们的精神文化生活。树荫下、火炉边、庙会上等人民聚集的场合,西坪民歌爱好者都会大放歌喉,民歌已成为我镇重大节日、传统节日和日常生活最主要的文化活动形式。在文化艺术形式丰富多彩的今天,西坪民歌在我镇乃至豫、鄂、陕三边区域百公里范围内仍有较强的影响力和吸引力。

西坪民歌曲调之优美、数量之丰富、思想之深厚、特色之鲜明、比喻之贴切、幻想之奇妙、语言之凝练、构思之奇巧均展现出独有的艺术风采和魅力,有着传承与发展、研究与利用的重要价值。

五、目前保护情况

2000 年来,为让西坪民歌重放异彩,西峡县通过整理出书、录音、制光盘等手段,对它进行了抢救性的保护,并进行西坪民歌申请非物质文化遗产工程。2007 年 2 月,西坪民歌进入首批河南省非物质文化遗产名录。2008 年 6 月,又进入第二批国家非物质文化遗产名录。目前,西峡县设立了西坪民歌保护基金,对现存民间老歌手进行保护,组建西坪民歌演唱队,举办西坪民歌大赛、西坪民歌大家唱等活动,培养西坪民歌传唱队伍,组织人员在农村灯会、庙会上演唱西坪民歌,在中小学生中教唱西坪民歌,在全县各旅游景点演唱西坪民歌,让更多的人了解西坪民歌,演唱西坪民歌,使西坪民歌飞出深山,走向世界。

第五节　黄河号子

一、历史沿革及分布情况

远古时代,人们在与大自然搏斗时发出的呼喊声;收获时,愉快地敲击石块、木棒,发出的欢呼声和歌唱声,形成了最早的民歌——劳动号子的"雏形"。黄河号子是宋代以来人们在黄河上从事集体劳动时发出的似喊似唱的声调的总称。黄河号子历史悠久,在《宋史·河渠志》中就有"丁夫数百或千人,杂唱齐挽"的记载,这里的"杂唱"指的就是黄河号子。黄河号子属于劳动号子的一种,我们的先民在与洪水的抗争中,共同协作,逐渐形成有一定节奏、一定规律、一定起伏的声音(号子)。黄河号子,在我们祖先"嗨哟嗨哟"声中横空出世。黄河治理过程中出现了不同的工种,黄河号子也相应分成许多类别,诸如抢险号子、夯硪号子、船工号子、运土号子、捆枕和推枕号子等,各地区出现不同的流派,各种号子异彩纷呈,争奇斗艳。

黄河号子分布在河南省沿黄河各乡镇,黄河号子分布很广,抢险号子、土硪号子在黄河下游两岸无数乡村中流传,黄河汉子几乎都是传播者甚至创作者,而船工号子更多在黄河上中游的船工中流传,《黄河船夫曲》正是其中优秀曲调的提升版。

二、基本内容及艺术特征

黄河号子有以下一些分类,主要包括黄河抢险号子、土硪号子和船工号子。黄河自古多洪泛。远在人类社会出现之前，黄土高原早已是千沟万壑。周期性的泛滥，裹泥带沙，造成广阔而肥沃的冲积平原。河南处于黄河冲出峡谷的特殊位置，处在中游和下游的结合部，我们的先民在与洪水的抗争中，一起劳动、共同协作，渐渐形成有一定节奏、一定规律、一定起伏的声音（号子）。

1. 黄河抢险号子

共分骑马号（快号）、绵羊号（慢号）、小官号（慢号头、快号）和花号四种。主要用于打桩、拉骑马、拉捆枕绳、推枕等。

2. 土硪号子

土硪号子是人们参与集体劳动时，为了统一劳动节奏、协调劳动动作、调整劳动情绪而唱的一种民歌。建筑工地打工、打硪等劳动几乎都有不同的劳动号子相伴，黄河中下游每年春秋两季筑堤劳动中流传的“工号”最为壮观。

3. 黄河船工号子

分“拨船号子”“行船号子”“拉篷号子”“爬山虎号子”和“推船号子”等。

黄河号子属民歌的一个主要载体，具有协调与指挥劳动的实际功用，是人们参与集体协作性较强的劳动时，为了统一劳动节奏、协调劳动动作、调节劳动情绪而唱。黄河号子最常见、最典型的歌唱方式是一领众和，领唱者往往就是集体劳动的指挥者。领唱部分常常是唱词的主要陈述部分，音乐形式灵活、自由，曲调和唱词常有即兴变化，旋律常上扬，高亢嘹亮，有呼唤、号召的特点。和唱的部分大多是衬词或重复领唱中的片段唱词，音乐较固定，变化少，节奏感强，常使用同一乐汇或同一节奏重复进行。

三、传承谱系及代表性人物

独具魅力的号子，在我国近现代音乐史上曾有过辉煌的一页。如在抗日战争时期诞生再由音乐家冼星海创作的《黄河大合唱》，第一乐章《黄河船夫曲》就采用了劳工号子的形式。其鲜明的民族风格、强烈的生活气息和艺术感染力，极大地激发了民族精神。在 2008 年黄河号子被国务院列入了国家的非物质文化遗产名录。近年来，“川江号子”和“黄河号子”相继被国务院列入国家级非物质文化遗产名录，加以保护和传承。黄河号子，是黄河岸边升腾起迎难而上的坚毅信念。今年 83 岁高龄的马清太老人是传承硪工号子的“活化石”，他曾是当地有名的“号头”，现在说起话来仍然声如洪钟。他说，硪工号子是一领众和式的歌唱形式，领号的叫“号头”，最重要的是协调动作，鼓舞士气，“硪”打得好，和“号头”指挥是分不开的。李富中整理、出版了专著《黄河号子》并用于教学传播；将黄河号子立体化“表演”，开设专题讲座培训学生。2017 年 12 月，入选第五批国家级非物质文化遗产代表性项目传承人推荐名单。

四、主要价值

一首好的黄河号子，内容健康，格调清新，词句优雅，代代相传，深受群众喜爱。特别是新中国成立以来，黄河号子的内容更加丰富、健康。它不仅仅是唱歌、顺口溜，也颇富文学色彩。它更可贵的是把治黄工作意义，如何保证工程质量、标准，主人翁应抱的态度,以及施工状况,都融合于黄河号子之中。成为群众自编、自喊、自乐、自我教育的良好教材和施工的真实记录。如一首硪工号子中有这样的句子:“太阳滚滚落西山,鸟投树林虎归山。行路客人都住店,千家万户把门关。”在日出而作、日落而息的时代,千家万户都关门休息,只有治黄工地上万马犹酣,客观上反映了治黄工作的无比艰苦。黄河号子音韵优美,工地上热火朝天,歌声震天,局外人也乐于欣赏。工地附近的村头路上,不时传来孩子们奶声奶气的歌声:“嗨呀嗨呀”,可见其感染力之强。

黄河号子是汉民族热爱劳动、热爱生活、热爱艺术的美好象征,是气势磅礴而又婉约多姿的黄河文化的突出代表,是黄河汉子在进行黄河治理时所展示的特有文化现象。

五、目前保护情况

2008年,江河号子(黄河号子)入选第二批国家级非物质文化遗产代表性项目名录。黄河是中华民族的母亲河,黄河文化是中华文明中极具代表性的主体文化。黄河号子是劳动号子的一种,是黄河文化的重要组成部分。随着时代变迁,生产生活方式改变,黄河号子失去了固有的依托环境,传承后继乏人,面临失传的危险。在黄河流域生态保护和高质量发展大背景下,为了更好地保护、传承、宣传、推广黄河号子,颂扬黄河精神,在保证疫情防控安全的情况下,于2020年5月正式启动《黄河号子》舞台节目创作工作。

第六节　中州筝派

一、历史沿革及分布情况

中州筝派是一件河南省艺术研究院保存的民间音乐类遗产。河南地处中原,有着深厚的民间音乐传统。商周时代的“桑间渮上之乐”,春秋时代的“郑卫之音”,一度曾给雅乐以极大的冲击。后来,秦国也竟然丢下击瓮叩缶的传统秦声而唱奏起郑卫之声来。不过这是的郑声还未有筝,随着秦筝传入中原,筝渐用来演奏河南的民间音乐。唐李峤咏筝诗中有“郑音即廖亮,秦声复凄切”的句子,分明是说郑筝已发展成为具有鲜明的特点、能与秦声分庭抗礼的不同风格了。但是其详细情况和曲目都还不能考证。

明代中叶在河南、安徽、山东一带流行有一种民间音乐“弦索”,是一种以筝、琵琶、三弦等弹拨乐器为主,箫、管吹奏乐器为辅的合奏形式,也用以伴唱。其时汴梁(今开封市)的常礼、归德府(今商丘市)的林经都是河南的弹筝好手。弦索又与明中期以后至清乾隆年间汴梁流行的小曲相互融合,又几经衍变,于清代中叶发展成为“鼓子曲”(亦称大调曲子),用弦索伴奏、合奏的形式也随之沿传至今。鼓子曲初兴于开封,后来渐传至许昌、洛阳、周口、襄县、遂平等地,而极盛于南阳、泌阳、邓州市。这种由弦索发展而来的河南大调曲子,对近代河南筝的繁衍流传有着重大的作用,它既是河南古筝传统艺术借以延续流传的舟楫,又是滋养它成长发展的温床。现存河南筝派的代表性曲目,几乎毫无例外都是河南曲子的板头曲与牌子曲。

二、基本内容及艺术特征

河南地处中原,有着深厚的民间音乐传统。商周时代的“桑间洑上之乐”,春秋时代的“郑卫之音”,一度曾给雅乐以极大的冲击。后来,秦国也竟然丢下击瓮叩缶的传统秦声而唱奏起郑卫之声来。不过这是的郑声还未有筝,随着秦筝传入中原,筝渐用来演奏河南的民间音乐。唐李峤咏筝诗中有“郑音即廖亮,秦声复凄切”的句子,分明是说郑筝已发展成为具有鲜明的特点、能与秦声分庭抗礼的不同风格了。但是其详细情况和曲目都还不能考证。

板头曲为中州古曲,用筝、琵琶、三弦等乐器演奏。牌子曲则是由鼓子曲的曲牌演变而来,大多较短小,而清新活泼,别具一格,如《剪剪花》《满舟》《叠落》等,但也有《码头》那样三百余板的大曲牌。

三、传承谱系及代表性人物

河南筝曲代表曲目:《陈杏元和番》《陈兴元落院》《打雁》《叹颜回》《高山流水》《哭周瑜》《苏武思乡》《山坡羊》《剪靛花》《银纽丝》《汉江韵》等。

近代河南筝派中影响较大的一些名手,由于他们不同的师承、修养和气质,在演奏上又各具特色,使得河南筝派更为绚丽多姿。

最早将河南筝介绍出去的是遂平魏子犹(1875—1936),他曾做过县长,文化修养较高。擅长筝、琴、琵琶、笛、箫等多种民族乐器,1925 年前后在北京道德学社教筝,他的演奏古朴浑厚,传有《小开手》《关雎》《天下大同》《渔舟唱晚》等十余首。学生有娄树华、梁在平、周希文、史荫美、程午加等,门墙桃李,代有传人,对于传播中州古调做出了很大的贡献,六十年来在国内外有着很大的影响。

曹东扶(1898—1970),邓州人,自幼从父曹清怀学唱河南曲子,擅弹三弦、琵琶。筝师马书章,在演奏上不拘一格而有所创新。他指法娴熟,功力深厚,发音坚实圆润,弹奏茂密华美。长于表现缠绵细腻的情感,如《思乡》《思情》《闺中怨》《打雁》《落院》以及《高山流水》《争梅》《慢引》《百鸟朝凤》等。传谱二十余首,曾任教于中央音乐学院、四川音乐学院,教了不少学生,影响较大。

王省吾(1904—1968),泌阳人,克绍家学,传其祖父王二胡琴筝艺,演奏朴实严谨,不事雕琢而精纯内含。所传曲目很多,有《花流水》《渔夫乐》《风云会》《莺啭桃李》《四季景》《盼夫归》《莺莺唤红》《丹西调》《狮子滚绣球》等五十余首,惜流传不广。

任清志(1924—),叶县人,农民出身。自幼学艺,中年从事河南曲剧伴奏工作。他的筝艺,较多受到淳朴活泼的小调曲子的影响。演奏剽悍豪放,运指钢劲明快,自成一格,具有浓厚的乡土气息。擅长演奏《新开板》《山坡羊(状元游街)》,创作有《幸福渠》《汉江韵》等,都有着鲜明的河南地方风格。

四、主要价值

1949 年后,板头曲得以复苏并受到广泛重视。1953 年,著名古筝演奏家、板头曲传人曹东扶先生代表河南参加了全国第一届民间音乐舞蹈会演，板头曲的独特风格在音乐界引起强烈反响。同年，部分板头曲经中央音乐学院民族音乐研究所整理出版。一代名家曹东扶先生传谱的筝曲《高山流水》《苏武牧羊》更是传遍神州，远播海外。中国乐器表演课程（本科）教学大纲中的《闺中怨》《高山流水》《闹元宵》《上楼》《下楼》等都是板头曲曲谱。此后，曹东扶及其后人全力投入板头曲的记录整理和演奏，为传承、保护这一罕见的音乐品种做出巨大贡献。近期，随着大多数传人去世，板头曲正面临凋敝失传的危机。

五、目前保护情况

2006 年，河南省以中州筝派申报省级非物质文化遗产并获批，2014 年中州筝派入选国家级非物质文化遗产代表作项目。

第七节　超化吹歌

一、历史沿革及分布情况

超化吹歌，国家级非物质文化遗产，源于 4 000 多年前，兴于 1 500 多年前的南北朝宫廷，曲谱记录方式世界独一无二，以竹管为主演奏。千年来演奏者以口述传承。由于供奉着释迦牟尼真身舍利，河南新密超化寺名震一时，是明朝香火旺盛的大寺院。明朝景泰年间，一位祖籍密县的翰林告老还乡后，前往超化寺参拜，将吹歌传授给僧人。清朝初年又由超化寺的僧人传给当地百姓，从此流传于民间。

1949 年以前，在当地的尖山乡沙古堆村、袁庄乡姜沟村、超化乡超化村都有“吹歌社”。最享有盛名的还是超化村“吹歌社”。超化吹歌队由 16 人组成，以管子为主奏乐器，辅以笙、笛、萧、韵鼓、大铙、碰铃等乐器，堪称我国古代的交响乐。

二、基本内容及艺术特征

超化吹歌不同于一般民间鼓吹乐。首先在于它不是自然成熟于民间的东西。只有多方面的音乐元素经过了专业的融合创造，它才可能兼有丰富的层次和典雅的风格。其次在于它所包含的梵乐元素。东汉时佛教传入中原，北魏时达到鼎盛。南朝梁武帝曾把佛教定为国教，前后四次出家为僧。南北朝时期先后有十几位帝后出家为尼。在宫廷与佛教联系密切的这样一个时期，宫廷礼乐与佛教音乐相互熏染浸润，是可以想见的。

鼓吹乐与超化地方的密切联系，也是借由佛教建立的。超化寺建于东汉，兴于北魏，盛于唐。唐开元年间西迎释迦牟尼佛真身舍利，分 19 座寺院修塔藏之，超化寺是其中之一，列为“名刹拾伍”。超化吹歌作为地域音乐形式，就是随着寺院的建立和兴旺发达，先在北魏时期以宫廷鼓吹曲的形式走进寺院，成为佛教法乐；后在唐代借助以歌舞音乐为标志的音乐艺术的高峰式发展，经过充分的孕育，成为兼具宫廷格调和梵乐韵味的成熟音乐。也许正是经历了这样的逶迤跌宕，超化吹歌才有了江河一样的隐忍与浩瀚。

三、传承谱系及代表性人物

超化吹歌的传承，得上溯到明末宋大运那一代，到现今已经是第10代。村里人说，流传下来的管子，只剩下三根，其中一根因为传人不愿意拿出来，管子再也没露过面。现在只有两名管子手，吹高音的叫王国卿，他17岁开始学吹管子，如今已经42岁了。

四、主要价值

超化吹歌不同于一般民间鼓吹乐。首先在于它不是自然成熟于民间的东西。只有多方面的音乐元素经过了专业的融合创造，它才可能兼有丰富的层次和典雅的风格。其次在于它所包含的梵乐元素。东汉时佛教传入中原，北魏时达到鼎盛。南朝梁武帝曾把佛教定为国教，前后四次出家为僧。南北朝时期先后有十几位帝后出家为尼。在宫廷与佛教联系密切的这样一个时期，宫廷礼乐与佛教音乐相互熏染浸润，是可以想见的。

也许正是经历了这样的逶迤跌宕，超化吹歌才有了江河一样的隐忍与浩瀚。

五、目前保护情况

2013年2月，超化吹歌入选国家级第二批非物质文化遗产项目。但是这个源于4 000年前的商周时期，出自宫廷，被誉为中国民族乐器活化石的古老音乐，因为苦涩难学，因为后继乏人，因为其严格的行规，已经离我们越来越远。乐团演出人员均八十以上高龄，濒临失传。

第八节 大铜器

一、历史沿革及分布情况

郏县铜器主要分布在河南省郏县，辐射到襄城县、禹州市、宝丰县、汝州市等周边县市。郏县铜器始于三国时期，曹操指挥襄阳之战大胜后命宫中乐师、工匠制造了铜制器皿，并创作出了以各个战役而命名的曲牌，如“得胜鼓”“呼雷炮”“五虎下西川”等。此后传入民间，多用于求神、祭天、唤雨、驱邪消灾、节日庆典等大型活动仪式。是中国古代民族民间艺术之珍品，是我国北方打击乐种的典型代表，是世界上最响亮的打击乐器和乐器最多的打击乐种。

西平县民间大铜器历史悠久流传广泛，距今已有1 400多年的历史，素有“城东喇叭、城西铜器”之说，全县80%的自然村都有铜乐队，是群众参与最广泛的一种民间艺术表演形式。西平民间大铜器是一种独具风格的闹年器乐。

二、基本内容及艺术特征

郏县铜器的古谱历史最悠久、曲牌最丰富，曲中较多运用了1/4、2/4、3/4、4/4、6/4

拍，广泛使用了连续切分音及小切分音，对于研究民族民间音乐、青铜乐器发展历史有着极高的价值。

河南遂平《大铜器》是十多件大小锣、鼓、铙、镲配合敲打起舞，气势非凡，还能通过抑扬顿挫的乐音和舞者的神情动态表现一定内容。如表演“孙悟空大闹天宫”，当击铙挥舞至高潮时，数名持铙者同时将十几面十多斤重的大铙抛向高空，又同时接住，其精湛的技艺，为人们赞叹不已。

西平县《大铜器》所用器乐一般有大鼓、大铙、大镲、边鼓等，演奏人员 15 ~ 50 人不等，演奏起来音乐洪亮，形象生动鲜明，丰富多彩，演奏技巧性强且表演形式多种多样，深受群众喜爱群众喜爱。

三、传承谱系及代表性人物

西平县杨庄乡仪封村 87 岁的老人赵尊奎现被命名为河南省民间文化杰出传承人。2018 年，刘秀云入选“锣鼓艺术”（大铜器）传承人。

四、主要价值

自我国青铜器被普遍应用以后，这一独特而富有中原文化特色的以铜器为主的打击乐形式已在该地逐渐形成，对其周边地区也产生了重大影响，具有典型的中原传统文化特征。郏县大铜器是以铜制乐器和大鼓组成的集体打击型民间艺术形式，其场面壮观、简单易学，表演形式丰富多彩，千百年来逐步形成了自身变化多样的不同曲牌，且还在不断发展和创新，在中原地区及国内形成了一定影响。对郏县大铜器的保护与传承必将对丰富城乡人民的文化生活、推动广大群众的集体合作意识与社会族群联谊带来积极的促进作用。

五、目前保护情况

近年来，由于资金投入不足，专业人才匮乏，又无高层专家指导，造成铜器队伍数量减少，规模缩小，水平下滑，活动次数历年呈下降趋势。郏县原69 个铜器队现仅存26 个，档案资料因经费紧张而荡然无存。许多古谱已失传，急需得到抢救。

第九节　开封盘鼓

一、历史沿革及分布情况

开封盘鼓是一种纯鼓乐形式，鼓队由十几人至几十人组成，所用乐器只有大镲、人鼓、马锣三种打击乐器。这种形式的乐队，起源于古代军队中流行的一种鼓乐——讶鼓。

考古发现证实，早在 1 400 年前的北魏时期，我国北方地区的军队中就已流行迓鼓。河北磁县的北魏墓葬中曾出土了一批军士打扮的击鼓俑，其形状及演奏方式与目前的开封盘鼓很接近，这种形式的鼓乐至今仍在磁县流行，名为“迓鼓”。

北宋熙宁年间，迓鼓开始与民间舞蹈相结合。人们装扮着各种历史人物及神话传说中的人物，在迓鼓的伴奏下，踏着鼓的节拍而舞，称作“迓鼓戏”或“舞讶鼓”。由于这种表演形式很受人们的欢迎，很快就在民间广为流传。

到了明代，几乎所有的民间舞蹈的表演都由迓鼓伴奏，因此，“迓鼓”便成广义的民间舞蹈的统称。

清代以后，随着新兴的一种民间艺术“秧歌”的盛行，迓鼓便逐渐衰落，史料中也不再有关于迓鼓的记载。但直到今天，北方的不少地方仍有迓鼓的遗存，不过各地的名称不同，如河北磁县一带的“迓鼓”，北京、廊坊一带的“挎鼓”，山东淄博一带的“商家大鼓”等。

北宋时期，迓鼓就已在开封流行，《东京梦华录》卷八中即有关于迓鼓的记载。当时的迓鼓还只是纯器乐演奏的形式，仍保留着早期迓鼓的特征。到了明代，迓鼓就已成了开封民间舞蹈的总称。明人朱有墩在《黄钟醉花阴》散套中曾描述了开封城内表演迓鼓的情形：“放烟火，烘烘接太微，舞讶鼓，欢声恰似雷。”明代以后，“迓鼓”一词在开封消失了，但无论是纯鼓乐形式的迓鼓还是由迓鼓伴奏的民间舞蹈“舞讶鼓”（现在不妨称之为“讶鼓舞”），直到今天，仍在开封民间盛行而不衰，只不过今天被称作“开封盘鼓”，而“迓鼓舞”则已成为一种没有名称的民间舞蹈罢了。至于对民间舞蹈的统称，明代还称之为“迓鼓”，现在民间则称之为“玩会”。

二、基本内容及艺术特征

与其他民间锣鼓乐相比较，开封盘鼓具有以下两个突出的特点。

开封盘鼓是一种齐奏形式，因此，开封盘鼓无论在鼓队中使用多少面鼓，鼓的形制是完全相同的，不需要专人演奏“领鼓”（即起指挥作用的独奏鼓）。另外，尽管鼓谱的节奏变化丰富，却没有“散板”“延长音”“临时休止”等节拍形式，所有的鼓点都是按一种习惯的速度、固定的顺序连续演奏的。就连强弱力度变化，也是由鼓谱所规定的。因此，鼓队没有指挥完全可以正常演奏。之所以必须要有“令旗”则是为了时刻提示鼓点的节奏特征，防止个别鼓手记错鼓点或速度不一致而造成演奏中的混乱。

开封盘鼓所用的大扁鼓属低音鼓，所用的镲也多为大镲。当几十面鼓，几十副镲在一起敲响时，气势十分宏大，远听像惊雷，近听如万炮轰鸣，颇有排山倒海之势，惊天动地之威。加之鼓点复杂多变、节奏强烈，表演热烈、粗犷豪放，具有一种近于原始、粗放、拙朴的艺术风格。同时，变幻莫测的鼓点和整齐而清晰的演奏，又使之带有一种细腻的，成熟的韵味。开封盘鼓这种融粗放与细腻、器乐演奏与舞蹈表演为一体的独特的艺术风格，使得它无论是在听觉上还是在视觉上都给人以极强烈的、震撼人心的感染力。这正是开封盘鼓艺术魅力之所在，也是它深深地扎根在开封民间、久盛不衰的原因。

三、传承谱系及代表性人物

开封盘鼓作为一种非物质文化遗产，它的传承和发展记录一个民族、一个地区历史发展的脉络,是人类不可复制的宝贵财富。传承模式分为三种:乡村传承模式,乡村传承模式即“师徒传承”,是开封盘鼓最早的传承模式;协会传承模式,20 世纪 80 年代后,开封盘鼓迎来了发展的机遇。开封市通过挖掘、整理盘鼓,组建了开封盘鼓协会,协会通过了相关的规章制度,吸收了一些民间著名艺人的加盟,在传承形式上采取培训的方法等,这对开封盘鼓迅速发展起到了很大的促进作用;学校传承模式,学校教育传承是开封盘鼓的长远发展的重要手段。

刘震,男,汉族,1948 年 3 月生,开封市群众艺术馆副研究馆员,开封市盘鼓协会秘书长。开封盘鼓在全国及国际比赛中屡获殊荣,并参加了香港回归、澳门回归、天安门国庆五十周年大庆等表演活动。央视三、四、七套都以他为主场人,做了盘鼓专题,被誉为开封盘鼓王。并先后到日本、美国迪士尼乐园、驻澳部队等进行表演和盘鼓培训。

四、主要价值

开封盘鼓表演火爆威武,雷霆响亮,它承载着华夏文明的厚重,是人们最真实情感的表达方式,在节日中的表演,对于节日狂欢主题的表达,是开封盘鼓自我意识实现的途径,也是开封盘鼓最深层次的本质意义所在,盘鼓被用在节日当中,烘托节日气氛,表达着中国精神,同时也具有重要的文化价值:

塑造性格。中央民族大学的王军教授认为:“不同的文化塑 造的不同的民族性格,由特定的民族的历史,民族精神凝练出的民族艺术形式,对民族的性格形成和发展起了潜移默化的作用。”开封豪放的盘鼓舞,粗放豁达,充分体现了中原人民的耿直、豪迈、豁达的精神气质。

愉悦身心。审美意识沉淀了民族特有的情感、记忆、想象和创造思维。任何一个民族的生态环境,特别是物质生产方式和生活生产方式,都制约着民族审美心理的形 成演化和历史发展趋势。民族的个性心理和集团心理定势也折射出民族特有的精神面貌。特殊的地理环境和社会环境造就了开封盘鼓这种特有的民族文化形式和文化内涵,而这种盘鼓民族文化的形式,又潜移默化地影响着周围的人。

提高智力。智力是一般的心理能力,人类认知、理解、推理、判断等是几种能力的综合体。开封盘鼓的敲打既是对记忆能力的考验,又是对动手能力的培养。开封盘鼓之所以能在历史的河流中能流传至今,除自身的魅力以外,更多的是靠一代代鼓手对开封盘鼓的创新和发展,鼓手的组织能力、应变能力、创新能力通过对开封盘鼓这种民间艺术形式的演绎得以提升。

五、目前保护情况

1991 年,开封盘鼓在北京龙潭庙会上举行的全国第五届民间花会大赛的一举夺冠。同年 9 月,参加在太原举行的中国国际锣鼓节,在参赛的 9 个国家和 9 个省、市的代表队中,开封盘鼓一举荣获最高奖金奖,同时在沈阳举办的中国第二届民间艺术节上,6 项奖项的冠军悉数收入囊中。之后,开封盘鼓在全国民间花会大赛中连续参赛九届获 9 个金奖,在国际秧歌节上连续 4 届获 4 个金奖,在全国广场民间舞蹈大赛和全国鼓舞大赛中均获金奖。

1994 年，开封盘鼓打出国门，到日本三重县世博会上表演，当地人民被开封盘鼓的魅力所征服，他们惊呼开封盘鼓为“神鼓”。同年中央电视台春节晚会上，开封 18 名少年盘鼓手表演了《鼓钹争春》，将开封盘鼓技艺展示给全国人民。

1997 年，开封盘鼓参加香港回归祖国大型文艺晚会，进行了开场盘鼓舞表演。

1998 年，代表队赴美迪士斯尼乐园表演长达 6 个月，给美国观众留下深刻印象。

1999 年，又夺得中华鼓王大赛金奖，并赴澳门参加回归祖国的庆典仪式。在建国 50 周年大庆活动中，开封盘鼓作为特邀代表，在中心会场——天安门前进行表演。由于这些战果，河南省文化厅将 1991 年称为“开封盘鼓年”。

第十节　中州大鼓

一、历史沿革及分布情况

新乡位于中原大地黄河岸边，据说这里是黄帝造鼓的地方是华夏大鼓的故乡。新乡北邻殷商文化的发源地——安阳，据考古发现“木制的鼓类乐器在商代一定是最常用的”。这里曾是我国记载鼓类乐器最早的地方。南面临七朝古都的开封，这里是有名的开封盘鼓的文化中心。新乡文化历史悠久，是历史上牧野之战的发生地，武王伐纣的故事就出在这里。同时牧村乡遗存的“太公庙”，系古牧野大战武王伐纣陈师之地；创建于五代后唐清泰二年(935 年)的“东岳庙”；始建于元至正年间(1341—1368)，后经明、清两代重修的“关帝庙”及其“舞楼”和清嘉庆元年(1796)修建的“留庄营戏楼”“何屯戏楼”等。这些丰富的历史文化底蕴，也为中州大鼓艺术的形成奠定了良好的人文基础。

据公元村天仙碑记载，中州大鼓始于明万历年间，已有 400 多年的历史。1574 年，村民捐资置鼓数面，以击鼓为乐，助民之威，破敌之胆，抗匪拒寇。清咸丰年间，村民张万坤置鼓、铙、镲，组织天爷会、火神会、天地会三个鼓队，并创作了天嘭雷炮鼓歌。民国初年，增添傅锣虎头龙旗、灯三眼铳等娱乐设备，建立鼓会，每逢年节祭祀都以击鼓奏乐助兴。另据老艺人张观来介绍，最初的单一大鼓只是群众捉贼、擒盗、抗匪的信号和工具。其中有鼓，没有镲，用瓦砾来替代。

据《山海经·大荒东经》记载，上古时代，黄帝和蚩尤打仗，打了好久不分胜负，士气一天天低落。一天黄帝的部下在东海流坡山上捉了一支奇怪的野兽(据说这种动物叫夔，也就是扬子鳄。因为“我国新时期时代至历史时期，华北黄淮平原尚有扬子鳄的自然分布”这为制造当时的鼓类乐器提供了重要的物质条件)，样子很像牛，头上没有角，还长了一条腿，类似怪兽的模样，它时而从水中出没，并伴有大风大雨，眼睛放出像太阳、月亮一样的光芒。一张口吼叫像天上打雷一样，还经常伤人。黄帝便把它杀掉剥皮后晾干，没有想到在皮上一敲发出了像雷一样的响声，几百里都能听到，皇帝高兴至极，立刻派人把它搬到战场来敲打。士兵们听到震天动地的声音士气大振，追杀蚩尤打了一个大胜仗。因为它能鼓舞士气，因此黄帝命名它为“鼓”。试想当年的牧野之战中，气势如虹的战争场面,能让人想起万马奔腾的战争场面以及声震气势的锣鼓催人奋进的场面。是不是和今天的中州大鼓起源有一定的关联呢?

二、基本内容及艺术特征

中州大鼓自明朝万历年间至今已有400多年的历史,是新乡县独特的民间艺术文化形式。它由单一的鼓到鼓铙、镲、锣结合,使鼓音好听,舞好看,更具有观赏性。在全国鼓类当中,舞镲为中州大鼓所独有的,是由当地打鼓人自己摸索而来。中州大鼓内有拉簧,敲打后发出的金属声十分悦耳。鼓谱分为"大忽雷炮""小忽雷炮"两种。"大忽雷炮"鼓调厚重沉稳,节奏缓慢,鼓调复杂;"小忽雷炮"鼓调欢快,流畅,给人一种激情上进的感觉。逢年过节和重大庆典时,成了人们不可缺少的文化生活,素有"无酒不成宴,无鼓不算会"的说法。

闻名中州的新乡县赵堤大鼓,已有四百多年的历史。它以"声""形"特有的形式,明快富有朝气的节奏和独特的艺术走形,体现了中国农民热情奔放,粗犷豪爽的精神风貌。中州大鼓曾参加中国沈阳第二届国际秧歌民间舞蹈节,受到国外专家的高度称赞,并获表演优秀奖和精神文明奖。

中州大鼓的特征如下:

(1)鼓队的组成及表演形式:中州大鼓艺术所用乐器是以鼓为主并配以铙、镲、小撞撞、开道罗等打击乐组成一种民间打击乐艺术。其中乐队无固定编制,根据演出的场所及具体情况而定。一般最少十几人,人多大一百多人。并且有时根据演出场所规模的大小来确定演员的性别。一般比较大型的场面必须有身强力壮的男演员参加。鼓队的乐器构成:大鼓40面,铙15副,配音镲16副,舞镲40副,开道锣2面,鼓的重量为45千克。其中特大鼓直径约一米五,舞镲变化很多,其中鼓和铙、配音镲必须有男的演奏。在服装上面非常讲究,服装为绿褂红边、黄裤带红线,红褂黑边、白链头和戏装帽等服装3套共计170套。

(2)演奏技巧及节奏特征:①演奏形式。演奏时将鼓挎在腰前,用双鼓槌敲击,分为击鼓边、击鼓面、击鼓框等几种。中州大鼓的演奏形式大多以齐奏为主,但是鼓和镲的节奏各不相同,鼓的节奏缓慢、结实有力,多打在强拍子上,而镲节奏急促而密集,鼓与镲结合营造出一种气吞山河、排山倒海的雄壮气势。在演奏过程中,鼓与镲一起形成强于弱、齐奏与分奏等不同的音响色彩,它们不但在节奏上的协调配合,而且演员要用眼神相互交流,形成一种整齐统一的情感交流,传达给观众一种视觉与听觉上的审美享受。其中一个最为重要的大咚鼓直径一米五,由三人来击打,配十一面中型鼓和二十面大镲,周围的鼓和镲围在其周围呈圆形。演奏起来气势磅礴、威猛彪悍、声形兼备、感情丰富。演奏的队形分"原地演奏"和"行进演奏"。特别是在原地演奏过程中其中中间的大东股由8个身强力壮的年轻人用手抬着或时而举起原地做逆时针方向的转动,其中一位手拿舞镲的演员在上面边击镲边舞,具有一种矫健有力,气势雄浑的阳刚之气,给人以力与美的视觉享受。在行进演奏中,能变化各种队形,形成一种动静结合,整齐划一,变换各种舞蹈造型如下,《二龙出水》《双凤展翅》《仙女散花》《空中鼓舞》《龙凤呈祥》《欢庆丰收》等。②节奏特征。据鼓队的老艺人张观来讲,民国初年,开始成立的大鼓队,由张占福、程明志编写的鼓谱节奏很慢，后来经过专家的改变才逐步形成一种激烈明快、苍劲有力的艺术风格。中州大鼓是一种齐奏形式，鼓谱的节奏型变化不是很丰富，但是他们通过速度、强弱以及舞蹈队形的变化达到一种粗放与细腻，器乐演奏与舞蹈表演为一体的独特的艺术风格，以人以强大的视觉冲击力和听觉震撼力。

三、传承谱系及代表人物

中州大鼓早年叫“大咚鼓”“丰收大鼓”。在发展过程中，经过全面的系统整理，逐步从声、形到服装进行了大胆的改革和创新。1978 年在张观来、赵士林、李培智等老艺人牵头尊重新整理，经过省群艺馆的协助下重新组建中州大鼓。并在音乐、舞蹈方面，经过专业人员的精心辅导对其鼓谱的节奏和舞蹈进行了大胆的改革和创新，使其节奏和舞蹈风格更具有激情和活力。因此表演起来声形兼备，金鼓齐鸣，充分体现了中国当代北方农民粗犷豪放、热情奔放的精神面貌，又能反映出改革开放、振兴中华的革命激情。1988 年经河南省文化命名为中州大鼓。新乡县是造鼓大鼓的故乡，据统计全县有 229 个行政村，光鼓队就有 98 个。可以看出鼓类艺术在这里的普及以及群众的痴迷程度。

四、主要价值

中州大鼓作为一种河南的民间传统文化，以它富有气势和变化多样的舞蹈队形具有强烈的艺术感染力祖祖辈辈感染着憨厚朴实的当地农民。但是这种民间的本土文化，也受到当今市场商品经济大潮的冲击，曾一度陷入了宣传力度不够面临解体的困惑局面。但是他们爱鼓如命，用自己的执着和热情一代代传承着这种独具中原特色的民间艺术。

五、目前保护情况

中州大鼓所有的鼓点节奏按照一种习惯的速度，固定的顺序连续演奏。强弱变化较多。它以“声”“形”特有的形式，明快富有朝气的节奏和独特的艺术走形，体现了中国农民热情奔放，粗犷豪爽的精神风貌。几十名鼓手围着一面直径超过两米的大鼓，一边敲击，一边不断变出各种队形。团长李星光介绍，赵堤村人打的中州大鼓，已有四百多年的历史。中州大鼓的特点是边鼓边舞，声、形兼备，内容丰富。1988 年，村里成立了中州大鼓艺术团。村民们农忙时种田，农闲时外出敲鼓。

作为体现历史文化底蕴的中州大鼓艺术，以它朴实无华的艺术品格承载着中原人憨厚、勤劳、朴实的人文品格，同时这种古老的民间传统文化艺术，它提升了当地农民的热爱生活情趣和集体主义意识，它古朴苍劲的风格正是中国北方农民性格的集中体现中国北方农民憨厚质朴，乐观向上的性格品质。特别是在赵堤村流传着“家家闻鼓而动，人人爱鼓如命”这样一句俗语。打鼓打出了当地农民的精、气、神，数千年来，这里的农民就有造鼓、爱鼓、玩鼓的风俗。基本上是村村有鼓队，家家都有打鼓人。至今还流传“无酒不成宴、无鼓不算会”的俗话，这足以看出鼓与人的密切关系。

中州大鼓使用的多是低音鼓，几十面大鼓和镲的配合交织在一起，造成一种气势壮观、远听似惊雷，颇有排山倒海之势，特别加之鼓点节奏多变、表演热烈粗犷，充分体现中国农民质朴豪爽的性格品质。并具有一种原始、粗放、质朴的黄河文化艺术风格。在当地政府关怀和村民的积极努力下，中州大鼓艺术焕发了勃勃生机，在近年来多次在国内的各种民间艺术大赛中屡获殊荣。其中在1992年的中国国际沈阳秧歌节上获“优秀表演奖”；1994年文化部和河南电影制片厂合拍“中州大鼓”专题片，与百个国家和地区进行了文化交流。2001年参加由文化部、中国文联组织的“山花奖”金杯。2005年中州大鼓艺术被省政府确定为河南省与国外文化交流的使者等一系列荣誉。电视专题片《中州大鼓》经文化部外宣局批准，已发行至100多个国家和地区。

第十一节　大相国寺梵乐

一、历史沿革及分布情况

大相国寺位于河南省开封市，是著名的汉传佛教十大名刹之一。它始建于北齐天保六年(555)，至今已有1400多年的历史。大相国寺梵乐起源于唐宋时期，其中融汇了宫廷音乐、寺庙音乐、民间音乐的精华部分。北宋时期，形成了以开封大相国寺为中心的中州佛教音乐体系，影响辐射及于整个中原地区。现今大相国寺梵乐主要流传于开封所辖地区及新密和白云寺等地，另外尚有《大相国寺音乐手抄秘诀谱》五本及《师旷六律》等梵乐乐谱留存于世。

早记录大相国寺梵乐的是宋朝梅尧臣的《宛陵集》。“刘原甫观相国寺净士院吴道子画，杨惠之塑像，又乐僧鼓琴，闽僧写真，予解其诧。”吴道子和杨惠之是唐代著名艺术家，他们曾在大相国寺作画塑像，描绘寺僧演奏情景。到了宋代，大相国寺成了文人墨客聚会听琴的场所，苏东坡、王安石等都在此留下足迹。《东京梦华录》卷六详细记载了正月十六名流骚客夜游大相国寺、赏梵乐的情景。

二、基本内容及艺术特征

梵乐又称佛乐或梵呗，是佛教弘扬教法和赞颂佛菩萨等美好事物的一种独具宗教特色的声乐。大相国寺的音乐包括“梵呗”和“劝世曲”两种，演奏乐器包括法器和乐器，法器如振金铎、木鱼、钟鼓等；用于单独演奏、也可诵经时伴奏的称为乐器。

大相国寺梵乐的演奏曲目十分丰富，数量达到两百多种，分为声乐和器乐两大部分。声乐曲的“偈”以释迦牟尼讲经说法为内容，由通偈的梵语32个音节构成，珍贵异常。器乐曲则以传统佛乐和中州地域音乐为主，编制严密，演奏规范。大相国寺每次举行重大庆典活动，均邀请各方著名乐僧协同演奏，场面蔚为壮观。其器乐代表作品有《炉香赞》《戒定真香》《宝鼎赞》《小三宝》等。

大相国寺梵乐在佛教音乐中独树一帜，音声清新典雅，意韵幽远深长。唱诵者身心合一，物我两忘，聆听者胸襟豁然，神游情动，达到极高的人生和审美境界。大相国寺梵乐是中国佛教音乐的重要组成部分，具有很高的历史文化研究价值。

三、传承谱系及代表性人物

大相国寺曲谱原存比较完备，1927年佛毁僧散乐谱散失，1992年，大相国寺在60余年无僧人断绝香火之后，恢复了佛教活动。于2002年恢复了大相国寺佛乐团。经发掘整理诠释106首梵乐，汲取了民乐和宫廷音乐的精华，传承创新相结合，结合现代乐器演奏技巧，让空静舒缓梵乐重现辉煌。2004年大相国寺佛乐团赴澳门演出，引起轰动。2008年6月，大相国寺梵乐被列为国家级非物质文化遗产。清凉世界的纶音将得到更完备的保护和发扬。

作为皇家寺院的大相国寺，以荟萃天下文化精英的博大胸怀成为一方精神圣地。自寺院创建之始便有乐僧越仁大师、虚真大师在寺院演奏佛乐的记载。至唐天宝年间，大相国寺已出现完整的乐队，并于高僧在法华经开讲之前，敬献佛乐谢佛恩以吸引听众。到唐大历年间，寺院将向佛献乐定为制度，开坛讲经必由乐队献乐，以表庄严和虔敬。北宋时期，随着大相国寺发展的盛势，大相国寺的佛乐至北宋也达到最隆盛的阶段；一方面，由于朝廷对寺院的崇奉。隆江8岁出家大相国寺，方丈赐法名——释隆江，在大相国寺隆江第一次见到“筹”，就被那令人惊奇的音律吸引住了，他虔诚地拜释安伦（信参）、释安修（善参）二位乐僧为师学习梵乐。2008年6月，释隆江法师被确定为国家级非物质文化遗产代表性传承人。大相国寺梵乐被列为国家级非物质文化遗产，释隆江被评定为国家级非物质文化遗产（梵乐）代表性传承人。

现大相国寺佛乐团乐僧在佛乐传承方式上有两种：一是通过佛乐传承人，以89岁的佛乐团顾问释隆江法师进行传授，让乐僧直接与他学习佛乐。第二种方式是佛乐团会聘请一些佛乐专家教授对乐僧进行培训。以音乐学家尼树仁为代表的团队，将《大相国寺音乐师传乐谱》中的乐曲进行翻译整理、改编配器，使乐僧可以参照翻译后的分谱（简谱）演奏。

四、主要价值

文化基因保存价值，大相国寺梵乐团历经数次的天灾人祸，几经辗转、断裂、延续，所传承的手抄密谱，以及释隆江师父的言传身授的演奏中，都能找到中州佛教音乐、河南地方戏曲，以及古代宫廷音乐乐队形制的艺术形态。随着不同历史时期的音乐形态与主流音乐旋律的不断融入，数代乐僧们的传承、甄选与淘汰，形成了现在所观所感的佛教仪式与佛教音乐形态。

文化认同价值，大相国寺梵乐源起于宗教信仰，其表现内容与渊源基本上都与佛教教义、佛经内容相关，以大相国寺梵乐团的演奏内容为例，例如《白马驮经》《菩提树》《宝鼎赞》等曲目，多取材于民间传统音乐曲牌，内容也与民间传说或佛教故事有关，应用于宗教仪式与民俗活动中，其参与者有很多都不是纯粹的佛教僧侣，部分是有宗教情结的居士或有宗教倾向的人群，其大部分是对宗教仪式感兴趣的非宗教信仰人群。

社会伦理强化价值，大相国寺梵乐团有大量的活动与当地的民俗节气、旅游文化宣传相关，并且会参与到国家大型公祭祈福活动，以及政府的文化宣传方面，在这些民俗活动中,展示梵乐的大气、典雅。梵乐作为宗教仪式中重要的组成元素,用音乐艺术的形式强化宗教仪式环境的肃穆、神圣氛围,强化这一空间中人群的心灵体验,团体内部的认同感、归属感,在伦理道德方面起到了一定强化与规范化的教育作用。

旅游经济价值,大相国寺地处七朝古都、文化旅游名城河南开封,大相国寺作为国家AAAA 级景区,每年接待上千万来自全国甚至全世界各地的游客,大相国寺梵乐团已然成为开封旅游的一张文化名片,非物质文化遗产的旅游经济价值的客观存在,已经被当地政府、企业、学者所普遍认可。

五、目前保护情况

2019 年 11 月,《国家级非物质文化遗产代表性项目保护单位名单》公布,开封大相国寺获得“大相国寺梵乐”项目保护单位资格。

第八章

河南省传统舞蹈类非物质文化遗产档案资源

第一节　火龙舞

一、历史沿革及分布情况

“火龙舞”是孟州市槐树乡龙台村比较独特的民间舞蹈。据乾隆五十七年《孟县志·金石文》记载，该村“火龙舞”在汉武帝时期就已在“五龙庙”前参加祭祀乡赛活动，并且那时已是鼎盛时期。如今火龙舞主要分布在孟州辖区槐树乡龙台村和周边村庄以及洛阳、济源、沁阳、温县、孟津等地。

火龙舞的源主要有两种说法。一说是很久以前，火龙消灭了污染天河圣水的蜘蛛精，让天河水能及时播雨浇田，滋润万物旺盛，为天下百姓造福。当地群众为了纪念火龙的丰功伟绩，每年春节锣鼓喧天，通过舞火龙灯，祈祷全年风调雨顺，五谷丰登。另一说相传于商朝末年，龙台有个叫常的人，由于久旱无雨，无法完成殷纣王分配的烧制任务，又不敢违背王命，想用假龙来引真龙，进行祈雨。将油沽肚插入龙体，夜间舞火龙祈雨的故事。

二、基本内容及艺术特征

火龙每条长 20 米，由 11 人玩舞。火龙舞通常是两条火龙相配合，外加吹打乐队、干花队、铁水花队以及喷花、烟火、火流星等助阵，整个火龙队 40 余人参舞。火花与火紧密相连，舞龙者赤上身，身着短裤衩，两条火龙表演时或分或合，或翻或腾，表演于铁水花与干花施放中，是极品的观赏节目。火龙表演至少需要 100 平方米的场地，且周围无任何易燃易爆物品。

火龙舞中的火龙由龙头、龙身、龙尾三部分组成。“火龙”，是用竹篾编成的圆形竹笼，装有长木柄，加“龙头”“龙尾”七至九节，用一条红布连起。在万盏彩灯的元宵节夜里，加上锣鼓“咚咚”，火龙翻滚，红光四射，热闹壮观。其制作主要靠身传口授。

火龙舞的音乐特点是锣鼓乱捶，根据舞龙动作可快可慢，可轻可重。从古至今，龙台村每年农历正月十五、十六都要组织多条火龙闹新春。舞龙前首先到五龙庙前祭龙，然后走村串户开展表演活动。火龙舞在蜘蛛灯的带领下，左上右下，右上左下，翻腾着向前行进。遇柱则缠，有时盘旋，还不时向蜘蛛灯喷射焰火。其独特的造型及叙事性的表演情节，广受群众喜欢，素有“天下火龙一绝”之称。

三、传承谱系及代表性人物

“火龙舞”在古代的传承发展中，传承谱系较为清晰。但是，随着社会经济的发展，如今火龙舞在传承中出现了一些问题，其主要表现在：一是主要传承人都年事已高，而年轻人又多选择外出打工或经商，传承面临着断层的危险；二是火龙舞表演区域大大缩减，现只有龙台村仍有传承；三是由于投入有限，使现有资源得不到有效的保护和利用。

四、主要价值

孟州火龙舞代表了当地人民对生活的渴望和期盼，是河南省重要的非物质文化遗产。

五、目前保护情况

当地政府采取了一系列措施，一是成立县市级非物质文化遗产领导小组和专家评选委员会；二是建立龙台村非物质文化遗产保护中心；三是组织主要传承人对制作工艺及表演技巧等，有关资料进行整理搜集；四是每年拿出相应资金对火龙进行修正保护。

2007 年 2 月，火龙舞成功入选河南省首批非物质文化遗产名录。2008 年 6 月 23 日，孟州市的郝同周、王蒙玲被河南省文化厅授予“首批省级非物质文化遗产代表性传承人”称号。

第二节　麒麟舞

一、历史沿革及分布情况

麒麟，是我国古代传说中的一种代表吉祥的动物，与凤、龟、龙共称为“四灵”，居“四灵”之首。据睢县蓼堤镇大刘寨村《冯氏家谱》和《杞县志》记载：冯玮祖籍考城（属睢州），初籍杞县，后居仪封。明末中进士，后封文林郎，掌管宫廷文化娱乐事宜。南明灭亡时（公元 1661 年），掌管宫廷文化娱乐的文林郎冯玮归隐故里，将一对“麒麟皮”带给睢县大刘寨村的冯氏族众，并亲授演舞之术，距今已有 346 年历史。

二、基本内容及艺术特征

麒麟舞不同于舞狮，也异于舞龙，其造型为“龙头、鹿角、蛇身、羊蹄、牛尾”，舞动时，一人舞麒麟头,一人舞麒麟尾,两人配合默契,以此把传说中麒麟的喜、怒、哀、乐、惊、疑、醉、睡等动静神态表现得栩栩如生。逢年过节人们舞起麒麟,以表达迎祥纳福,祈求风调雨顺、国泰民安的良好愿望。

麒麟舞的传统表演形式可分为3段,分别是盘门、平地表演和桌上表演,其中桌上表演最为惊险,一场麒麟舞全套下来,表演者往往是大汗淋漓。

另外,麒麟舞也称为“武”麒麟,因为麒麟队往往就相当于武术队,不仅舞麒麟者大都身怀武功,而且麒麟套路本身就和武功套路一脉相承。

三、传承谱系及代表性人物

商丘睢县大刘寨的《冯氏家谱》和《杞县志》记录了麒麟舞最早的传承人是冯玮(1623—1711),目前从冯氏家族起源的麒麟舞已传了15代,传承脉络清晰,具有很好的社会基础,是当地民间文化艺术的代表和瑰宝。麒麟舞在数百年的发展过程中,内容不断丰富,形式不断革新。最初仅限于平地表演,至清末时,随着当地武术水平的提高,麒麟舞12世传人冯永汉、徐延瑞、韩克顺等,开始增设并逐步完善了桌上表演。

麒麟舞的师承关系特殊,世代传授均不举行拜师收徒仪式,而是以冯氏家传为主,吸收本村有武术功底的亲眷,在选拔青年演员时条件相当严格,组成表演团体,世代延续。但他们在收徒时条件相当严格,首先要求武术功底厚实,其次根据身材等自然条件,每个行当(穿头、穿尾、执绣球)只选2~4人,并强调所学技巧不准外传,所以大刘寨村冯氏被称为“麒麟世家”。大刘寨村冯氏14世传人冯明义,已78岁高龄,是麒麟舞穿头高手,绰号“活麒麟”。

四、主要价值

因为人们一直期望麒麟来驱赶一切邪恶与灾难,所以麒麟舞被视为民间舞蹈的上乘珍品。从古至今,同样生活在中原大地的睢县和兰考人却没有玩“龙”舞“狮”的习俗,麒麟舞一直是他们的最爱,并保留着非常传统的表演形式和内容,地方文化特色非常鲜明。

五、目前保护情况

在早些时候武麒麟演出频繁,在村里长块空地就可演出。附近30岁以上的居民,没有不知道冯明义的,可近20年来,已没有“武”麒麟了。冯氏14世传人冯明义已经年迈,15世传人也是50多岁的人了,到现在为止还没有找到16世传人。且麒麟道具因多年不用,已遭毁坏。近几十年来,随着道具的损坏和武术的衰落,并受市场经济等多种因素的影响,麒麟舞已濒临消亡,亟待抢救和保护。

第三节　灯舞(苏家作龙凤灯)

一、历史沿革及分布情况

在素有“太行山下小江南”之称的博爱县,传承着一种距今已有180年历史的独特民间舞蹈——苏家作龙凤灯舞,由苏家作艺人毋黑旦所创,其表演地区主要分布在河南省的焦作、新乡、济源以及山西省的晋城、运城、侯马等地。

二、基本内容及艺术特征

清道光年间,为博爱县“大要灯”之年,苏家作村艺人毋黑旦根据民间龙凤呈祥、丹凤朝阳、百鸟朝凤、龙游戏凤等传说故事,大胆地将“凤灯舞”融进了“龙灯舞”,在元宵节“大要灯”中赢得“要灯魁首”。之后,毋黑旦又在龙凤共舞的基础上,增加数十种伴舞灯,在当年苏家作火神庙会期间将龙凤灯舞演绎到了极致,自此便形成了独具特色的苏家作龙凤灯。其采用竹竿制成骨架,彩绘纱布装饰“龙皮”“凤衣”。白纱布彩绘出凤衣图案,每条龙长21.3米,由9节组成,每节都有1根长1.55米的木棍支撑。“凤灯”由头、身、翅、尾四部分构成,头颈长4.3米,凤翅、凤尾呈扇形,两翅和尾部共装25个蜡碗,为防止蜡油流失,特制了独有的“牛油干碗蜡”。表演演员全部由村里年轻力壮的男性青年表演、年长者指挥,是群众喜闻乐见的民间舞蹈之一。

苏家作龙凤灯形态逼真,表演动作惊、险、奇、绝、美,将“龙”与“凤”的动静神态演绎得淋漓尽致,再加上铿锵有力的打击乐,使苏家作龙凤灯表演的高潮一浪高过一浪。苏家作龙凤灯将龙舞和凤舞和谐结合,形成了独具特色的民族民间舞蹈。

三、传承谱系及代表性人物

苏家龙凤灯传统节目有《十二美女拉纤》《文王拉纤》《姜子牙钓鱼》等。1984年以来,苏家作龙凤灯每年都参加市、县、乡春节文艺会演,并多次参加河南省民间艺术节,代表河南省参加四省十三市民间艺术节、焦作国际太极年会等大型活动,受到各界好评。2008年6月23日,毋启富被河南省文化厅授予“首批省级非物质文化遗产代表性传承人”称号。2009年6月,毋启富被文化部授予第三批国家级非物质文化遗产项目代表性传承人称号。

四、主要价值

这枝中国民间舞蹈百花苑中的奇葩,将寄托着百姓希望与憧憬的龙灯舞和凤灯舞表演推向了极致,龙凤共舞,热闹非凡,深受广大群众的喜爱。“龙凤灯是中国的一枝花,是集体智慧的结晶。”它是重要的国家非物质文化遗产。

五、目前保护情况

近年来,苏家作“龙凤灯舞”也面临着生存危机。一是苏家作龙凤灯舞节奏快,对身体力量的要求比对技术的要求更重要,近年来喜爱该项目的年轻人越来越少。二是龙凤灯舞是集体传承的民间文化艺术,现在很多技艺已经失传,无法恢复。为保护这一民俗文化瑰宝,当地政府不断加大保护力度,一是建立项目保护基金,加大项目的经费投入;二是对古今文献、民间传说及龙凤灯的传统制作工艺深入普查整理,建立数据库,编辑出版《苏家作龙凤灯》;三是认定和命名代表性传承人,完善传承人保护机制;四是深挖项目表演形式,力争恢复15个以上已经失传的经典节目,使艺人表演队伍扩充到500人;五是积极参加民间交流活动,在保留传统的基础上不断创新。

2003年,苏家作村被河南省文化厅命名为“河南省民间艺术之乡”。2007年2月,苏家作龙凤灯成功入选河南省首批非物质文化遗产名录。2008年6月14日,苏家作龙凤灯又成功入选国家第二批非物质文化遗产项目名录。

第四节　跑帷子

一、历史沿革及分布情况

它起源于春秋战国时期,成形于秦汉,盛于宋、元、明、清和民初,是一种由古代战争衍生出的广场民间艺术,历史悠久,阵势古朴,变化多端,寓意深刻,寓含着“因果报应”理念和揭示天象、节气变化的特点。在民间,“跑帷子”又称“帷子舞”,具有底层、民间、边缘的文化形态,覆盖于豫北、冀南大片地区,历来为广大人民群众喜爱,成为豫北一带影响力、渗透力极强的民间文艺表演形式,具有典型的民俗文化艺术特点。冀南帷子舞历史悠久,据古《磁州志》载:“帷子舞盛传于冀南,以南大峪村帷子为最”。每年赴州县参加春节花会调演。相传在清朝乾隆年间,南大峪帷子在州府前的一次帷子舞中,所跑出的“天上一品”字形,曾获州官嘉奖。在演出的内容上,随着社会和时代的变化而变化。传统的帷子舞以“左右海眼太极图”开始,诸如“一字长河”“双龙出水”“小唐王乱点三军”等套路,至今仍流传不衰。

二、基本内容及艺术特征

帷子共有24杆,象征着一年二十四个节气。每根帷头上的12幅画面,象征着天干地支十二属相;帷头上的144个绣球,象征着宇宙漫天星辰。另有两面分别绣有太极图和日月祥云的彩旗,称为“彩子”,象征着天地间阴阳交泰、化生万物的气象。

持彩子的男青年称为“彩头”。此外,还配有18面威风锣鼓、马号、三眼炮等。表演时,当锣鼓响起,马号吹动,24杆彩帷分为两队,在两位彩头的引领下,踏着锣鼓的节奏,相互回环穿行,奔走如飞,远望如万马奔腾,近观似雄兵列阵。每当一场跑完,炮手立刻鸣炮定格。跑帷子,寄托着国泰民安、人间升平的理想和百姓对风调雨顺、五谷丰登、百业兴旺的祈盼。

现在,在传统基础上不断推陈出新、发扬光大,独创出“大干四化”“九州团圆”“三个代表”等字形,且每年都翻出新的花样,使这一古朴的民间花会艺术形式与时代精神完美结合,不断焕发出新的风采。

“跑帷子”结合了古代战争的阵形场面,有自己独特的舞步、阵式、道具、配乐。表演由主干48人(或72人)、辅助180多人,共计200多人组成,是一项集体表演的大型广场民间舞蹈,场面十分壮观。

三、传承谱系及代表性人物

汤阴县“跑帷子”产生于县东的古隆化社,有着生动的历史传说。现有王金贵、李棋、李兰、李俊山、张雨成等老艺人健在。新涌现出技艺精湛的帷子头、鼓头有范长明、李和平、王安东、刘新保、孙志富、孙志明、孙志祥等,他们热情奔放,积极认真,在抢救、发掘、保护跑帷子技艺的同时,又努力地把这一艺术传承给的新的一代,使这一艺术得以发扬光大。

四、主要价值

对研究春秋战国时期的历史、战争、祭祀,的具有较高的历史价值、军事价值、艺术价值和民俗价值。

五、目前保护情况

1987年被载入《中国民族民间舞蹈集成》国家卷,2006年被摄入中央电视台拍摄的《千年古县·汤阴》文献片,曾多次参加省、市重大节日和商贸庆典活动演出,获得了国家级、省级和市级的多种奖项。2000年以来,河南省汤阴县加大了对帷子舞的保护力度,2006年和2008年,分别将其列入省级、国家级非物质文化遗产名录。

第五节　官会响锣

一、历史沿革及分布情况

官会响锣历史悠久,始于南朝梁武帝时期,盛于清初,其产地在项城市的东南部。据说起源于清朝乾隆年间,仅官会镇马氏一家就祖传十辈之多,距今已有300年左右的历史。

官会镇位于今项城市南部,距离县城二三十公里,原名荒芜店,是个十年九淹的偏僻小镇荒芜店。传说在清朝乾隆年间,皇帝下江南体察民情,安徽、河南、山东一带的官员到此迎接。路过官会这个地方,当地有个很有名气的秀才叫王子由,把锣和舞连到一起,精心组织了一套大锣的演奏及表演,集合了几十名打锣艺人,用响锣舞来欢迎乾隆皇帝,得到了老百姓和官员们的支持和认可。乾隆也非常高兴，从此官会响锣就流传下来。至此响会锣舞代代相传，流传至今，荒芜店也因当时百官相聚改名为官会镇。

数百年来，官会响锣已经发展演变成为一种独具豫东风情的民间艺术形式，并一直活跃在豫东广大农村的红白喜事、庙会庆典活动中，深受群众的喜爱。

二、基本内容及艺术特征

（一）音乐程式化

传统的《官会响锣》打击乐只有锣，但打法分为几种，具有不同的等级差别。七点锣的节奏四慢三快，为老百姓红白喜事时所用。九点锣的节奏六慢三快，为县级官员所用。依次还有十二点锣、十四点锣、十六点锣和二十四点锣。而二十四点锣当时就是为迎接皇帝所准备。

（二）以铜锣为道具

演员以铜锣为道具，时而打时而舞，并用锣组成各种造型，变化微妙，达到似与不似，不似亦似的艺术境界。

（三）表演形式独具特色

传统官会响锣表演形式有："青蛙啃泥""天女散花""寇准背靴"等多种套路。形象逼真，充满了浓烈的乡土气息。具有独特的表演程式及演奏技巧。锣阵也有大有小，最小的 2 人就可以表演，最大的 60 多人。

三、传承谱系及代表性人物

官会响锣起始于南朝梁武帝时期，盛于清初。官会响锣的传承发展至今，已形成两个主要支系：一支是官会镇时桥王家响锣队，现有十二代传人；一支是官会镇蔡庄"李氏响锣队"，现有记载的共有十世传人。传承方式分为两种，一种是家族内的传承，一种是拜师学艺。

李文模 男，汉族，1928 年 6 月生，项城市官会镇蔡庄村农民。河南省省级非物质文化遗产代表性传承人，李炳福为他收的第一个徒弟。

王金亮 男，汉族，1952 年 4 月生，项城市官会镇李四坑村人，官会响锣第十二代传人。河南省省级非物质文化遗产代表性传承人。自幼常随父亲参与响锣表演，1973 年参加工作后一直从事该项目的表演及收集、整理工作，1990 年组织整理了官会响锣打击乐谱，并整理、收藏老艺术家的音像资料，1999 年获中国民间文化艺术"山花奖"、《国安杯》中华舞龙大赛金奖，"帝豪杯"迎接新世纪华夏百龙大赛金奖。2008 年被命名为河南省非物质文化遗产（官会响锣）项目代表性传承人。

四、主要价值

官会响锣的表演强悍矫健的身姿，粗犷豪放的性格，朝气蓬勃的气势，处处体现了生活在中原大地上的农民汉子豪爽奔放的性格，在民俗学、历史学、社会学、美学的研究中，官会响锣都显示出重要的价值。

五、目前保护情况

1998年，为参加河南省第七届民间音乐舞蹈比赛，崔洪斌和当时的项城市文化馆馆长祖心灵等文艺工作者一起，一次又一次地来到官会各个乡村，搜集响锣的有关资料，并请来健在的老艺人进行现场表演。经过数月的实地采集和反复琢磨，崔洪斌等人在传统官会响锣的基础上，进行了大胆的创新，创编了三段体的打击乐器。

在简化节奏的同时，在打法上，他们还借鉴了戏曲、盘鼓等打击乐的演奏技巧，在乐器配置上改变了单一的锣响，加进了大鼓、大镲、大铙等打击乐器。

新创编的锣舞在表现形式上也进行了大胆的尝试，把锣作为道具敲打时舞动，并把民间流传的龙舞、鬼舞及抬花轿舞巧妙地运用到官会锣舞中。这不仅展示了民俗风情，还丰富了锣舞的韵律，增强了艺术感染力。

尤其值得一提的是，改变后的响锣表演又添加了一面特大的响锣(直径1.2米)，高悬在二龙戏珠的锣架上，打一下声传数里。这样一系列的创新，不仅丰富了响锣的音乐表现力，更加烘托出官会响锣独特的演奏魅力。有专家评价说："这是一部由打击乐器演奏的交响乐。"

第六节　豫西狮舞(洛阳市大里王狮舞、巩义市小相狮舞)

一、历史沿革及分布情况

豫西狮舞的代表是洛阳市白马寺镇的大里王狮舞和巩义的小相狮舞。豫西狮舞兴起于汉朝的洛阳，自汉代以后，皇宫朝野举行祭祀庆典，必有狮子舞等民间社火表演。随着朝代的不断更替，政治、文化、经济的不断发展，中原人口的迁移及文化重心的逐步南移，大里王王氏狮子舞也从黄河流域传播到了大江南北，并和南方文化渗透结合，逐渐形成了北、南狮舞流派。明清以后，随着河洛民间社火文化发展，其逐渐形成了具有独特风格的表演技巧和艺术造型，成为中华民间艺术宝库中一颗璀璨明珠。

二、基本内容及艺术特征

豫西狮舞的王者之风，正合洛阳古都的几千年历史——雄风浩荡，大气磅礴。其中最有名的，当数洛龙区白马寺镇的大里王舞狮队。

清代嘉庆年间，霍乱突起。那时民间认为霍乱是妖鬼作祟，于是巩义小相村人就用狮舞驱病避邪。霍乱过后，小相狮舞保留下来了，每逢年节庙会便会热热闹闹地组织一次声势浩大的狮舞。

渐渐地，小相人不再满足于"地摊"狮舞的单刀、双刀、哨子棍、九节鞭等，而是在此基础上创出了"高台"和"上老杆"。

三、传承谱系及代表性人物

豫西狮舞兴起于汉朝的洛阳，自汉代以后，西汉河南郡治和东汉都城洛阳，与大里王王氏居住地近在咫尺，皇宫朝野举行祭祀庆典，必有狮子舞等民间社火表演。随着朝代的不断更替，政治、文化、经济的不断发展，中原人口的迁移及文化重心的逐步南移，大里王王氏狮子舞也从黄河流域传播到了大江南北，并和南方文化渗透结合，逐渐形成了北、南狮舞流派。河南省洛阳市洛龙区白马寺镇大里王村王氏狮子舞久负盛名，堪称河洛一绝。1960 年，王铁娃作为舞狮的民间代表，参加了当年举办的全国文代会，受到了毛泽东主席的接见。2016 年 6 月，王新平被确定为第二批河南省省级非物质文化遗产项目洛阳大里王狮舞传承人。2017 年 9 月，李京王被确定为第四批省级非物质文化遗产项目巩义市小相狮舞传承人。

四、主要价值

狮子舞在整个华人地区广为流传，并形成各种各样的流派和传说，但是起源于洛阳、盛传于中原大地的豫西狮舞仍然保持王者风范，以大方洒脱、细腻传神、高空作业、惊险繁杂、技艺精湛、阵容庞大、充满智慧而成为我国“北派狮舞”的优秀代表。舞狮人全身包裹狮皮，下身穿狮裤和金爪蹄靴，外形与真正的狮子极为相似。狮舞在豫西有着深厚的民间土壤，洛阳“大里王狮舞社”和巩义“小相狮舞社”等民间文艺队伍传承关系清晰，行当齐全，套路完整，是中原传统文化的骄傲，具有极高的历史价值、艺术价值、社会价值。

五、目前保护情况

2008 年，第二批国家级非物质文化遗产名录新入选项目和扩展项目名单公示，巩义市小相狮舞入选扩展项目传统舞蹈类中的狮舞名单。2015 年，豫西狮舞（洛阳市大里王狮舞、巩义市小相狮舞）获批河南省第四批非物质文化遗产项目。

2016 年，洛阳市已将大里王狮舞申报河南省民族民间文化保护项目，并积极筹建洛阳市大里王狮舞文化艺术培训中心及大里王狮舞文化艺术馆，拟出版《大里王狮舞志》。

第七节 狮舞（槐店文狮子）

一、历史沿革与分布情况

文狮舞，又称为文狮子舞，沈丘地方舞蹈，最早发源于汉唐时期的西域“五方狮子舞”和“胡人假狮子”。公元 1234 年蒙古军平定中原后，一名叫海鼻耳的波斯人，跟随蒙军将领察罕乃蛮台征战至项城（今沈丘槐店），后被强行留居此地进行传教布道。海鼻耳在传教布道中，根据颍河两岸人民，在春节、元宵节舞龙闹灯的风俗，引进西域（海鼻耳的故乡）的狮子舞，进行有机的结合、融汇，编创出一套既反映中原人民的风俗，又能展示西域图腾的文狮子舞。文狮子舞表演突出母狮的温雅柔和,具有原生态的质朴美。目前全国仅存沈丘一处,蕴含独特的地域文化和民族风格。

二、基本内容及艺术特征

海鼻耳编创传播文狮子舞的寓意,是表达中原各族人民对长年战乱的厌倦以及对和平生活的渴望。“文狮子”的最大特点是表演主体为雌狮子,区别于“武狮子”中雄狮的嚣张和威猛。舞蹈动作以原生态为主,特别是“母狮生小狮”的表演,从“闻笼绣”到“吻啃”而后“吞笼绣”受孕等,形象体现了雌狮子的温雅柔和,在延承西域“胡狮”舞伎的同时又接纳了中国古图腾文化。独角虎中的圆笼绣是作为独角虎评判是非的一个象物,独角虎即独角羊,亦称独角兽,古称“解豸”,是传说中的神兽,独角代表法律,能断案。相反,麒麟的出场动作却温文尔雅,一副尊者的做派,麒麟主要舞的是它头上的冠子和两个麟角,冠子代表高贵,麟角翎翅代表权位。在鼓锣镲的节奏中舞蹈,以鼓点振节导乐,在“别里子”奏出的麒鸣、狮吼、虎啸之音中转换情节。

三、传承谱系及代表性人物

舞蹈形式自海鼻耳始创,后经尼玛拉丁、和贽、海颜伯等传承艺人加工提炼,经明到清代中叶基本成熟。“文革”期间,文狮舞活动遭到破坏,20 世纪 80 年代经老艺人抢救挖掘,得以恢复传承。该舞蹈在沈丘槐店回族中世代相传,现传至第 26 代。目前传承人 24 代有 13 人,25 代有 7 人,26 代有 105 人。

四、主要价值

沈丘回族文狮舞是多元文化在中原地区的长期积淀和融合而成,在古老西域乐伎和远古中原民间舞蹈遗存中显得稀有而珍贵,具有独特的史学价值、学术价值和实用价值。是中原回族群众在劳动生产生活过程中智慧的结晶,也是回族文化多样性的生动展现。经过 770 多年的传承演绎,此艺术已经成为一朵独具中原回族特色的艺术奇葩。

五、目前保护情况

目前,槐店文狮子舞在政府支持领导下建立了较好保护传承平台:建有省级文狮舞传承传习基地和项目活动场馆,并获得政府经费支持。传承人积极投入和社会资源参与保护相结合。近年来,文狮舞从艺术表演水平到表演队伍、影响力都取得长足进展。但是,受到社会环境变迁影响,“槐店文狮舞”的发展也存在着一些问题:比如,随着经济全球化和信息技术高速发展,以往释放情绪的文狮舞在今天却被人们逐渐排除在日常欣赏娱乐之外。再有,受市场经济大潮的影响,利益化和实用化越来越成为文狮舞习练者的价值取向。这和文狮舞队民间组织存在的本意是相悖的,也是眼下文狮舞队伍后继乏人的原因。以行政手段为主的管理和保护效果有限,比如经费问题。据调查,国家给了文狮舞传承不菲经费,但经费投入与现实需求相比还远远不足。

第八节　高跷(高抬火轿)

一、历史沿革及分布情况

高抬火轿舞蹈艺术的主要发源地是沁阳市山王庄镇的万善村。历史记载该节目经朱元璋第九世孙、布衣王子朱载堉亲自修整,并保留有朱载堉“锣鼓经谱”和“醒世词”“情理词”等内容。朱载堉还将当地盛行于宋代的“抬花轿闹新春”风俗赋予了更新的形式、更深的内涵,将白天表演改为晚上,将普通花轿改为火轿,布轿改为纱轿,轿的四周插上蜡烛点燃,火旺财旺,后经历代民间艺人传承保留至今。目前,其主要分布在焦作市及古怀府所辖区域、巩义、晋城等地方。整个表演队伍需要100多人,表演起来如同人潮涌动,行如流水。每年从大年初一表演到元宵佳节,南到洛阳、巩义,北至山西泽州,方圆百里的群众常骡驮马载,结伴前来观看盛况空前。

二、基本内容及艺术特征

高抬火轿的表演是舞蹈和说唱相结合,用管子、唢呐和锣鼓伴奏。其表演形式和规模主要分为三大类。第一类是模拟皇帝巡游的场景,用人最多,最壮观,场景气氛最热烈,参加表演的可达数百人,但是表演难度也最大。有宫灯、纱灯、祥伞、棋子灯,回避、肃静牌等灯具。还有文武大臣、宫女数十人在轿两旁随行,轿前踩高跷的装扮成社会各阶层的人物。舞蹈节目主要反映一年四季风调雨顺、五谷丰登、安居乐业的喜庆欢乐场面。第二类是清官大老爷体察民情的场景。轿子周围是各种打扮的百姓,围着轿子踩鼓点表演。表演的舞蹈有“豆叶黄”“丰收乐”“王大娘钉缸”等,唱的内容大部分是“醒世词”“情理词”和自编的内容。第三类是平常百姓娶亲嫁女的生活场景。到了近代主要以第二类和第三类为主要表演形式了。高抬火轿舞蹈艺术在明末清初得到了很大发展。从新中国成立初期到20世纪70年代,“高抬火轿”仍是当地春节民间艺术会演中最优秀的保留节目。

三、传承谱系及代表性人物

2007年2月,高抬火轿成功入选河南省首批非物质文化遗产名录。2008年6月14日,高抬火轿又成功入选国家第一批非物质文化遗产扩展项目名录。2008年6月23日,沁阳市的刘全智、张生明、卫平均被河南省文化厅授予“首批省级非物质文化遗产代表性传承人”称号。

四、主要价值

“高抬火轿”是河南省沁阳市山王庄镇万南村特有的大型民间集体舞蹈艺术,是国家级非物质文化遗产,是河南省第一批非物质文化遗产。

五、目前保护情况

在现代经济大潮下，高抬火轿的存在与发展面临着诸多危机，一是高抬火轿是一项大型的集体舞蹈表演节目。占人多，组织成本高。二是高抬火轿是一项难度较大的表演节目，表演者必须掌握一定专业技巧，必须有一支固定的表演队伍。但现在年轻人大多选择常年外出务工或经商，组织困难。三是“高抬火轿”艺人多年事已高，后继乏人，精彩技艺可能随之失传。为弘扬发展高抬火轿舞蹈这一独特的民间艺术，沁阳市政府采取了一系列措施。一是派出专人到该村调查了解，对该项目进行挖掘和整理，并将调查资料进行归类、整理并存档；二是制定详细的保护措施，不断加大对传承人的保护力度。三是不断组织会演，提高节目的知名度与影响力。

第九节　耍老虎

一、历史沿革及分布情况

据说西汉时期就出现了虎舞并流传于黄河中游，耍老虎最早可追溯到明朝，省级项目分别为中站区常家武虎、小尚虎舞、沁阳市言状老虎、温县耍老虎。中站区常家武虎、小尚虎舞由民间艺人将武术与舞虎糅合创编成形，表演中常有徒手或手持武器斗虎的情节；温县耍老虎表演中战鼓雷动、老虎气势生猛、威严，体现了无畏的勇士精神；沁阳市言状老虎的产生与道教有很大联系，每年祭祀二仙奶奶魏华存的仪式上，耍老虎等民间社火各显绝技，虎舞表演中常有道士手持拂尘驯服老虎的情节，极有深意。

二、基本内容及艺术特征

耍老虎由虎舞、仪仗乐队两部分组成，其表演形式、套路归纳起来大致有以下三种：一是平地虎：舞虎者在平地做出各种惊险动作；二是丘陵虎：场内中间放置由二十张方桌、两把柳圈椅叠成的高 2.5 米的表演台，舞虎者逐级登上高台，做出惊险虎形动作；三是高山虎：上 3 米梯或用几十条木凳搭成七、八米高架，顶上放大椅，一只或数只老虎攀登表演。仪仗乐队由打击乐器鼓、锣、镲、各色彩旗、火铳等组成。祖先们从虎中之王老虎的腾、跳、扑、卧等动作中受到启发，以虎的生猛和威严彰显出骁勇善战的武士精神，并融合武术、战争、宗教等元素，创编了这一独特的民间舞蹈。

三、传承谱系及代表性人物

焦作耍老虎传统舞蹈在焦作辖区广为流传，其中中站区常家武虎、中站区小尚虎舞、温县西周村虎舞和沁阳言状老虎最为典型。2018 年 5 月，郑小永确定为第五批国家级非物质文化遗产代表性项目代表性传承人。郑小永较全面系统地掌握了传统舞蹈耍老虎之“打击乐”、“虎架子”等各种艺术表现形式，郑小永传承谱系清晰，并形成了自己的独特风格和技艺特点。

四、主要价值

它已成为怀川人民不可或缺的文化符号，在增强民族凝聚力等方面具有重大社会价值；它集舞蹈的艺术性、武术的阳刚性、杂技的惊险性于一体，显示出这一族群以此为对象来认知自然、社会的手段，具有高超的文化、艺术价值。

五、目前保护情况

2012 年，要老虎被列入第三批河南省省级非物质文化遗产名录；2014 年，要老虎被列入第四批国家级非物质文化遗产名录。

第九章

河南省传统戏剧类非物质文化遗产档案资源

第一节　豫　剧

一、历史沿革及分布情况

豫剧在声腔上属梆子腔系，据清李绿园于乾隆四十二年(1777)成书的《岐路灯》和乾隆五十三年(1788)《杞县志》记载，当时本地梆子戏已在开封、杞县一带盛行，并曾与罗戏、卷戏合班演出，称为“梆罗卷”。因为河南省简称“豫”，新中国成立后定名为豫剧。是河南省的主要剧种之一。

二、基本内容及艺术特征

豫剧音乐分有四个流派：以开封为中心的唱法称“祥福调”；以商丘为中心的唱法称“豫东调”，又称东路调；以洛阳为中心流传的唱法称为“豫西调”，又称西府调、靠山簧；豫东南沙河流域流传的唱法称“沙河调”，又称本地梆。豫剧音乐丰富多彩，曲调流畅，节奏鲜明，文场柔和舒畅，武场炽烈劲切，艺术风格豪迈激越。唱腔结构为板式变化体。唱词通俗易懂，多为七字句或十字句。

三、传承谱系及代表人物

1927年后，豫剧界出现了女演员王润枝、马双枝、陈素真、常香玉等，她们先后在开封等城市演出中，吸收了坠子、大鼓、京剧的一些唱腔、剧目和表演；又有樊粹庭、王镇南等为陈素真、常香玉等编写了一批新戏，使豫剧的舞台艺术发生了显著变化。1938年，常香玉在豫西调的基础上，吸收豫东调的一些唱腔，突破界限，形成新的流派。陈素真、崔兰田、马金凤、阎立品等，也各以自己独特的风格卓然成家。小生赵义庭、须生唐喜成、黑脸李斯忠也成为各具特色的名演员。1949年以后，河南豫剧院三团，以演现代戏为主，创作了许多新戏新腔，并培养出一批以演现代戏见长的演员，如高洁、魏云、柳兰芳、马琳、王善朴等。

四、主要价值

豫剧是中原地区较有代表性的戏剧，它是一种历史文化资源，代表人类生活的一个历史阶段，也是农村乡土环境重要的活的见证。

五、目前保护情况

地方政府的大力支持和重视是豫剧能够在流布地域广泛传播和发展的重要原因。豫剧多年来在全国传播和发展的经验表明，流布地域的地方政府对豫剧艺术的大力支持和重视是豫剧能在全国广泛传播和发展的重要原因之一，当地政府能以一种“海纳百川，有容乃大”的大文化观来看待豫剧这一民族艺术，积极扶持豫剧在当地的传播和发展。由于豫剧的传播和流布已不再仅仅局限于河南，因此必须以一种“大豫剧”“大保护”的观念来促进豫剧的保护和发展，关注外省豫剧的发展。要举办全国豫剧节、全国豫剧会演、全国豫剧演员大赛等活动，促进全国豫剧团之间的联络、沟通、交流，促进豫剧人才在全国的有效流动，形成一个立足河南、辐射周边、影响全国的豫剧发展大格局。

第二节　大平调

一、历史沿革及分布情况

大平调的历史有文字可考的，可追溯到明代弘治年间。据弦治十一年(1498 年)《滑台重修明福寺碑记》中记载:“除修葺佛塔外，敬献大梆红、大弦戏各一出”。明清以来，在黄河南北有大小十几个大平调班社，清道光中期(约 1830 年左右)菏泽市成立了“双盛社”，随后又有东明县东明集的“发深班”、曹县的“袁豁子班”，菏泽市龙宝田的“德盛班”等大平调班社。大平调的来源说法不一，1937 年邹少和在《豫剧考略》中说:“梆剧发源于郑卫之乡……豫南有平调、大梆剧。皆其支裔也。”这就是说，大平调是豫剧的一个支派。也有人说，大平调的表演和动作和木偶戏的表演动作相似，可能是由木偶戏演变而成的。

据记载，大平调正式定名的时间大约是在 20 世纪 50 年代之后，2006 年由山东省菏泽市牡丹区、东明县申报，批准为山东省第一批省级非物质文化遗产名录。

二、基本内容及艺术特征

大平调是我国稀有剧种之一。其剧目多以黑脸、红脸的“袍带戏”为主，如《斩黄袍》《收姜维》等。大平调的唱腔音乐属于梆子腔系统，为板式变化体。它的唱腔发声一般都用真嗓，唯“头板”“拐头钉”等板式的起板时，尾声使用极高的假嗓，俗称“带喊儿”，颇有特色。艺术风格上比豫剧更加粗犷豪放，场面宏大，唱做念打并重;表演粗犷夸张，糅合杂技、武术等艺术精华形成了独特的形体表演风格。

由于平调历史悠久，它的板腔体的唱腔风格独特，音乐曲牌雄厚。在唱法上用真声吐字，假声行腔，甩腔时翻高八度，后音挂“讴”，声激音扬，极富韵味。

三、传承谱系及代表性人物

明清以来，在黄河南北有大小十几个大平调班社，清道光中期(约1830年)菏泽市成立了“双盛社”，随后又有东明县东明集的“发深班”、曹县的“袁豁子班”，菏泽市龙宝田的“德盛班”等大平调班社。这些班社在常年的演出中，先后培养了一批较有成就的演员。如花脸岳秀海，张金臣，旦角郭文荣，小生张合义，黑脸张文祥，红脸郭盛高、彭盛江等。

四、主要价值

大平调在长期的发展过程中积累了相当丰富的剧目，具统计有600余出，现保留下来的只有200余出，经常演出的传统剧目有180余个，其内容大多取材于《东周列国志》《三国演义》《水浒传》《隋唐演义》《杨家将》《说岳全传》《包公案》《大红袍》等历史古典小说，角色多以生(红脸)、净(黑脸)的“袍带戏”为主，民间生活故事戏较少。

五、目前保护情况

这个传承了数百年、在黄河两岸颇有影响的古老剧种、具有戏曲活化石之称的濮阳大平调，正在面临失传的危险。为了保护这一稀有剧种，2004年经濮阳市文化局积极推荐，濮阳大平调被列入“河南省民族民间文化保护工程首批试点保护项目”。同年11月，濮阳大平调参加了“河南省首届民间优秀戏曲会演”，荣获四项金奖。有关部门开展了抢救性录制濒临失传的大平调的活动。省内音像界人士称，这次活动对保护、抢救大平调这一少数剧种，传承和发展地方戏曲艺术事业有着十分重要的意义。

第三节　曲　剧

一、历史沿革及分布情况

曲剧是在河南曲艺的基础上发展而成的，起初的形式是由表演者边踩高跷边唱曲子，后来逐渐发展成为高台曲。鼓子曲是一种曲牌连缀体式的说唱艺术，演唱时，三五人自执檀板击节，一反以前的三弦伴奏形式，需要帮腔处就一起帮腔。每一曲目，均按一定的曲牌顺序来演唱。约于清末民初，出现鼓子曲与踩高跷相结合的形式，称为“高跷曲”。它最初出现的时候，既不化装，也不分行当，只是由数人踩高跷唱有故事情节的曲子，以三弦等乐器伴奏，走街串坊。发展至1920年前后，才出现了有简单化装和粗略的行当分工的高跷曲，多数演出鼓子曲中大多有人物故事的民间传说脚本，如《小姑贤》《打皂》《小打鱼》等。“高跷曲”去掉高跷拐子并登上戏剧舞台，是它由一般的民间歌舞演变为正式的“高台曲”这种戏曲形式的标志性事件，形成曲剧发展的一个质的飞跃。

二、基本内容及艺术特征

河南曲剧的唱腔是采用曲牌体式。最初登上舞台时，曲剧的腔调大多采用《杂牌小调》的形式，仅有《阳调》《剪靛花》《诗篇》等十余支。后逐渐吸收流行于南阳一带的曲艺"大调曲"，丰富了唱腔的形式。曲剧的曲牌大多由两句、三句、四句以及各种垛子组成，有大牌子（大调）、中小杂牌（小调）和丝弦曲牌之分。风格质朴、自然、婉转、柔美，悠扬缠绵，抒情性强，生活气息浓郁。

三、传承谱系及代表人物

河南对曲剧界的泰斗有这样的称号："南牛北马"。这种说法来源于20世纪80年代后期，其中的"南牛"是南阳曲剧团的牛长鑫，"北马"则是洛阳曲剧团的马骐，相差近20岁的两位著名曲剧表演艺术家，一南一北，遥相呼应，以不同艺术风格各领风骚。

四、主要价值

曲剧是中原地区较有代表性的戏剧，它是一种历史文化资源，也是农村乡土环境重要的活的见证。

五、目前保护情况

2006年，河南曲剧入选第一批国家级非物质文化遗产名录。河南省曲剧艺术保护传承中心承担曲剧非物质文化遗产的保护、传承任务，编演传统和现代曲剧，为社会主义精神文明建设服务。2019年11月，《国家级非物质文化遗产代表性项目保护单位名单》公布，河南省曲剧艺术保护传承中心获得"曲剧"项目保护单位资格。

第四节　宛　梆

一、历史沿革及分布情况

宛梆（南阳梆子），是生长形成于南阳市的古老剧种之一。它的历史悠久，源远流长。早期人们称它为"西调""南阳调""乱弹""老梆子"，新中国成立后更名为"宛梆"。它是明末清初由陕西同州梆子传入南阳市，结合南阳民歌小调，乡音俚语，逐渐演变而成的戏曲剧种。它基本上保持着河南梆子的早期精华和原始音乐形态，其唱腔优美，风格独特，迄今已有300余年历史。目前，仅存内乡县一个专业剧团，号称"天下第一团"。

宛梆是一个稀有的地方戏曲剧种，它生长并流布河南西南部的南阳及周边广大地区，早期人们称它为唧唧梆、老梆子、南阳梆子等，因南阳古称为"宛"，故1956年南阳行署正式将其命名为"宛梆"。

二、基本内容及艺术特征

宛梆的剧目可分为三种，一是传统剧目，二是移植兄弟剧种的剧目，三是不同时期的创编剧目。传统剧目有“四征”“四铡”“八大山”“大、小十八本”等数百个，四征又分《雷振海征北》《马三保征东》等男“四征”和《穆桂英征东》《樊梨花征西》等女“四征”，以及《秦英征西》《姚刚征南》《燕王扫北》等武生戏；四铡有《铡西宫》《铡越王》等；八大山有《两郎山》《豹头山》《青铜山》等征战戏；“大、小十八本”包括哪些剧目各说不一。

三、传承谱系及代表人物

1993 年至今，剧团历任团长李兆冉、周成顺、刘铁民等自觉地以宛梆艺术的继承和发展为己任，带领全体演员，在艺术的保护、传承和剧团的生存模式上不断探索，终于在 1998 年创作排演新编历史剧《三院禁约碑》，获得省“五个一工程”奖；2002 年，剧团被文化部授予“全国文化工作先进集体”称号。

四、主要价值

宛梆既有陕西梆子的高亢激越，又有中原音乐的平整规范，还有楚乐的委婉清丽，它用以烘托感情的假腔为高八度无字行腔，系宛腔一绝，具有独特的艺术价值。受中原文化、秦晋文化和楚文化共同滋养的宛梆是研究河南梆子早期生态的标本。

宛梆是梆子腔剧的重要组成部分，它在长达 300 余年的发展历史中，与南阳的地理、政治、经济、文化等有紧密的联系，反映了南阳民众的文化价值观、道德水准和情感方式，一直以来很受人们的喜爱。

五、目前保护情况

20 世纪 30 年代以来，由于豫剧、河南曲剧的兴起和迅速流传，宛梆渐趋衰落，至目前只剩下内乡县一家国有宛梆专业剧团还在艰难地传承着这一古老的民族艺术火种，有必要及时加以抢救和维护。

国家非常重视非物质文化遗产的保护，2006 年 5 月 20 日，宛梆经国务院批准列入第一批国家非物质文化遗产名录。

第五节　怀　梆

一、历史沿革及分布情况

关于怀梆的来源，至今尚无定论，一说是河南梆子“稍事变通，行于沁阳一带者，曰怀调，亦曰怀梆”；一说是在当地民间说唱艺术“海神戏”的基础上，吸收了豫剧、上党梆子的演唱艺术而形成的。清末民初，怀梆发展比较兴盛，不仅怀庆府八县——沁阳、孟县（孟州市)、武陟、修武、获嘉、济源、温县、原阳,都有怀梆的专业戏班,有的县甚至多至七八个。豫北的大部分地区有怀梆的足迹。

二、基本内容及艺术特征

怀梆戏班中一般分为"海神班"和"江湖班"。所谓"海神班",实际上是一种行会组织的戏班,又称"行戏",多为有权势的官绅所把持,如沁阳市就有所谓的"艺乐社""铜锣会""溥青会"等组织,在这行会组织中各有自己的"海神班"有两班者,称"头班""二班"。

怀梆传统剧目有三百多个,多为历史故事的"袍带戏",也有少量反映青年男女的爱情戏。这些剧目有:《渭水河》《头冀州》《二冀州》《绝阳岭》《李刚打朝》《金鸡岭》《七贤牌》《收王虎》《阴门阵》《孙伯灵下山》《张仪伐苏秦》《金盆记》《三路遇》《韩信算卦》《收姬昌》《收岑彭》《收吴汉》《姚刚征南》等。

三、传承谱系及代表性人物

可以说,民间多才多艺的农民,就是怀梆艺术的原始创造者。怀梆从清朝中叶到民国年间,怀梆戏得到了快速发展,出现了马丑妞、李永泰、乔庆云、吕连人等一大批有影响的著名艺人。当怀梆形成独具特色的地方剧种之后,产生了各自不同的唱法和流派;所谓"东路怀梆"和"西路怀梆",主要是地域的差别,以焦作为中心,流传在焦作以东一带均为东路怀梆;流传在焦作以西一带则为西路怀梆。东路怀梆以著名老艺人崔福岭(拐兰孩)(1904—1999)为代表,他以旦角戏出众,包括一些生、净行,其唱腔柔和、起腔平稳,吐字清晰,韵味醇厚。西路怀梆以"盖八县"脱须老生张树柱(麻柱)(1892—1978)为代表,以文武老生著称。他所带领的剧团经常演出《两狼山》《七郎八虎闯幽州》等。赵玉清,中国戏剧家协会会员,1956 年师承怀梆著名老艺人"脱俗先生"张树柱、"金嗓铁喉"李发贵两位先生,成为豫西北地区怀梆剧种第五代传人。1998 年,赵玉清同郭全仁等十几位怀梆老艺术家,自发成立了沁阳市怀梆协会,培养出了以"小玉清"张素礼为主的几个怀梆名角,成为新怀梆的传承人。

四、主要价值

怀梆唱腔以梆定板,长期流行于民间,念白、音乐等方面都带有浓厚的地方色彩与乡土气息。它在唱腔、伴奏、表演等方面都具有粗犷、奔放、豪迈、激越之特点,慷慨激昂,唱作并举,载歌载舞,深受当地群众的喜爱。20 世纪 50 年代,怀梆的表演开始趋于规范化,大胆地吸收了其他剧种的表演程式和艺术精华。经常聘请京剧界的教师帮助排戏,京剧的身段、把子功普遍被怀梆的各行当吸收,丰富了怀梆的表演形式。

五、目前保护情况

2005 年,在二仙庙三月三庙会期间,沁阳市举办了为时 6 天的焦作市首届"神农山杯"怀梆大奖赛,23 个业余怀梆演出团体参加了比赛。2005 年 8 月,焦作市召开了两次"怀梆艺术研讨会",专门讨论研究怀梆的抢救、保护和发展问题。

第六节　越　调

一、历史沿革及分布情况

越调是河南省地方戏曲剧种之一。它主要流行于河南省的南部、东部,以及湖北省的西北地区、陕西省的东南部分、安徽省西北的一部分、山西省的东南和河北省的南部的部分地区。越调的主奏乐器早期是象鼻四弦,后来一般用坠胡。越调除戏曲形式外还有曲艺和木偶两支分支。在1942年时,河南发生大旱,其间许多越调艺人(如张桂兰)等都曾转入过地摊说唱,等灾荒过后,再重新回到舞台来演唱戏曲。木偶的越调分支在南阳一带仍然十分盛行,其中有些民间职业木偶艺人至今仍十分活跃。

二、基本内容及艺术特征

越调在唱词上,其原有的传统戏结构十分严密,唱词少,道白多,语句相对比较文雅深奥,在唱调上也按一定的曲牌和调门演唱。现代剧中大都是根据说唱的故事和小说新编的剧目,唱词多,道白少,通俗易懂。越调在唱腔曲牌上一向有"九腔十八调七十二调口"的说法。越调在演唱的时候以真嗓为主,假嗓为辅。早在清朝末年曾经盛行的句尾拖腔的形式,以假嗓八度上挑的唱法,现今已经极少被使用。何全志、袁秀莲、叶祥成等入选越调国家级非物质文化遗产传承人。

三、传承谱系及代表人物

1947年中国人民解放军解放邓县,帮助史道玉成立越调剧团。同年,申凤梅申秀梅姐妹所在越调班在郾城参加中国人民解放军第二野战军,随军演出。1950年前后,在人民政府的支持下,毛爱莲等组织了红光剧社。1957年8月睢县团参加首届河南省戏曲会演,主要演员李玉花获二等演员奖,高林卿获三等演员奖,白崇亮获音乐一等奖。李高排演敢干的姑娘获地区会演二等演出奖。

四、主要价值

越调是中原地区较有代表性的戏剧,它是一种历史文化资源,也是农村乡土环境重要的活的见证。

五、目前保护情况

2008年,河南越调入选第二批国家级非物质文化遗产名录。在计划经济向市场经济转变的进程中,越调举步维艰,每况愈下,过去那种"满城锣鼓万人迷,村村都有越调戏"的喜人景象早已风光不再。现在河南全省只剩下河南省越调剧团和许昌市越调剧团两个专业演出团体,资金缺乏,新剧目产生困难,艺术人才青黄不接。

第七节　大弦戏

一、历史沿革及分布情况

濮阳大弦戏源于唐代宫廷音乐。在王国维《宋元戏曲史》一书中提到的诸多唐宋大曲里，其中《黄莺儿》《出队子》《调笑令》《滚绣球》《海里花》《江头金桂》《拉花甘州》等均原汁原味地保留在大弦戏的曲牌之中，从其拥有众多大曲和在大曲中又有其核心"五大套曲"的情形来看，宋代以前大曲联套现象在该剧种得以印正。

至今还保持着古代的演出形式，如唐代以前的"跳加官"戏和宋元杂剧中的"滑稽戏"（如"拉江须"，"打关西"等），"拴搐艳段"（如"拐妗子""奇中遇""观灯"等）、"赤脚戏"（如"薛刚打朝""西岐""红 大弦戏娘下书"等）。这些特征证明濮阳大弦戏至少在宋代即已存在，元代趋于成熟，明初进入鼎盛期。清光绪年间，易名"大兴班"。

二、基本内容及艺术特色

濮阳大弦戏主要乐器为三弦、锡笛、大笛、锣笛、横笛和笙。用锡笛伴奏的称为细曲，用大笛、锣笛、横笛伴奏的中锡笛为大弦戏祖传独有的乐器。大弦戏唱腔音乐为曲牌体，主要由五大套曲和散曲组成，称为粗曲，其上妆。

五大套曲为：一、"海里花""江头金桂"；二、"高黄莺""塌黄莺"；三、"驻云飞""驻马听"；四、"懒画眉""懒画杆"；五、"二反""皂角"；散曲有"山坡羊""步步娇"等，还有部分吸收了"青阳腔""石牌腔""弦索高腔""罗罗腔"及民间俗曲小令。唱腔多于尾音处提高八度，道白多用韵白，且以三弦伴奏。在表现武戏场面时用大铙、大钹和大号，以烘托紧张、激越的气氛。

三、传承谱系及代表人物

王秀兰 1954 年 8 月入大弦子戏剧团坐科学艺，先后师从大弦子戏名角郝福云（丑）、董宝进（旦）、吴庆月（旦、生）、戴建成（旦、生）、陈冠福（丑）等，生、旦双修。1955 年，所在戏班升为国有定陶县曙光剧团，1959 年，曙光剧团上划菏泽地区，成立菏泽地区大弦子剧团。

王秀兰先后收徒多人，菏泽地区大弦子剧团三位旦角主演，均出其门下。王秀兰离开剧团后坚持练功，经常参加业余演出，对本地业余大弦子剧团进行业务指导，积极参与对大弦子戏传统剧目的整理保护，配合有关部门记诵词、曲，联合其他大弦子戏演员排演折子戏，灌制录音、拍摄录像。

四、主要价值

民间相传大弦戏是起源于唐朝宫廷御戏，距今已有 1000 多年的历史了，是我国较为古老的多声腔稀有剧种，因此被称为戏曲艺术的活化石，无论是在剧目、音乐还是在表演上，大弦戏都基本保持了原生态的面貌，让人感受到唐代参军戏、唐宋大曲大弦和宋元杂剧的遗韵，具有很高的历史研究价值。对此进行系统的探讨，有助于对大弦戏发展进程的了解和文化价值的理性思考。

五、目前保护情况

大弦戏是现今流传于豫北和鲁西南部分地区的一个稀有剧种，现在全国只有河南滑县、濮阳两县各有一个正式剧团。2008 年，河南大弦戏入选第一批国家级非物质文化遗产名录。目前，河南仅有濮阳大弦戏剧团和滑县大弦戏剧团两个专业演出团体，由于经费紧张，演员经济收入逐年减少，生存和演出条件急遽恶化，表演人才青黄不接，许多剧目、曲牌、特技失传。河南省滑县大弦戏传承保护中心承担推进大弦戏非物质文化遗产的保护和传承工作。

第八节　四平调

一、历史沿革及其分布情况

1930 年前后，花鼓艺人庞学文、杜学诗（绰号“黑云彩”）的花鼓班到济南后，得到南岗子（今新市场）戏院主人支持，凭借旧戏箱及全套锣鼓，开始登台演出。1934 年，邹玉振的花鼓班与他们合班，称大兴班，群众呼之为“老梆子”。抗日战争爆发后，他们流亡到安徽的界首、阜阳一带，改名为“山东老调”“山东干砸梆”“文明花鼓”，并曾与评剧合班，移植了一些剧目，吸收了京剧、评剧的表演程式，得到充实和提高。1945 年春，燕玉成、李玉田、刘汉培和杨学智（豫剧琴师）等，对花鼓戏的音乐唱腔进行研究，相继吸收了豫剧、评剧、京剧的唱腔，增加了弦乐伴奏，形成后来的四平调。

二、基本内容及艺术特征

四平调以花鼓为基础，同时又大量吸收了其他姊妹剧种的艺术营养，形成了具有浓厚地域特点的艺术风格。女声在质朴之中不失委婉俏丽，男声则高昂豪放、刚柔兼备，保留着较强的说唱特征。

四平调与二黄声腔很接近，四平调也叫平板二黄，它是从安徽青阳腔的滚调进一步发展而成的，在京剧传统剧目中除了花脸行当外，其他各行当均有四平调唱腔。四平调唱腔与二黄原板相近，兼备了西皮二黄两种风格的腔调，京胡要用二黄把位伴奏。四平调的板式不多，只有原板、慢板两种板式，而这两种板式的旋律基本相同，只是节奏和行进速度上有别。我们把中速节奏称之为四平调原板，把慢节奏称之为四平调慢板。

三、传承谱系及代表性人物

自明朝以后，由于昆腔、高腔，皮黄及梆子腔的兴起，影响和推动了各种戏曲艺术形式的发展。以砀山一带为中心的东、南、西、北各路花鼓在清朝末年，先后通过各种不同的渠道，分别演变为另外的几个剧种。

1940年在安徽省界首与河南曲剧李金波、陈万顺、杨福德等人同台演出时，由于曲剧当时有弦乐，无打击乐，而花鼓则有打击乐而无弦乐的丝弦件奏效果，影响着花鼓艺人，从而使花鼓艺人产生了增加弦乐的强烈愿望。

四平调这一年轻剧种，在老文艺工作者和艺人们的共同努力下，使其唱腔音乐逐步丰富、完善、表演技艺和舞台美术等日趋提高。同时也自行加工整理了一批传统戏，如《梅香》《三告李彦明》《回龙传》《绿牡丹》《珍珠衫》《小包公》等一百多个剧目，还创作了《扒瓜园》《体己钱》《送货路上》《谢媒人》《生日泪》《母亲》《家庭风波》等现代题材剧目。

四、主要价值

四平调是有着深厚群众基础的戏曲剧种，《陈三两爬堂》《小包公》《哑女告状》等都是深受群众欢迎的剧目。同时，由于四平调从始至今的演变发展过程脉络清晰，有证有据，被人称为是“中国戏曲发展的一个缩影”，在中国的戏曲艺术中有着特殊的地位，是中国民间艺术中的一朵奇葩。

五、目前保护情况

国家非常重视非物质文化遗产的保护，2006年5月20日，四平调经国务院批准列入第一批国家非物质文化遗产名录。

第十章

河南省曲艺类非物质文化遗产档案资源

第一节 河洛大鼓

一、历史沿革及分布情况

河洛大鼓发源于华夏文明的摇篮——河洛地区，是在“洛阳琴书”的基础上，融入南阳“鼓儿词”的伴奏乐器和表演形式，并引入河南坠子的唱腔和伴奏乐器坠琴发展而来的一种说唱艺术形式[1]。河洛大鼓原名鼓碰弦、洛阳大鼓，主要流行于洛阳。形成时间大约在 1900 年前后，即清代光绪末年。1952 年在洛阳地区的一次曲艺会议上，以河南洛阳大鼓之意改名为河洛大鼓。从此河洛大鼓的名称在短暂的时间内流传并沿用至今。

二、基本内容及艺术特征

河洛大鼓是一种以说、唱为艺术表演手段，叙述故事、塑造人物、表达思想感情、歌唱社会生活的传统音乐。当地人都称河洛大鼓为“说书”，至今在洛阳一带常把“说书唱戏”联在一起。

河洛大鼓内容丰富多彩。

（一）取材于其他曲艺中的精彩片段

这类书吸收其他类鼓书的精华，经过艺人的再加工和创新，逐渐形成了自己的特色。从河南大鼓书和评书中的长篇书目中截取精彩的片段，有公案类的、武侠类的，成为河洛大鼓艺人常年说唱的书目。如《包公案》《红风传》《刘公案》等。

（二）贴近现实生活的新曲目

艺人根据现实生活中的事例，从中挖掘有意义的素材，加上自己的等再创作，形成新的曲目。如《解放洛阳》《李老三修渠》《黄河激浪》，配合现实生活，生动有趣，反映新社会的一些新鲜事，是河洛大鼓在新时期能够成为民众娱乐生活主要组成的主要原因。

河洛大鼓的音乐欢快活泼，表现力丰富，并且具有鲜明的地方风格，其重要原因来自于别具一格的音乐形态。河洛大鼓的音乐形态主要有四个鲜明的特征。

1. 集多种地方音乐素材为一体的曲调形态

河洛大鼓的曲调来源于河南地方区域的多个剧种或曲种，如梆子、曲子、河南坠子，还有承袭洛阳琴书的曲调等，所以音乐的构成为非单一性的，而是具有区域重构性质的音乐，即在河南区域范围内的跨地区（洛阳、南阳、郑州、开封）重构，是一个具有多重音调资源融合特点的曲艺音乐品种。在河洛大鼓音调中很难在其唱腔中找到它的原型，豫剧、曲剧、河南坠子的音调，这是因为河洛大鼓艺人具有极强的吸收和融合能力，他们从丰富的地方曲调中，吸纳相关的音乐素材，并将其重组为全新的鲜活的音乐语汇，巧妙地融入各种唱腔板式中，使其成为叙述故事情节与描写人物性格的表现手段，从而大大增强了河洛大鼓的音乐表现力，形成了独具特色的豫西地区曲调形态。

2. 以河南方言音韵为基础的旋律形态

河洛大鼓是用河南方言说唱的曲种。河南方言的语音系统奠定了河洛大鼓演唱的音韵基础，并构建了以河南方言为音韵基础的旋律形态。河南方言以特有的四声调值规律影响了旋律的发展形态，同时也赋予它独特的音乐色彩和浓郁的地方风格。

3. 以多种唱腔板式组合为体系的结构形态

河洛大鼓音乐是由多种唱腔板式组合的板腔体结构，主要唱腔板式是平板又名二八板，其他常用唱腔板式有：引腔、起腔、坠子口、三字紧、落板、五字垛、十字句、飞板、叹腔、凤凰三点头、垛板、滚口白、武板等十几种板式。这些丰富的唱腔在叙述故事情节、描写人物性格与心理时，都各具独特的效果。这种根据故事的篇幅、情节发展和刻画人物的需要所组合成的板腔序列，构成了河洛大鼓的音乐结构形态。

4. 以宫调式为体系兼及离调与转调的调式结构

河洛大鼓的调式是以宫为主音的宫调式，具有色彩明亮的表现特点，且构成了河洛大鼓的基本格调。宫调式具有色彩明亮及稳定的特性，十分符合河洛大鼓艺人乐观而坚定的艺术性格。与河洛文化有关，河洛地区是中原腹地，是中华民族的摇篮，在汉语文化史上居于举足轻重的地位。从语言和音乐这两个关系密切的角度看，中原雅音在古代汉族人心中有着不可动摇的中心地位，这种中心取向在民间也起着潜移默化的作用。

河洛大鼓大致有三种调式形态，五声、六声、七声调式形态，特别是常用于过门及前奏结束处的五声调式，被河洛大鼓艺人们称为“主旋律”。暂时离调形态，此种转调是一种短暂的、过渡性质的临时转调。它不是发生在段落的结束处，而是在段落中间出现的暂时离调。这是河洛大鼓艺人为了形成音乐的对比和色彩上的变化，而用的一种转调手法。四度旋宫转调形态，此种转调形态出现在由第二代艺人张天培创立的坠子口或玉林板的唱腔中。这是张天培用来解决音乐唱腔的调高与演唱者音域的矛盾的一种手法。

河洛大鼓的艺人们，在创作中运用了宫调体系内暂时离调和四度旋宫转调的调式手法，避免了一种调式长时间盘旋而情绪单一的音乐效果，产生了较为丰富的色彩对比，提高了河洛大鼓的音乐表现力，并且以它独特的调式形态，显示出民间音乐自然纯朴的艺术魅力。

三、传承谱系及代表性人物

追其本源，河洛大鼓的第一代创始人有段雁、胡南方、李禄、吕六。1925年左右，河洛大鼓的第一代艺人如日中天，犹在盛年，第二代艺人已昂然崛起，其代表人物为张天倍、胡书进、马营、陈明智、段文标和贾玉堂等。而第二代传人中有"说书状元"之称的张天倍，在洛阳几乎家喻户晓;20世纪40年代以后，河洛大鼓得到进一步完善和发展。在此时间，涌现出了以程文和为首的第三代艺人。第三代艺人中出类拔萃者还有偃师县的寇松林、陆庚照、秦天元、王丙寅、巩县(现巩义市)的崔坤、陈有功，宜阳的冯保柱、刘保军，洛阳市郊的李德修、肖金德，孟津的周廷奎等。中华人民共和国成立至20世纪60年代初，是河洛大鼓的鼎盛期。河洛大鼓第四代艺人已开始崭露头角，其拔尖人物，如偃师段介平、陆四辈、牛共禄、邓存治、王太平，孟津的韩朝渊、李玉山，新安的姜治民、郭书德，以及巩县的尚继业等。

四、主要价值

河洛大鼓是河洛文化中的一个闪亮的珍珠，是河洛文化在音乐艺术领域中的光辉结晶。河洛大鼓在草创时就推崇高尚的道德、健康的思想。新中国成立后，河洛大鼓艺人积极创编新的书段，大力宣传党的方针政策，发挥文化"轻骑兵"的优势，以独特的艺术形式起到了传播先进文化的作用。程有为先生指出:"河洛文化的内涵，用的是广义的文化概念，就是河洛地区的先民所创造的物质财富和精神财富的总和。"在河洛文化的沃土中滋长生成的河洛大鼓，不仅是中国传统音乐的组成部分，也是河洛文化不容忽视的构成因素，河洛大鼓影响了人们的文化生活，在社会中起到了审美、传播乃至保存历史信息的作用。

五、目前保护情况

随着电视的普及、网络的发展，各种娱乐活动层出不穷。科技日新月异，社会万象更新，人们拥有了更多休闲方式和欣赏对象。随着生活节奏的加快，人们也渐渐不能沉下心来仔细聆听节奏缓慢的说唱艺术，人们开始需要刺激，热爱狂热，追求表面，于是快餐文化，商业艺术迅速占领市场，使得类似戏剧、说书等这些传统的艺术逐渐被大众淡忘。另外，随着经济体制的改革，承包制和自负盈亏使得许多曲艺组织生存艰难，甚至关门解散，青少年中能知道大鼓书这一艺术的更是寥寥无几。河洛大鼓已经面临后继无人的濒危困境。

随着2006年5月20日河洛大鼓被国务院批准列入第一批国家级非物质遗产名录，在各级政府相关机构的扶持下，河洛大鼓的抢救、保护工作又渐渐受到一些重视。在庙会表演、民俗博物馆、群众艺术馆、地方曲艺活动中，都能看到河洛大鼓的身影。然而这些宣传和支持远远不够，再加上河洛大鼓的艺术创作贫乏，推不出更多更好的作品，河洛大鼓俨然成为"夕阳艺术"。过去需要获得整理，传统中的精华需要我们去复兴。

第二节 河南坠子

一、历史沿革及分布情况

河南坠子，是产生并流行在河南省的一种民间说唱艺术，属于渔鼓、道情类曲种。大约130多前诞生于开封，至清光绪年间遍及豫东、豫西，在河南省大部分地区迅速发展，成为一种新兴的艺术形式。它是由原先流行在河南和皖北的道情、莺歌柳、三弦书等曲艺形式相互结合，在音乐唱腔等方面互相吸收融合后而形成的。新的唱腔和音乐结构的出现，是河南坠子形成的标志。

河南坠子的唱腔属于板式变化体，以吟诵性的平腔为基础，鲜明的徵调式为特征，唱念均以中州音韵为主，兼用少量的徽白，也吸收了一些普通话的字音。其表演形式以个人唱为主，伴奏乐器坠琴为辅。它的唱腔清新淳朴，优美动听，具有浓郁的乡土气息，贴近生活，易学易唱，为广大群众所喜闻乐见。

二、基本内容及艺术特征

河南坠子的音乐结构是板腔体，它的唱腔音乐为一个上句，一个下句的齐言对偶句。习惯上称坐上、下句，这种结构形势既是唱词的问题格式，也是唱调的乐段程式。其唱词多以“七字句”“十字句”的规整句式为主，也有由此变格而出的“混合句”“五字句”。无论何种句式，在一段唱词的句数中必须是成偶数的，即二、四、六、八……演唱时可加衬字，以达到流畅顺口的效果。

坠子唱腔音乐属板式变化体，平腔是基本板式。它是坠子音乐中用的最多、变化最丰富、最具特色的核心板式，对平腔的研究与分析，可以涵盖坠子音乐的基本特色，也是认识坠子音乐的关键。以下从坠子平腔的旋律特点、调式、节奏等方面研究坠子唱腔音乐的基本特点。

(一)坠子唱腔音乐的旋律特点

1. 高起低落，“搬高落矮”

坠子唱腔音乐的旋律走向总趋势是高起低落。具体到某一板式来说，就是开始部分的音高，随着唱腔的发展，中间有向上进行，但起伏不大，在完整句子的最后，总是落在低音上。

2. 多以五声正音为主，间或使用“7”“4”的偏音

3. 旋律有口语化特点

平腔具有词多腔少的特点，在词曲的节奏配合方面，多为一字一音或一字一拍，很少有拖腔，具有浓郁的说唱特点和朴实自然的风格。尤其在男艺人的唱词中，“词多腔少”的特点更为突出。

4. 四度音程跳进较多

许昌、郑州及洛阳一带的坠子唱腔音乐受豫西民间音乐四度进行的音调风格特征的影响,在旋律进行中多采用四度音程跳进的手法。

另外,坠子由于受流布地区的语言、语气、音调、风土人情及审美观念的影响,各个地区、各个流派的唱腔风格又有所不同。

(二)调式

坠子的音乐调式丰富多彩,其基本调式大致有两种。

1. 徵调式

它是坠子的基本调式,以五声正音为主的七声调式,偶尔以装饰音形态使用偏音,增加了唱腔的色彩。

2. 宫调式

河南坠子的平腔、五子嵌、十字韵等板式都是宫调式。传统坠子的落腔是徵调式,为了让结尾响亮有,经过赵峥的改革后,新时期的落腔也有用宫调式的。

(三)节奏

平腔对起音、落音的板眼处理十分细腻而独具特色。在歌唱性较强的段落,起音常在落拍、弱位,形成抑扬格的态势,造成一种节奏动力,又使语势闲的平顺、柔和,增加了抒情性。此外,句尾的落音也常在弱拍、弱位,同样是对抒情性的强调。

(四)多种音乐素材的融合

河南坠子的唱腔采用板腔变化的方法发展唱腔,在长期的发展过程中,结合中州音韵,吸收了中州地区的民间音乐特点。

三、传承谱系及代表性人物

河南坠子按照流传地域、流传时间以及演唱风格的差异,大致可以分为东路坠子、中路坠子、北路坠子三路流派。这三个流派虽然在艺术上各有特色,演唱的曲书目也不相同,但是音乐框架、伴奏乐器一致,没有其他的限制与禁忌,使得它们在发展中都互相学习,共同发展。

西路坠子又称中路坠子和上路坠子,它在河南坠子流派中形成最早、发展最快。在西路坠子发展过程中,先后曾涌现出许多优秀的演员和琴师,如王明福、丁志忠、李治邦、刘明霞、张凤枝、程玉兰、董桂枝、刘明枝、刘宗琴等。

东路坠子的代表人物有张大贵、徐玉兰、吕明琴、马艳秋等。

北路坠子的代表人物王巧珍,有“第五代坠子皇后”的美称,被评为全国曲艺十大明星之一。

四、主要价值

河南坠子作为河南民间最贴近群众生活的传统娱乐方式,其说唱的表演形式和善于反映现实生活的特点,非常契合群众的传统审美意识,着实体现了独特的艺术审美价值和文化传承价值,同时,坠子书词的内容和题材也使坠子艺术具有一定的教化价值。

五、目前保护情况

近半个多世纪以来,与国内绝大多数地区一样.河南传统曲艺文化的整体状况日趋萎缩。据相关调查统计,清代来年,河南省存活的曲种尚有 47 种,到了 20 世纪 80 年代,就已经多半消亡和近于失传,还在继续演出的不过寥寥数种而已。不但在国内其他省份河南坠子多已消绝,即使在它的发源地开封、郑州,也早已风光不再、日渐衰微。

我们也许不得不痛苦地承认这一事实:“高歌猛进,再创辉煌”对于河南坠子以及其他传统民间曲种来说,已经是过于乐观的奢望。我们应该做的、也有可能做到实处的,是对这份生于中原大地的历史文化遗产做出尽可能妥善的整理、保存、养护、传承。令人鼓舞的是,进入新世纪以来,世界范围内“保护人类非物质文化遗产”的呼声越来越高。“河南坠子”被列入第一批同家级重点保护的名录之中。

第三节 三弦书

一、历史沿革及分布情况

因三弦为其主要伴奏乐器而得名。南阳地区称三弦铰子书,尉氏、兰考一带叫仪封三弦,洛阳地区加入扬琴伴奏后称洛阳琴书,豫北安阳则叫三弦平。流行河南全省及山东、安徽、山西、河北等省的部分地区。

三弦书初期称为腿板书。其演唱形式是一人左腿缚节子板(即腿板)怀抱三弦自弹自唱自击节奏。基本唱词为七字和十字句。从艺者全为男性盲人,行艺中也与人卜卦算命“断子平”。因而。人称瞎子腔。清初,豫北谓之盲词。

三弦书由于流行地区不同和艺人演唱风格不同,形成了不同支派。

仪封三弦书因兴于仪封(今兰考县的仪封乡)而得名。道光十五年(1835),尉氏县水波乡的李建瑞(1800—1885)因科举屡试不中,便学唱三弦书白娱。他通音律,善诗词,对仪封三弦的音乐唱腔进行革新,并广收门徒传授技艺,使仪封三弦在豫东一带兴盛一时,如孙白妞、连宝山、高德新、靳亮等都是李的得意门徒。他们不仅在尉氏、开封、兰考、民权、鄢陵、扶沟等地演唱。还到许昌、中牟,长葛、密县、宝丰、鲁山等豫西一带演出。所唱曲(书)目多由李建瑞整理工。如《梅花篆》《刘通勋赶花船》《刘理顺私访》《小老鼠告状》《四十八个半》《卖丫鬟》等。同治年间,在兰考唱仪封三弦的还有马永奎行等人,常演曲目有《水湿兰阳》等。

洛阳琴书是三弦书流入洛阳加入扬琴伴奏而得名。道光年间,孟津县王金升(小名王磁耐)已擅此艺并传艺其子王水定、王中华和王中立,同治八年(1869)。洛阳琴书艺人曾到山西省曲沃县行艺。光绪十四年(1888),王水定兄弟班在济源市大峪街庙会上演出,王水定唱的《武松炸会》使两台大戏的观众和演员罢戏听书,一时“王水定说书赢大戏”的佳话传遍济源。此时。偃师县邙岭乡洛阳琴书艺人吉德声也饮誉豫西。吉曾中文举，演唱之余，免费为人疗疾，故人称“琴书举人”和“琴书医生”。

三弦平，因主要唱三弦书中的平调而得名。流行于豫北汤阴、浚县、安阳、濮阳一带，清末余福泉（1886—1960）较有影响。

二、基本内容及艺术特征

三弦书在清中叶以后比较繁荣，主要采取摆“皇会”的办法，亦叫会书（相当于现在的会演形式），即“三皇会”。

三弦书艺人供奉三皇（天皇、地皇、人皇）为始祖，逢三皇生日，艺人们聚会、搭棚、焚香敬神，演唱三天。大会由老艺人筹办，向各名“班子”和艺人发出请帖，被邀请的人要向皇会交纳一定的礼款，作为开支资金。皇会按参加艺人的水平分为“头棚”“二棚”“三棚”进行演出，并聘请有名望的艺人和秀才以及有名望的地方士绅参加，对演出的曲目进行鉴定。这些人也有分工，有专管曲目的，有专管唱腔音乐（包括伴奏）的，有专管词曲结合和表演的，分别称为“社管”“社论”“叫音”“听字”，等等。被大会评为一等的，等于中了“状元”，给予奖励，叫“挂红”，挂红的艺人在社会上和艺人中间享有崇高的荣誉。如表演不好，有别字、错字、掉板、荒腔等情况就要受罚，发现唱词过于文雅或粗鄙的字句，就会得到严厉地指正。

“三皇会”，除了艺人在艺术上的交流、相互提高外，还有近乎结社的性质。有三弦书的县，要选出一名负责人称“巡千”，并制定规章制度，来管理艺人的演出纪律、作风等。三皇会的规约极严，约束规范了艺人的演出准则，端正了品德，促使了三弦书艺术的发展。这种规则一直延续到新中国成立前夕。

三个流派各具特点，惟东路派由于受地理环境、语言及姊妹曲种的影响，他们的唱腔与中西路唱腔有明显不同，具有湖北渔鼓、豫南民歌的韵味。总之，三个流派的形成与发展，无不是吸收了不同地域的山歌、民谣、方言的结果，因此更具地方色彩，更为一方群众所喜爱。

三弦书的唱腔音乐系民间歌乐、小调糅合而成，属板式变化体结构，七声音阶宫调式，音域宽阔，通常从“5”到“6”。

三弦书既有以唱为主的小段，也有说唱长篇大书的。三弦书的唱腔分铰子腔、鼓子腔两大类型，各有细曲，要求严格。

铰子腔里有“三腔四送”（又叫“三挑四送”），是三弦书开唱时采用的唱法之一。鼓子腔的曲调缓慢，宜于抒情、诉说，其可塑性很大，既可用于表达悲哀之情，也可表达欢快的情景。

总的来说，三弦书的旋律是由高到低，尤其“三腔四送”和其他拖腔更是如此，这一特点是三弦书唱腔音乐的一般规律。

三、传承谱系及代表性人物

三弦书作为一种艺术门类，在长期的演唱中，随着对声腔、板路、调式、调性认识的深人，由于方言、民俗的不同，使其在表演技法、声腔运用以及演唱特色等方面演变成不同流派。时至20世纪30年代，以豫西南为主要流布地区的“三弦书”形成了三大流派：东路派、中路派、西路派，各流派的演唱风格各具特色。以赊旗镇、陌陂、饶良、唐河的井楼，桐柏的安棚一带为东路派，其代表人物有张永西、安玉松、吴开山等，以高弦唱工为主，风格高亢激越，气势较大，长于武书和正书，具有阳刚之美；以赊旗以西的桥头为中心为中路派，其代表人物有刘永科、王四麻子、王国栋等，以平弦唱工为主，风格柔和、深沉，长于传情，有一咏三叹之妙；以南阳的石桥、方城的博望一带为西路派，其代表人物有刘文学、雷生堂、裴学德、张明川等，以低弦唱工为主，其风格是庄重细腻，悱恻缠绵，一曲过后，余音绕梁。

四、主要价值

三弦书具有重要价值，在全国有一定影响。三弦书是曲艺艺术中正统的曲种，堪称曲艺中的“活化石”。三弦书艺术在南阳“曲艺之乡”中曾极为盛行，老少皆喜，抢救该曲种对活跃群众文化具有重要作用。三弦书曲词、音乐千锤百炼，具有较高艺术性。在中原诸多曲艺中，三弦书曲词文学性最强，雅俗共赏，音乐独具特色，实为中华曲苑中一株奇葩，极有抢救价值。

五、目前保护情况

民间职业的三弦书演唱活动，此时仍以南阳地区为多，所唱内容以传统曲（书）目为主，并以拜师收徒的方式培养下一代。而洛阳琴书、仪封三弦和三弦平的演唱已不多见。“文化大革命”期间，民间职业艺人基本停止活动。1974年后，一些专业曲艺团队创作排演的三弦书节目，如《智捉毒蛇精》《红梅向阳》《还礼》等参加了本省和全国的曲艺调演。这些曲目的音乐唱腔和表演都经专业人员设计加工，并将大提琴、中阮等乐器加入伴奏。但曲目内容均体现了当时的政治倾向。

1977年后，随着传统曲（书）目的开放。民间三弦书演出活动重新活跃，但演出武段子的女演员后继乏人。为拯救三弦书艺术，南阳地区各级文化主管部门先后对三弦书传统曲（书）目进行了挖掘搜集，1979年，南阳地区群众艺术馆编印了《三弦书初探》，首次对三弦书进行了较为系统的考察和记述。1983年前后，南阳地区群众艺术馆和河南省戏曲工作室分别编印了《三弦书传统曲目集》和《河南省传统曲目汇编》（三弦书）一、二集。同时，南阳地区文化局连续举办八次不同规模的曲艺会（调）演，在会演期间的座谈中，认为三弦书所具有的独特的艺术风格和诸多艺术技巧未能得到全面继承和发展，尤其女演员的培养存在着缺陷。而民间的职业艺人又缺乏艺术革新。随着专业曲艺团队的减少和缺乏有影响的演员与作品，三弦书的演出活动也越来越少。

2008年6月，三弦书被国务院关于公布第二批国家级非物质文化遗产。

第四节 大调曲子

一、历史沿革及分布情况

大调曲子是中华民族的文化瑰宝，是中原曲艺代表曲种之一。在中国文学之史上，唐诗、采词、元曲是三座高峰。就中单说元曲，包括了元散曲和元杂剧。元散曲属诗歌艺术，是一种新的诗歌体，困常供清唱，故女有清歌、清删之称。元散删对于后世删艺的发展产生过很大很深很广泛的影响。元明清以来，流传并发展于中原民间的鼓子曲，就是元散曲中的北曲衍变而来。鼓子曲又称大调曲子，已有500年历史。许多曲目又是戏曲剧目的先导。这一古老的曲艺形式，其流行地区为河南垒省豫湖北、山西、陕西、安徽部分地区。在中原各地，大调曲子流传极广。在县城、集镇或农村山乡，有着不少被称为“曲友”的大调曲子爱好者，分布在士、农、工、商各个行业中。

二、基本内容及艺术特征

大调曲子以诗词歌赋为基础，以规矩礼法、仁义道德为宗旨，深受人们的青睐、尊重。诗词歌赋赋予大调曲子以知识性、高雅性。礼义是中华民族的传统美德，大调曲子的演出维护并继承了这一美德，迎合了广大听众的心理，这就是它有生命力，受人喜爱的原因。

初兴汴梁的鼓子曲传入南阳后，吸收了陕西曲子、湖北小曲的一些曲牌，以及乾隆以后的地方戏曲声腔，如“石牌腔”“吹腔”“西皮”“二簧腔”，形成了不同于开封鼓子调的南阳大调曲子。

大调曲子的音乐丰富优美，曲板庞杂，所用曲牌多达180余个，在我国曲艺音乐中有如此众多者实为罕见。另外还有“高山流水”“和番”“落院”“大泉”“萧妃舞”等板头曲乐曲数十首，独奏或合奏，在我国的器乐曲中很有影响。就各个曲牌的调式而言，宫调式和徵调式构成了大调曲子的主体调式。这种关系调又形成了曲牌之间联套的调式基础。大调曲子的音阶除个别曲牌为五声音阶外，大都为七声音阶。七声音阶里的“4”音，往往游移不定，在这一曲牌是“4”音，但在另一曲牌里可能是“#4”音，更高一些近似“5”音。这一音阶特征，使南阳大调曲子形成了不同于其他地方曲艺音乐的独特风格。

大调曲子的曲牌按传统习惯分类，大致分为常用鼓子杂牌，常用小昆牌、大曲牌子、非常用曲牌四大类。

南阳大调曲子的伴奏乐器以三弦、琵琶、古筝三种弹拨乐器为主。这种乐队建制无疑是继承了明中期在河南、山东、安徽所流行的“弦索”。“弦索”用的乐器是三弦、琵琶、古筝。当时弦索在河南流行时，正值汴梁小曲兴起之时，二者相互结合是很自然的事。后来，小曲在乾隆时衍变为鼓子曲，流传到南阳又由鼓子曲发展为南阳大调曲子，小曲几经流变，而这种“弦索”伴奏的形式却延续至今。

大调曲子的音乐积累十分丰富，现存曲调229首，板头曲56首。其中既有下里巴人的民歌、山歌、渔歌、市井小曲，又有《满江红》《哭子路》《山坡羊》等阳春白雪的独奏、合奏曲；既有欢快流畅、热情奔放的《百鸟朝凤》，又有缠绵悱恻、如泣如诉的《孔子叹颜回》；既有幽雅高洁的《高山流水》《汉宫秋月》，又有诙谐风趣的《唧唧咕》《葡萄架》，可谓品类齐全，雅俗共赏。大调曲子的唱腔音乐属曲牌连缀体，有单曲和套曲两种形式。单曲用一个曲牌演唱一段故事或一个情景，如以《满江红》演唱《古城会》，以《寄生草》演唱《春游》等；套曲则将多支曲子按一定规则组合起来叙事抒情，大调曲子的套曲有多种类型，可分为鼓子套曲、垛子套曲、越调套曲、码头套曲等。

三、传承谱系及代表性人物

从演唱特色上说，在大调曲子形成、完善与发展的过程中，由于演唱者（曲友）所处的阶层不同，其知识、阅历、所处地位和艺术追求的不同，便形成了不同曲路、不同风格的两大流派，即清雅派和通俗派。两大流派明显的区别有三：一是曲目上的区别，雅派以唱高雅、深奥的才子书、历史段为主，如《三国》《红楼》《西厢》《渔樵耕读》《伯牙碎琴》《踏雪寻梅》等，代表曲友有曹东扶、郝吾斋、张松亭、郑耀亭等；俗派常以演唱社会风土人情的生活段子即俗称的“针线笸箩曲”为主，如《小二姐做梦》《阎老二分家》《斗鹌鹑》《王婆骂鸡》《小寡妇劝坟》等，代表曲友有张宴如、华彦昌、王富贵、夏金亭等。二是乐器的区别，雅派除三弦、檀板外，常加琵琶、鼓子等；俗派则用三弦、坠胡、檀板。三是使用曲牌的区别，雅派常用曲牌是大牌和连缀套曲，如“劈破玉”“码头”“倒推”“满江红”等，讲究唱腔、句式、韵律、气魄，力求庄重、高雅、清越、规范；而俗派则多用易学、易唱、易传的杂调，如“打枣竿”“罗江怨”“坡儿下”“呀呀哟”“莲花落”等，讲究情节趣味、生活气息，力求通俗易懂，大众喜爱。

新中国成立以后，为了宣传工作和活跃群众文化生活的需要，南阳市首先把大调曲子搬上舞台。但登台表演的演员仍保留着传统表演形式，如率先登台的张华亭、郑耀亭、耿耀德等仍然是坐唱。直到 1957 年，才由南阳市王富贵等专业演员冲破了长期沿袭的闭目端坐形式的束缚，变坐唱为立唱，并加以动作表演。他自编自演的《老两口卖余粮》等节目，受到了农民群众的热烈欢迎。他大胆地把山东快书的“一步三相”、东北二人转的碎步和三弦书的手、眼、身、法、步的表演技法，吸收融化在大调曲的演唱中，从坐到站，由静到动，是大调曲子表演形式上的一大突破、一大改革。1958 年，王富贵、周小惠以站唱表演形式参加了全国曲艺会演。此后，随着大调曲子女演员的出现，又有了女演员手持八角鼓站唱、对唱分角表演，运用手、眼、身、步及挥舞八角鼓穗等舞蹈动作的表达形式，如南阳市说唱团李玉兰、李叔华对唱的《为了工分》，胡运荣、陈友兰对唱的《姑娘心里有主意》等。

20 世纪 60 年代后，许多曲艺团队开始采取自弹自唱、互相对唱的形式，如内乡县曲艺队吴喜荣（琵琶）、唐改莲（三弦）弹唱的现代曲目《好风格》，南阳市胡运荣、陈友兰弹唱的《一对好夫妻》，均受到观众欢迎。1975 年河南省赴京演出的《开电磨》，1981 年参加全国优秀曲艺节目观摩演出的《二嫂买锄》，均采用弹唱或单唱与弹唱相结合的表演形式。

四、主要价值

河南传统筝乐的传播与发展受到了大调曲子的重要影响。在历史上,传统筝乐音乐以板头曲和唱腔曲牌两种形式随大调曲子从豫东向豫南地区传播,并在以曹东扶为代表的大调曲子艺人对其曲目的编订及其从事的社会活动的推动下成长为一种具有地方风格代表性的艺术表演形式。

五、目前保护情况

大调曲子的清雅、通俗两大派,在长期的发展、沿革中,互相补充,相得益彰。其数量之多,质量之高,在全国三百多个曲种中亦罕见。它既体现了民族文化特色,又是重要的文化遗产和优秀的民间艺术。2008 年 6 月,黄天锡、李长溪、阎天民三人入选河南省首批省级非物质文化遗产代表性传承人,南阳市曲剧团为国家级非遗保护单位。正在积极地对大调曲子挖掘、保护、传承、发展。欣逢盛世,文艺复兴。古老艺术,必将开出更绚丽之花。

第十一章

河南省传统体育、游艺与杂技类非物质文化遗产档案资源

第一节　少林功夫

一、历史沿革及分布情况

少林功夫史,可以追溯到少林寺的创建年代。北魏太和年间,印度高僧跋陀经西域至中国,因精通禅法,受到孝文帝崇信。北魏太和十九年(495),跋陀随孝文帝迁都洛阳。跋陀“学务静摄”“性爱幽栖”“屡往嵩岳”,于是,孝文帝为跋陀在嵩山少室山北麓建寺,“公给衣供”。因为寺院坐落在少室山北麓丛林之中,故名少林寺。清代景日昣《说嵩》曰:“少林者,少室之林也。”

公元508年,印度高僧勒拿摩提和菩提流支,先后来到少林寺,共同翻译印度世宗菩萨《十地经论》,历时三年,完成行世,有力推动了北方禅学的发展。其间,又有南印度高僧菩提达摩,在少林寺后山一带坐禅苦行传法。达摩所传禅法为“大乘壁观”。得法者有慧可、僧副、道育等。其中慧可向达摩求法,“立雪断臂”的传说,成为学习少林功夫的重要精神源泉。后来,又有不少印度高僧到少林寺传授禅法,形成了神力信仰和禅定这种少林功夫信仰的最初形态。

隋文帝崇佛,于开皇年间(581—600)诏赐少林寺土地一百顷,少林寺从此成为拥有众多农田和庞大寺产的大寺院。隋朝末年(618),朝廷失政,群雄蜂起,天下大乱,拥有庞大寺产的少林寺,成为“山贼”攻劫的目标,“僧徒拒之,塔院被焚”。为了保护寺产,少林寺僧人组织武装力量与山贼官兵作战,少林功夫作为少林寺的武装力量初步形成。

唐武德二年(619),隋将军王世充在洛阳称帝,号“郑国”。其侄王仁则占据少林寺属地柏谷坞,建辕州城。武德四年(621),少林寺昙宗等十三位僧人,擒拿王仁则,夺取辕州城,归顺了秦王李世民。三天后,李世民派特使来少林寺宣慰,封昙宗为大将军僧,并赐给少林寺柏谷坞田地四十顷。少林寺自此以武勇闻名于世。少林僧众习武蔚然成风,代代相传。

二、基本内容及艺术特征

少林功夫是一个庞大的武术体系，而不是一般意义上的“门派”或“拳种”。中国武术结构复杂，门派众多，其中以流传于“豫”也即中原地区的少林拳，流传于“闽”也即东南沿海地区的南拳，流传于“冀”也即京津地区的北腿，流传于“粤”也即广东地区的咏春拳等。少林功夫以其悠久历史、完备的体系和高超的技术境界独步天下。另外还有72绝技，擒拿、格斗、卸骨、点穴、气功等各类功法156套。

少林寺因禅拳双修而闻名天下。“拳以寺名，寺以拳显。”在经历代武僧长期的实践经验和历史演变下形成了特有的功夫体系，它以朴实无华 刚柔相济，招式多变的实战风格而流传至今。

少林拳的特色是突出一个“打”字，身之收放，步之进退，手之出入起落，一气呵成，手法简洁，清晰明了。

套路完全从实战出发，拳打一条线，拳打卧牛之地，曲而不曲，直而不直，滚出滚入。攻守呼应，吞吐相合。拳如流星眼似电，腰如蛇行步赛粘。

少林功夫是一项综合的武术体系，其中“禅”字是提高功夫的重要依据，因为禅是“外不着想，内不动心”。少林六祖惠能在《坛经》上说：禅乃梵文音译“禅那”，其意译为“弃恶”“功德丛林”“思维修”“静虑”。它的基本含义就是息心静寂地参悟。所以少林功夫和其他派别不同，讲究的是“禅武合一”。

少林功夫是一个庞大的技术体系，而不是一般意义上的“门派”或“拳种”。中国武术结构复杂，门派众多，少林功夫以其悠久历史、完备的体系和高超的技术境界独步天下。根据少林寺内流传下来的拳谱记载，少林功夫套路共有708套，其中拳术和器械552套，另外还有72绝技，擒拿、格斗、卸骨、点穴、气功等各类功法156套。其中拳术100余套，器械80余套，对练等其他功法数十余套路。这些内容，按不同的类别和难易程度，有机地组合成一个庞大有序的技术体系。

中国古代的“天人合一”思想认为，最合乎人体自然结构的动作，才是最合理的。少林功夫充分融入了中国古代哲学思想（阴阳平衡、刚柔相继、天人合一等），套路与套路之间，不是孤立存在的，而是相互之间有所照应。

表面上看，是按照难易次第排列，是学习的阶梯或模式；深入地看，实为中国古代思维方式的表现，是中国传统文化的特殊模式。所以，少林功夫不仅仅是一个庞大的技术体系。“功夫”一词是佛教专用名词。

三、传承谱系及代表性人物

在少林寺众多的禅武修炼者当中，释延武就是其中具有杰出代表性的人物。释延武，俗名潘国静，浙江省温州永嘉人，政协委员，少林寺十八罗汉之一，正宗少林寺曹洞宗三十四代功夫传人，是中国少林武术派系的代表人物，少林武术八段。自幼开始在少林习武，皈依在嵩山少林寺方丈释永信门下，赐法号延武。他擅长少林传统功夫和散打，对气功养生、中医伤科、自然环境学颇有研究。

被少林宗派弟子尊称为“中少林掌门”的永信禅师说：少林武术不仅仅是由一串拳脚棍棒组成的，它还包含着一种精神，这种精神是由少林武术形成的历史赋予的。他在《中国武术文化略述》一文中指出，“功夫”一词是佛教专用名词，禅宗的修行成果就叫“功夫”。比如坐禅、参话头就叫“做功夫”。“做功夫”的目的是为了开悟成佛，超凡入圣，彻底改变人的品质。

四、主要价值

近年来，随着旅游业的发展，少林寺已成为中外旅游者到河南的首选之地。俄罗斯总统普京的少林寺之行，使少林寺再次成为新闻热点。到过少林寺的人都会对少林武术有比较深的印象，少林武术名不虚传，惹得普京也想和少林武僧交交手。事实上，在普京来访少林寺之前，已经有美国、日本、意大利等十几个国家的各界要人和民间团体前来参观交流。少林武术之所以有这么大的吸引力，有其自身独特的价值。

（一）观赏价值

武术具有一定的观赏价值，可以满足人们“精神生活”的需要，这就是武术的观赏价值。“来如雷霆收震怒，罢如江海凝清光。”少林武术矫健雄伟，千姿百态，优美动人，给人以美的艺术享受。少林武术的观赏价值是其旅游资源中最突出的价值。

传统的少林功夫是少林寺历代僧人经过一千五百多年的创造和锤炼而成，是中国传统文化中的瑰宝，是人体运动的艺术宝藏。少林武术大师大都追求精益求精的艺术，不仅从技击上讲究“虚虚实实”“真真假假”“指上打下”“声东击西”的战术，而且在演练套路中也讲究动作的快慢、节奏的鲜明，表现出起伏转折、刚柔相济，体现出套路的高潮、低潮，以及手、眼、身法、步调配合等。例如，少林“象形拳”，其动作、造型形象地体现了各种动物的特征，真正将力与美完美地结合在一起，那种惟妙惟肖的表演实然给人一种美的享受。少林武术讲求神形兼备，心动行随，意发神传，使人不知不觉地进入和谐美的意境中。另外少林武术的动作名称和拳决之美，概括力强，生动形象，名实相符，十分贴切，而且富有诗意，能使人浮想联翩，唤起美感。

（二）体验价值

由于少林武术处在佛教禅宗的文化环境中，习练少林拳术必有禅的思想灌入，这样方能参禅悟武、禅通合一，只有平心静气，才能练上乘功夫。中国佛教文化对中国武术的影响在少林武术中尤为突出，禅宗主要的思想是“禅”。“学佛修禅”即“武术禅”，成为中国传统佛教文化最为通俗，传播最广的表现形式。禅靠自己的心去悟，而武术是一种禅的外在形式。这种在长期的演进和发展中凝聚的佛、儒、道的智慧，内涵极为丰富，有禅、武、医等综合文化成分，这些都极大地丰富着少林武术，最终形成了具有自己特色的少林武术文化拳派。

五、目前保护情况

少林功夫代表性传承人在少林寺僧团内部产生，符合历史传统，对少林功夫的保护、传承以及少林文化的安全具有重要意义。

2006年，少林功夫被国务院公布为第一批国家级非物质文化遗产名录，少林寺是其唯一保护单位。从2004年开始，少林功夫开始申报世界非物质文化遗产，并被列入世界非物质文化遗产后备名录。

释永信组建的少林寺武僧团足迹已遍布全世界60多个国家和地区，让美国、意大利、巴西等国民众通过武僧团的精彩武术表演，了解了中国少林功夫的独特魅力。

自8年前在德国柏林开办海外第一家少林文化中心以来，少林寺已陆续在美国旧金山、洛杉矶等地建立了10多个禅武中心和分院，并十分重视与当地本土文化的交流。

美国加州众议院从2004年起把每年3月21日定为“中国嵩山少林寺日”，希望借此让加州居民，尤其是年轻一代更多地了解少林寺及其悠久的武术和禅文化。

如今，以少林功夫为核心的少林文化，已成为中国传统文化的一个符号，成为全球知名文化品牌，拉近了中国与世界的距离。

第二节　太极拳

一、历史沿革及分布情况

元末明初，武当道人张三丰开中国“内家拳”之先河。其后发展出“太极十三势”，为太极拳原型。

17世纪中叶，河南温县陈家沟的陈王廷在家传拳法的基础上，吸收内家拳精髓，融合易学、中医等思想，创编出一套具有阴阳开合、刚柔相济、内外兼修的新拳法，命名陈氏太极拳。

太极拳在长期的流传演变中，后逐渐衍生出杨式、武式、吴式、孙式、和式等多家流派。

太极是中国古代最具特色和代表性的哲学思想之一，太极拳基于太极阴阳之理念，用意念统领全身，通过入静放松、以意导气、以气催形的反复习练，以进入妙手一运一太极，太极一运化乌有的境界，达到修身养性、陶冶情操、强身健体、益寿延年的目的。

太极拳的来源有下列3个方面：①综合吸收了明代名家拳法。明代武术极为盛行，出现了很多名家、专著和新拳种，太极拳就是吸取了当时各家拳法之长，特别是戚继光的三十二势长拳而编成的。②结合了道家导引、吐纳之术。太极拳讲究意念引导气沉丹田，讲究心静体松重在内壮，所以被称为“内家拳”之一。③运用了中国古代的阴阳学说和中医经络学说。以意行气，通任督二脉，练带脉、冲脉。各式传统太极拳也皆以阴阳五行学说来概括和解释拳法中各种矛盾变化。

新中国建立后，毛泽东曾号召全国人民打太极拳。1978年以来，我国的改革开放给太极拳的全面发展营造了巨大的空间，太极拳进入推广普及期，邓小平曾亲笔题词“太极拳好”。

在温县陈家沟，习练太极拳之风甚盛，妇孺老幼皆练，当地流传的谚语说“喝了陈沟水，都会跷跷腿”“会不会，金刚大捣碓”，这都形象地反映出当地习练太极拳的情形。这种风气世代沿袭，经久不衰，使得陈家沟历代名家辈出。温县现有武术馆校 30 余家，其中文武学校有 4 家，习武场所近 30 家，家庭武馆 20 余家，学员 2 000 余人，流动学拳人数达 8 000 余人。300 余名太极拳师在海内外开办太极武术馆及连锁加盟店 300 余家。

不仅国内演练太极拳之风盛行，太极拳大师们还走出国门，将太极拳这一国之瑰宝传播到海外 150 多个国家和地区。太极拳传播至今，已经成为世界上参与人数最多、最受人们喜爱的武术运动和健身活动项目，全世界的太极拳习练者高达三亿之众。

二、基本内容及艺术特征

太极拳含蓄内敛、连绵不断、以柔克刚、急缓相间、行云流水的拳术风格使习练者的意、气、形、神逐渐趋于圆融一体的至高境界，而其对于武德修养的要求也使得习练者在增强体质的同时提高自身素养，提升人与自然、人与社会的融洽与和谐。同时，太极拳也不排斥对身体素质的训练，讲究刚柔并济，而非只柔无刚的表演。

太极拳基本内容包括太极阴阳养生理论、太极拳拳术套路、太极拳器械套路、太极推手以及太极拳辅助训练法。其拳术套路有大架一路、二路、小架一路、二路。器械套路有单刀、双刀、单剑、双剑、单锏、双锏、枪、大杆和青龙偃月刀等。

太极拳这枝中华武术奇葩已受到了世界各地人们的普遍推崇。20 世纪 80 年代以来，各级政府及广大民众对太极拳这一古老文化体系的保护意识日益强化，各级政府相继制定保护措施，以太极文化为主的各个地方先后举办了 11 届国际性太极拳交流大会。传承人、民间传承组织也加大深入推广的力度。2006 年 5 月，太极拳被中国政府公布为第一批国家级非物质文化遗产。

太极拳在技击上别具一格，特点鲜明。它要求以静制动，以柔克刚，避实就虚，借力发力，主张一切从客观出发，农家演武，随人则活，由己则滞。“彼未动，己先动”“后发先至”，将对手引进，使其失重落空，或者分散转移对方力量，乘虚而入，全力还击。太极拳的这种技击原则，体现在推手训练和套路动作要领中，不仅可以训练人的反应能力、力量和速度等身体素质，而且在攻防格斗训练中也有十分重要的意义。

太极拳技击法皆遵循阴阳之理，以“引化合发”为主要技击过程。技击中，由听劲感知对方来力大小及方向，“顺其势而改其路”，将来力引化掉，再借力发力。

太极拳的八种劲：掤（用于化解或合力发人），捋（用于借力向后引力），挤（对下盘的外掤劲），按（对上盘的外掤劲，或作反关节拿法），采（顺力合住对方来力，或作拿法），挒（以侧掤之劲破坏对方平衡），肘（以肘尖击人），靠（以肩膀前后寸劲击人）. 太极拳是一种技击术。其特点：“以柔克刚，以静待动，以圆化直，以小胜大，以弱胜强”。

太极拳动作柔和，速度较慢，拳式并不难学，而且架势的高或低、运动量的大小都可以根据个人的体质而有所不同，能适应不同年龄、体质的需要，并非年老弱者专利。无论是理论研究还是亲身实践，无论是提高技艺功夫还是益寿养生，都能参与练习太极拳，并从中获取各自需要。

太极拳松沉柔顺、圆活畅通、用意不用力的运动特点，既可消除练拳者原有的拙力僵劲，又可避免肌肉、关节、韧带等器官的损伤性。既可改变人的用力习惯和本能，又可避免因用力不当和呼吸不当引起的胸闷紧张、气血受阻的可能性。

太极拳是一项全面的系统工程，是一种具有汉族传统文化特色的综合性学科，它涉及人与社会、人与自然以及与人体本身有关的问题，包括古典文学、物理学、养生学、医学、武学、生理学、心理学、运动生物力学等，体现东方文学的宇宙观、生命观、道德观、人生观、竞技观。

三、传承谱系及代表性人物

（一）杨式太极拳

杨式太极拳由河北省永年人杨露禅（名福魁，1799—1872）所创。

杨露禅，陈家沟太极拳名家陈长兴著名弟子之一，太极拳第七代传人。杨露禅在北京授拳时，因弟子多为王公贵族，他们生活奢侈而体弱多病，又不耐艰苦。杨露禅考虑到这些人的身体素质和保健需要，将太极拳中的一些高难度动作，如跳跃、跌叉、震脚等，改作不跳、不跌、不速、不震，或缩小动作，使姿势较为简单，动作柔和易练，既适合穿长衫、留辫子的人练习，又有益于健身，后被推崇为“杨式太极拳”。

传承脉络：陈王廷—陈汝信—陈大鹏—陈善志—陈秉旺—陈长兴—杨露禅。

（二）武式太极拳

武式太极拳由河北省永年人武禹襄（名河清，1825—1893）所创。

武禹襄，赵堡太极拳名家陈清平著名弟子之一，太极拳第八代传人。同乡杨露禅自河南省温县陈家沟学艺返乡，武禹襄见而好之，常与比较，得以知其概要。约1850年，武禹襄从其学赵堡太极拳。1852年，武禹襄亲赴河南，在赵堡镇从陈清平学习赵堡太极拳小架四十天，尽得其精妙，并获赠《太极拳谱》，读后大悟。返里后，在钻研赵堡太极拳架的基础上，结合《太极拳谱》之精华，通过自身练拳体会，融会贯通。经数年研发，他创编出一套“圈小劲捷、紧凑灵巧、势简技繁、术法分明、古朴典雅、端庄洒脱”的新型拳术，后人称为“武式太极拳”。

传承脉络：陈王廷—陈所乐—陈正如—陈爵—陈公兆—陈有本—陈清平—武禹襄。

（三）吴式太极拳

吴式太极拳由全佑（字公甫，1834—1902）所创。全佑，杨式太极拳名家杨班侯弟子，习练太极拳以柔化著称，架子斜中寓正、松静自然 、大小适中。推手时，守静而不妄动，以善化见长。他根据自己的练拳感悟，在杨式小架太极拳的基础上有所修订。全佑之子鉴泉（1870—1942），又名爱绅，从汉姓吴，自幼秉家学。民国元年（1912），吴鉴泉在北京体育研究社教授太极拳，他对家传的太极拳加以充实和修改，去掉重复和跳跃动作，修改定型，自成一家，形成了一个松静自然、架式紧凑、缓慢连绵、不纵不跳、长于柔化、独具风格的新型拳术，人称“吴式太极拳”。

传承脉络：陈王廷—陈汝信—陈大鹏—陈善志—陈秉旺—陈长兴—杨露禅—杨班侯—全佑—吴鉴泉。

（四）孙式太极拳

孙式太极拳由河北省完县（今河北省顺平县）人孙禄堂（名福全，1860—1933）所创。孙禄堂，清末民初蜚声海内外的著名武学大家，在近代武林中素有虎头少保、天下第一手之称。1912年，孙禄堂在北京遇武式太极拳名家郝为真。郝为真将自己所习太极拳心得传于孙禄堂。1918年，孙禄堂将太极拳、形意拳、八卦掌三家合冶一炉，融会贯通，革故鼎新，创编了动作小巧轻灵，架高步活，柔缓圆活，转换轻盈，运动方向变化多样，步法进退相随，运转开合相接的太极拳新套路，自成一家，人称"孙式太极拳"。

传承脉络：陈王廷—陈所乐—陈正如—陈爵—陈公兆—陈有本—陈清平—武禹襄—李亦畬—郝为真—孙禄堂。

（五）和式太极拳

和式太极拳由温县赵堡镇人和兆元（1810—1890）所创。和兆元，赵堡太极拳名家陈清平著名弟子之一，太极拳第八代传人。和兆元在原传拳架的基础上，修改架式中的手法、身法、步法与姿势，大大增加技击实用内容，并使架式更顺其自然，完全符合人体生理结构，创编了一套集拳架、推手、散手为一体，三者互为检验印证，寓技击、修身、养身于一道，既保持赵堡镇原传太极拳传统又独具特色的新型太极拳理拳法"代理架"，即和式太极拳。

传承脉络：陈王廷—陈所乐—陈正如—陈爵—陈公兆—陈有本—陈清平—和兆元。

（六）赵堡太极拳

赵堡太极拳由温县赵堡镇人蒋发所创。蒋发是河南省温县赵堡镇小留村人，二十二岁时在赵堡街与村人共同练拳，适遇山西太极宗师王宗岳一行二人。王宗岳宗师发现蒋发的习武资质良好，适于培养，并在蒋发恳求拜师之真诚感动下，允收为徒，带回山西家中亲自培养。经过王宗岳宗师七年的倾囊相授，终成一代太极名师。

传承脉络：蒋发—邢喜怀—张楚臣 —陈敬伯 —张宗禹—张彦 —陈清平—和兆元—和庆喜。

四、主要价值

太极拳可以带给人们很多好处，集健身养生价值、美学价值于一身。

先说说它的健身养生价值。太极拳是一种静中有动、令人放松的运动，是一种练意、练气、练身的综合性运动，练习太极拳要求心静和注意力集中，动作需要完整，由眼神到上肢、躯干、下肢，上下照顾，前后连贯，能够有效地调节人们的身心和谐。练习太极拳可以提高练习者全身各系统器官的机能，增强体质，达到有病治病的作用. 在练习太极拳的过程中，中枢神经系统和身体的其他系统也可以得到很好的锻炼。打太极拳还能够改善人体心肺功能，从而提高人的免疫功能。太极拳的姿势会使人脊柱拉长、伸展，再此基础上时间长了，就会使脊柱周围的肌肉、韧带、肌腱等组织的功能得到加强，对颈椎病、腰椎病、骨质增生等病症有很好的治疗效果。同时，练习太极拳对呼吸功能也有帮助，经常练习太极拳对于感冒发烧、气管炎、肺结核、肺气肿等呼吸道疾病有着很好的治疗作用。练习太极拳能使胃功能增强,进食量增大,肠功能增强,消化吸收加快。太极拳在人体健身上的作用是其他运动所不能及的,它以腰为主体带动全身,高低起伏,快慢有序,刚柔合理,意专心平,既调节了神经紧张,又提高了人的生活乐趣。

太极拳的美学文学价值也是不容忽视的,太极拳在中华民族的整体文化氛围中孕育、产生和发展,它深受中国传统文化的影响,深刻凝聚着中国哲学的智慧、美学的意境、艺术学的音韵文化学的精神。太极拳发展到了今天之所以经久不衰,不仅是因为它具有健身自卫的实用价值,还因为是一种独特的表演艺术,能给人美的享受,使人赏心悦目,激发人类美的情操,它倾注着中华民族的气质、民族心理、民族美感和民族精神,太极拳之美,是东方的古老文明之美的缩影。从练拳术的根本目的看,绝大多数拳种都把战场搏杀作为主要目的,而太极拳却以养生为本,以技击为末。它讲究德术并重,身心合修。练拳的目的主要是修身养性,强身健体。太极拳的修炼过程,是教人向善的过程,是行道养德的过程,也是强身健体的过程。正因为太极拳以健康身体为本,所以本固而枝荣,打拳技击自胜一筹。太极拳以养生为本,讲究德术并重。练太极拳是修身养性的过程,是教人向善的过程,是强身健体的过程。通过太极拳本身的美韩和外在美的教育,使人更为完美,有利于继承、弘扬中华传统文化,增强民族凝聚力和民族团结,提高生活质量,构建和谐社会。

五、目前保护情况

1982 年,因为太极拳的影响,国务院确定温县为“甲级对外开放县”。1992 年 11 月,国家体委命名温县为第一批全国“武术之乡”。2006 年 5 月 20 日,国务院公布太极拳为第一批国家级非物质文化遗产。2007 年 6 月 2 日,中国民间文艺家协会命名温县为“中国太极拳发源地”,并在温县建立“中国太极拳文化研究基地”。2007 年 7 月 31 日,中国武术协会命名温县为“中国武术太极拳发源地”。2008 年 8 月 20 日,中国政府启动太极拳申报联合国人类非物质文化遗产代表作工作。2010 年 4 月,温县被世界华人华侨社团、中华文化促进会、国际休闲经济促进会联合授予“中国十大文化休闲旅游县”荣誉称号。2011 年 9 月,温县与河南登封、河北沧州一起,被评为“最受全球网民关注的中国武术之乡”,且名列榜首。

第三节　八极拳

一、历史沿革及分布情况

八极拳兼有少林、武当两家之特点,始终在佛、道两家秘传,并被看为看家拳术。北宋名将杨继业之子杨五郎,因父兄阵亡,愤而出家,在山西五台山削发为僧,从寺内学的钯子拳术,此后助弟破辽,大获全胜。明朝开国皇帝朱元璋学的钯子拳,且拳艺精深,在当时徒手搏斗罕见对手,终得大明天下。由于钯子拳名称不雅,后来根据拳术的技术特点,以八极理论指导练习,建立了拳术理论体系,便更名为八极拳,是最早的以中国传统哲学理论命名的拳术。

八极拳的流行范围主要在我国北方各省份,全国习练八极拳的地域分布可以大致分为四片区域:西北地区,东北地区,沧州、北京、天津三角地区及台湾,海外主要在日本。除此之外各省的专业队以及部分高校均有八极拳的传习,但是规模和程度远远不及这四个区域。尤其是通过“康龙”武林大会开门八极拳擂台赛的宣传和推广,八极拳已越来越多地受世人关注。现在练八极拳的人数已经超过了练形意拳、八卦掌、少林拳的人数。

二、基本内容及艺术特征

八极拳以头足为乾坤,肩膝肘胯为四方,手臂前后两相对,丹田抱元在中央为创门之意。以意领气,以气摧力,三盘六点内外合一,气势磅礴,八方发力通身是眼,浑身是手,动则变,变则化,化则灵,其妙无穷。八极拳非常注重攻防技术的练习。在用法上讲究“挨、膀、挤、靠”,见缝插针,有隙即钻,不招不架,见招打招。

八极拳属于短打拳法、其动作极为刚猛。在技击手法上讲求寸截寸拿、硬打硬开。真正具有一般所述挨、帮、挤、靠、崩、撼之特点。发力于脚跟,行于腰际,贯手指尖,故爆发力极大、极富有技击之特色。由于八极拳动作刚劲、朴实无华、发力爆猛、大有“晃膀撞天倒,跺脚震九州”之势。因此有“文有太极安天下,武有八极定乾坤”之说。

八极拳闻名于其刚猛暴烈的拳风,同时也闻名于其进身靠打的招式。绝招“铁山靠”便是其中翘楚。八极弟子们习练“贴山靠”时,常常会用自己的身体去靠墙、靠树、靠桩,可想而知其威力之大。贴山靠在进招之时的关键就是进身,以“打人如亲吻”的距离接近对手,用肩部撞击对方。其看似以肩部为发力点,实则结合了腰胯部的扭转力,合全身之力向对方靠去,给人极大的伤害,将人摔倒。“开门出手,六力合一”,六大开之劲力,在八极拳的“贴山靠”上面,展现得淋漓尽致。而下盘功夫中,“搓踢”是八极拳重要的腿法之一。八极拳讲究“行步如趟泥,脚不过膝”。而搓踢正是这种步法的体现,它要求踢击时攻击点落于对手的膝关节以下,尤其是足部。因此搓踢虽不如其他的腿法有杀伤力,但是却意在用踢绊破坏对手的脚下重心,用不强的劲力巧妙地达到击倒对方的效果。

此外,八极拳是非常讲求实战、打练结合的拳种之一,猛起硬落,硬开对方之门,连连进发是八极拳技击中的最大特色。它具有很强的实战价值,部队、武警中操练的擒拿、背摔、格斗等,都吸收了八极拳的某些特点。

另外,八极拳防御招数很少,拳路刚猛无比。有着“太极十年不出门,八极一年打死人”的说法。

三、传承谱系及代表性人物

八极拳为武术拳种之一,一分为三,罗疃村硬架—孟村软架—吴家(全称“开门八极拳”)新架。

孟村八极拳现今在北京、天津、沧州流传的八极拳流派是由孟村一支传承下来的,孟村八极拳的主要代表人物是吴会清、吴秀峰、吴连枝先生祖孙三代。

罗瞳八极拳现今在东北、西北及台湾流传的八极拳主要是由罗瞳一直传承下来的，而以实战闻名于世的八极拳的名声主要是靠罗瞳一支得来的。此八极拳非常注重大枪练习，李中大、张克明、黄四海、张景星师徒四人都是以大枪驰名遐迩。

西北八极拳是由通背武术大师马凤图、马英图两位先生传入。

四、主要价值

八极拳的价值主要体现在以下几个方面。

健身价值：在练习八极拳时通过踢、打、摔、拿、跌、击、劈、刺等动作，可以使人体的速度、力量、灵敏度、耐力、协调性、柔韧性等各种身体素质得到全面的提高。

教育价值：武学“未曾学艺先识礼，未曾习武先明德”之说足以解释。

经济价值：八极拳本身所具有的浓郁的民族文化特色，无论是与“人文旅游”相结合，还是附属产业（如八极拳的图书、音像、器材、服装、办班、年会、交流大会、竞赛等开发和运营），都将产生可观的经济效益。

技击价值：传统武术有着历经千载实践验证的防身、强身和修身功能，尤其是动作刚猛以技击著称的八极拳。

五、目前保护情况

八极拳面临濒危状况，其因素有外部环境因素，内部自身因素两种。外部环境是政府重视不够，人们生活方式的改变。内部因素为拳种本身因素和人为因素。拳种技术内容复杂难练、练法单一、技术内容陈旧与时代不符。人为因素有继承人的流失，拳种练习者的流失。

在 2010 年 8 月，八极拳入选第二批国家级非物质文化遗产。但是在现实中并未得到很好的保护，所以建议政府和民间加大保护力度和财政支持，扩大对八极拳的宣传和推广力度。

第四节　心意六合拳

一、历史沿革及分布情况

心意六合拳，又称心意拳，是我国传统的内家拳之一，是中华武术的瑰宝。据史料记载，明末清初时，心意六合拳由山西省永济县（现永济市）张营乡尊村一代宗师姬际可（字隆丰）所创，距今已有近 400 年的历史。地处黄淮平原的豫东古城河南省周口市，素有“华夏先驱，九州圣迹”之称，文化底蕴丰厚，自古就有崇文尚武的风气，武术在全市有着广泛的群众基础，拳种颇多，拳师辈出。心意六合拳是流传在周口市诸多拳种中最为神奇和值得称道的具有代表性的优秀拳种之一。

二、基本内容及艺术特征

心意六合拳拳理根植于中国传统文化，古朴深邃；其技艺讲究阴阳暗合，精要独到，非常适用于实战技击；在内功的修炼方面，更是理法并举。以下从拳法特点上阐述心意六合拳的四大特点。

（一）朴实快疾

心意六合拳动作快疾，大多是直来直去，一屈一伸，没有花拳绣腿之处。练起来，明快有力，刚柔相济，富有自然之美。拳法练得再熟练，也要求从朴实快疾的动作中见功力，不可故意添枝加叶，否则就失去了心意六合拳固有的风格。心意六合拳的这些特点，与它的技击法应是一致的，一胆、二力、三急、四快，千变万化，万变不离其宗。心意六合拳在攻防中强调勇、猛、短、毒、疾、狠、快、利，先发制人，“起手不留情，留情不起手；起如风，落似箭，追风赶月不放松”，因而拳法简洁、快疾、有力。

（二）严密紧凑

心意六合拳着重于力量和速度，锻炼鸡腿、龙身、熊膀、鹰捉、虎抱头、雷声，以为六艺，要求学练者应达到六合境地，若非持之以恒、锲而不舍，不可合规矩。技击中如燕子取水一样快疾，有熊膀挥臂断树之力。因此，心意六合拳拳法要求“两肘不离肋，两手不离腮”，手肘出击之势如拳谱中“手打起意在胸膛，其势好似虎扑羊”，“沾实用力须展放，两肘只在肋下藏”。出手收手紧靠身体，好像拧绳一样完整紧凑，毫不松懈，“起手如钢锉，手落如钢钩”“短促严实、拧裹而发，并与身法、步法、手法紧密配合，形成由外合一，眼要毒，手要奸，脚踩中门裆里钻”。出脚迈步时裹胯合裆，屈膝扣足，五趾抓地，含胸拔背，顺、勇、狠、快、疾、谨，这些都体现了其拳法力量和速度的重要性。

（三）气沉健稳

心意六合拳拳法要求迈步如行犁，落脚如生根，起、翻、落、钻、踩，桩步沉实，步法健稳，含胸拔背。心、肝、脾、肺、肾，五处顺一气。气沉丹田，气力合一，这说明心意六合拳是内外兼修的上乘拳法。因此练习心意六合拳时要做到上身舒展自然，下肢沉实健稳，起落、进退、反侧、收纵合度。其起为横，落为顺，进者低，退者高，进退自如，反侧如鹞子人林，收如伏猫，纵如放虎，动作即不虚浮，又不僵硬，使人感到外顺内实，三节贯通。

（四）协调整齐

心意六合拳要求全身贯穿，刚柔相济，头、肩、肘、手、胯、膝、足动作整齐。心意六合拳拳谱中说：“打法定要先上身，手脚齐到方为真。”“手到脚不到，打人不得妙；手到脚也到，打人如拔草。”“心与意合，意与气合，气与力合。”除要求外三合，出手投足又要求三尖要照（鼻尖、肩尖、足尖），三心要实（背心实、手心实、脚心实），三心要圆（背心圆、臂膊圆、虎口圆），三步要环（动作一环连接一环，连绵不断），三节相随，四梢要齐，内要提、外要随、气要催、势要稳，“一枝动，百枝随”。要做到以意行气，以气使力，做到内外合一，全身一动无有不合，周身之气内外合一，成其六合，这些都是心意六合拳协调整齐的特点。

三、传承谱系及代表性人物

在传承过程中，心意六合拳逐渐形成了比较明晰的、具有广泛代表的三大主流派。

一是以马学礼为代表的河南心意拳。

二是以曹继武之后的戴隆邦，戴二间，戴良栋，戴奎为代表的山西祁县心意拳。

三是以戴隆邦，戴二閭之后的李老能，车毅斋，郭云深等为代表的山西，河北心（形）意拳。

各派虽然风格不同，但拳理拳法是一致的，在几十年甚至几百年的传授中，不致离谱太远。

四、主要价值

心意六合拳含丰富的文化资源、人文资源、科学资源、艺术资源、教育资源和经济资源，因而体现出文化价值、精神价值、科学价值、艺术价值、教育价值、经济价值等多种价值。

五、目前保护情况

随着全球化趋势和现代化进程的加快，我国的文化生态发生了巨大变化，一些依靠口授和行为传承的非物质文化遗产正在不断消失，许多传统技艺濒临消亡，加强我国非物质文化遗产的保护已经刻不容缓。心意六合拳作为国家级非物质文化遗产名录传统体育项目，也同样面临着传承与发展的严峻挑战。

采取的保护措施包括：教育和体育、文化等部门重视普及和推广工作；国家对传统武术的发展十分重视，利用政府投入、企业合作人股、社会捐助等多种形式，政府和相关职能部门在征地、资金投入、开展传承活动等方面提供优惠政策和便利条件；大专院校、科研院所、心意六合拳协会的专家名师联合成立心意六合拳研究基地、文化交流中心或研究所。

第五节　苌家拳

一、历史沿革及分布情况

荥阳处中原腹心之地，南依嵩岳，北枕大河，东控齐鲁，西接两京，广武、浮戏连绵夹峙，自古为兵家必争之地。中国武大名拳之一，被誉为“中国武术百花园一枝艳丽的奇葩”苌家拳就诞生在这片沃土上。

苌家拳，又称苌门拳、苌家锤，由清朝乾隆年间原汜水县苌乃周先生所创。苌家拳是中国武术百花园中的一枝奇葩，为中国名拳之一，其内容丰富，文武并重，形气合一，刚柔相济，技法独特，是中华武术宝贵遗产的重要组成部分，迄今已有近三百年的历史。

二、基本内容及艺术特征

苌家拳有二十四拳系：蟠桃献寿（阴）、犀牛望月（阳）、双虹驾彩（承）、仙人捧盘（停）、猿猴献杯（擎）、双飞燕子（沉）、白鹅亮翅（开）、美女钻洞（入）、双龙入海（尽）、霸王举鼎（崩）、飞雁投湖（创）、宝剑双披（劈）、猴儿牵绳（牵）、双手推山（推）、直符送书（敌）、猛虎探爪（吃）、钟馗抹额（粘）、暗弩射雕（随）、白虎靠山（闪）、双峰对峙（惊）、螃蟹合甲（勾）、童子拜佛（连）、蝴蝶对飞（进）、金猫捕鼠（退）。

苌家拳“一洗江湖花样，唯求坚实锐勇，步步有法，势势得力”，每招每式都有技击含义，每个动作都有用。苌乃周在研究人体各部分机能的基础上，将套路编排得连贯而巧妙，第一招打下边，第二招肯定打上边。因为对方防第一招时，上边必出现空当。高手能在实战中把一套拳法连贯地打出来。实战中苌家拳讲究抢占先机。

唐青莲能三捉三放麻雀，是因为他练到了苌家拳一种很高的境界。苌乃周《打法总论》说，“彼不动兮我不动，彼欲动兮我先动”。苌家拳讲究攻防一体，不转身换式。所谓转身换式，就是对方打来一拳，自己一手挡，另一手还击。苌家拳要求前手拦前手打，“直来无横力”，前手挡开后即用前手打击对手，在这个时候，后手跟进连击，不给对手喘息之机。这种打法对步法的要求很高，所以苌家拳的步法很多。

使用枪棒时，道理相同。双方一搭上杆，苌家拳就顺着杆去敲对方的手，“两招下来，就让你把杆扔了，不然指头敲断”。这也叫“老少相随”，所谓“老”，是指一势之结束，“少”则是一势之初生，“老少相随”就是前后两势合一，不露衔接痕迹。苌乃周《老少相随歌》云：“少随老兮老随少，老少相随自然妙。同心合意一齐出，哪怕他人多机巧。”“一齐出”三字，玄机无限。

苌家拳注重贴身近打，“盖拳之摧人，必近其身，方能跌出”。而贴身近打，最重要的是利用对手的手腕、肘和膀根。

作为内家拳，苌家拳十分注重内力的训练和使用，讲究“以内打外，以内摧外”。要达到这样的要求，得有内气，内功修养很重要。苌乃周《中气论》有许多讲“护气”“养气”“练气”的内容。

三、传承谱系及代表性人物

苌家拳的创始人是苌乃周（1724—1783）先生，字洛臣，河南汜水（今属荥阳市）苌村人，自幼博学，苦习搏击之术。后潜心周易，洞彻阴阳起伏之理，创拳立派。

苌毅军是苌家拳第八代直系传人，陈万里也是苌家拳第八代传人。

陈砚腾师承父亲陈万里，是苌家拳第九代传人之一。

四、主要价值

小到强身护体、融合交流，大到保家安邦、弘扬民族文化，苌家拳在其发展史上的各个时期都彰显出了促进个人发展和推动社会进步的作用。改革开放以来，随着人们生活水平的提高和价值需求的转变，传统武术的养生、健身、艺术价值逐步获得了人们的认可和喜爱，赋予传统武术更丰富的价值内涵。苌家拳除了具有传统武术的共性价值外，还具有独特的文化价值。

五、目前保护情况

2008 年 6 月 7 日，苌家拳被国务院公布为国家级非物质文化遗产，是荥阳市唯一的国家级非物质文化遗产。然而由于多种原因，大众对苌家拳知之甚少，苌家拳与少林拳、太极拳的发展不能相提并论，处于濒临失传的境地。

“据 20 世纪 30 年代的一项调查，中国大江南北、黄河内外，传统拳种的套路有 2 000 多种。到了 20 世纪 80 年代，全国挖掘出来的拳种套路只有 280 多种，其中一半以上只有名目而无传人会练，真正有相当数量传承人群的拳种仅有几十种，其中包括太祖拳、苌家拳等。”

苌家拳目前面临的尴尬现状是：南边少林寺，2006 年俄罗斯总统普京造访，举办武林功夫之星选拔赛，少林功夫以积极开放的态度，融入社会主流；北边太极拳，选择了亲民路线，成为众多民众强身健体的首选。2006 年 6 月，少林功夫、太极拳被列入首批国家非物质文化遗产，而苌家拳却不在名目，相反，在武术书籍市场上，苌家拳的武术理论精髓却被众多“纸上高手”竞相抄袭。

应寻找适当的“文化转换机制”，焕发苌家拳的“时代功能”，使其巨大价值在现代社会得到延续，让这条流淌了数百年的武术文化之河，穿越时空阻隔，在现代的原野上广纳水源，重现浩荡苍茫之势。

第六节　东北庄杂技

一、历史沿革及分布情况

濮阳民间杂艺历史悠久，起源于春秋，在三国时期就已流行，到清朝咸丰年间始出现以“乔家班”为代表的杂技艺术团体。

《三国志 · 魏志 · 甄后传》裴松之注所引《魏书》记载了曹操的儿媳甄后八岁时观看民间马戏的故事，至清光绪年间，形成了以濮阳县东北艺人乔志清（1875—1950）为首的规模大、技艺高的“乔家班”。“乔家班”吸取了中华武术和民间艺玩之精华，练出了武功、气功、跑马、变戏法和带彩绝技等，遍游中原，颇有影响。光绪末年，乔志清亲自出国联系，率班漂洋过海，历尽艰辛赴朝鲜、日本和俄国演出。在日本，因当地马戏团不让演出而司讼官府，结果乔志清官司打赢，在东京畅演十数日。归国之后，被称为“有胆识、有骨气”的艺术团体。新中国成立前夕濮阳较大的杂技团有十三家，乔志清的孙女玉红、水莲、水香均为著名演员。1958 年众班合并为两个杂技团，均命名为“红旗杂技团”，一团团长李金发；二团团长谷玉山，副团长崔守堂 均为出名艺人。1960 年一团调属安阳地区，二团更名为“濮阳县杂技团”至今。

濮阳素有“杂技之乡”之称，现有杂技、马戏团4个。特别是濮阳市杂技团，不断创新提高，其中狮子舞、叨竿叨花、高车踢碗、软钢丝、鸭子拉车、溜冰造型、椅子项、双层晃板、大球杠杆等节目，都显示出演员精湛的技艺，给人以美的艺术享受。不少节目获得国家、省、市表演艺术奖，如《双层晃板》在1987年法国巴黎国际艺术节中获银奖，一批以王凤阁为代表的中青年演员崭露头角。濮阳市杂技团1989年7月在巴黎艺术节比赛中获得第一名。

东北庄杂技起源于上古，萌生于春秋，形成于秦汉，成熟于唐宋，兴盛则在明清已降。据《左转》记载，春秋时卫国夏育，力能扛鼎，即是杂技艺术七大门类中的“力技”的起源。春秋时，各国会盟于卫，在“桑间濮上”亦有“旌夏”等杂技节目的表演，旌夏实际上是舞大旗，唐宋之后的“扑旗子”以及现代杂技中的大旗舞等节目都源于此。且秦代的“角抵”、汉代的“百戏”、魏晋时的“跑江湖”、宋代的“瓦肆勾栏”、元代的杂技，均可在东北庄溯源。清代同治年间东北庄杂技刘乔李三家班竞秀，驰骋华夏。还走出国门到日本、印度、俄罗斯等20多个国家演出，并受到朝廷嘉奖。新中国成立后特别是改革开放以来，东北庄杂技生机勃发，更加璀璨夺目。据不完全统计，60年来从东北庄走出的杂技英才近万人，有37人担任全国各地杂技团的团长。安阳市杂技团、濮阳市杂技团、河南省杂技团皆派生于东北庄，其演出足迹遍布全国各大中城市和亚欧美等几十个国家和地区，带来了丰厚的经济效益和良好的社会效益。目前，东北庄仍有400多人从事杂技演艺事业，;历代艺人传承的传统节目200多个，常年在东北庄学艺的杂技学员近百人。

二、基本内容及艺术特征

通过对新时期以来杂技艺术发展概况的总结和研究，对东北庄杂技在艺术上的特色可概括为“新、奇、难、美”四个字。“新”是指技巧新、风格新、气质新；“奇”主要是指技巧结构方式上的离奇巧妙、出奇制胜；“难”主要指高超的技艺。因为杂技是以技巧为核心的表演艺术，因此，技巧是否高难，往往成为衡量一个节目质量高低的标准；“美”首先美在技巧结构的新巧上，其次美在完成动作的规格上，还美在通过音乐、服装、灯光等综合因素所创造出新的意境和艺术形象上的整体和谐。总之，“新、奇、难、美”的有机组合，是我国现代杂技艺术最鲜明的美学特征。正因为许多成功的杂技节目都做到了这一点，所以一些外国评论家才称赞中国杂技为“立体的画、梦幻似的诗”。

三、传承谱系及代表性人物

东北庄的杂技班团林立，流派纷呈，最著名的有乔、刘、李三家班。以从事杂技事业的先后顺序而论，刘姓最早，乔姓次之，李姓最晚。刘姓目前占东北庄人口的60%，刘姓族人演练杂技历史悠久，早在元末明初，就有刘姓人以闯江湖干杂耍为生，大约在清朝道光年间，刘家班游乐很大的发展，比较有名的是以刘来祥为代表的刘家四兄弟。刘来祥有一手绝技，那就是把一杆花枪直直地向上抛出几丈高，落下时铁枪头经过眉间顺着鼻梁直插到地上。另将铜钱数枚叠放在额头，另一人将花枪掷向高空，演员仰面接枪，让枪尖仅撞刺上第一枚铜钱，节目惊险劲道，堪称一绝。除他之外，几乎无人再能表演的这个节目,人称“刘二花枪”。刘家班擅长杂耍,高空体操、驯兽表演等,现有主要节目是跑马、上杆、手技、顶技、走钢丝、大小武术等。

乔水春是“乔家班”的第五代传人,现今年逾70岁,从外表看他是一个地道的庄稼老汉,演了一辈子杂技,身材瘦小的他现在腿部明显活动不便。他的妻子李素云告诉我们:“都是年轻时落下的病,练杂技苦呵,冰天雪地的,扫出一块空地就是杂技场,光着身子在上面打滚、翻跟斗。上年纪啦,一着凉受伤的部位就疼。”乔水春也说:“是呵,今年是要不动了。去年我还能倒立呢。”说起杂技时充满感情。

四、主要价值

(一)杂技艺术的技艺性

一切成功的杂技节目都是技与艺完美的结合,有技无艺,或有艺无技,都构不成杂技艺术的整体谐和美。因为杂技是演员通过“技”来塑造形象、抒发情感的,一个杂技节目如果没有一系列高难技巧动作展示在我们面前,是不会被我们乐意欣赏并接受的;当然,如果为技巧而技巧,忽视杂技艺术中难、险、奇、美诸因素的优化组合,也不会给人以美感。所以,杂技与体育的根本区别就在于:杂技是一门艺术,而体育则是一门技术。

(二)杂技艺术的借物造型性

从大量的杂技节目的演出活动可知,道具在每次的杂技表演中具有举足轻重的地位,它是演员用来创新技巧、展示节目内容的重要依据。在杂技表演中,通过杂技演员对道具的巧妙地运用,这些“死的”东西仿佛有了灵性,马上会变得“活”起来,并成为整个节目中必不可少的一部分。有时人也可以充当道具。从这个意义上来说,杂技是人与物结合得最好的艺术,这就是杂技艺术的“借物造型性”。

(三)杂技艺术的观赏性

杂技与戏曲、舞蹈等姊妹艺术一样,都属于可供人们欣赏的视觉型的艺术。杂技作为一门以高难惊险的人体技巧为特征的艺术,重视“以形写神”“以形寓意”,通过表演的时空变化来完成对杂技节目的美的形象塑造。因此,它的全部魅力都建筑在人们视觉欣赏的范围之内。

杂技艺术的观赏性,还不同于视听手段相结合的影视、戏剧,它具有广泛的群众性,不需语言作媒介,不同国家、不同民族的人们,均可通过观赏而心领神会,真正是老少咸宜、雅俗共赏。

(四)杂技艺术的娱乐性

一切艺术都能不同程度的引起人们的审美愉悦,杂技作为一门观赏性很强的艺术,自然也不例外。因它的节目短小精悍、生动活泼、灵活多变、新奇引人、富有浓厚的艺术趣味,因而更能使人得到多方面的娱乐。

杂技艺术独特的娱乐性,不仅在于它技艺形态本身所固有的奇特有趣,以及富有色彩的变化，而且还在于它善于调动观众的“参与意识”，让大家一同与它“游戏”。

五、目前保护情况

东北庄杂技在2007年被列入第二批国家级非物质文化遗产保护名录。濮阳市立足这一文化资源优势，从2 000年开始举办龙文化活动周，每年举办一届。2003年改为中华龙文化节，并增设杂技艺术节，两年一届。

濮阳市拥有以豪艺集团、华晨集团等为主的各类杂技团体30多个，从业人员1万多人，年经营收入1亿多元。每年在海外演出的团队有50多个，演员600多人，创汇800多万美元。杂技产业已成为濮阳文化产业的龙头。

近年来，濮阳杂技一直在探索市场化的运作模式，在国内的桂林、上海、北京、广州、苏州等大中城市，都有濮阳杂技的演出队伍。尤其是2002年，在桂林演出的《梦幻漓江》、在苏州演出的《梦苏州》两台大型主题杂技芭蕾晚会，创下了国内杂技晚会演出场次最多、上座率最高和收入最好的纪录。杂技团先后80余次出访美国、意大利、马来西亚等世界五大洲60多个国家和地区；迄今为止，濮阳创作了《狮林春光》《女子大排椅》《攀登》《神龙部落》等一批杂技精品剧目，在法国巴黎国际杂技大赛、意大利拉迪娜国际杂技节、意大利维多纳“国际明星杂技节”、日本东京“实际青少年杂技大赛”、武汉国际杂技节、吴桥国际杂技节和其他众多国际国内大赛中，分别获得“总统奖”“政府将”“金狮奖”“黄鹤奖”“芳草奖”等300多个奖项。先后占据了美国迪士尼、日本大阪环球影城等6个固定演出场所。

濮阳市4所杂技学校的专科培训，再加上30多个杂技团体“以团代校”的实践培养，10年来，濮阳先后培养和输出各类杂技人才2 000余人。成立于1994年的濮阳市杂技艺术学校，是河南唯一的一所杂技中专学校。如今它已成为全国规模最大的杂技人才培训基地。“仅东北庄就为全国各地杂技团和部队文工团输送杂技人才400多人，有56人当了团长，当总教练、导演的人就更多了。”濮阳市委宣传部长姜继鼎说，“现在，在世界各地都能见到濮阳的杂技演员。”

第十二章

河南省传统美术类非物质文化遗产档案资源

第一节　朱仙镇木版年画

一、历史沿革及分布情况

朱仙镇木版年画距今已有800多年的历史，诞生于唐，兴于宋，历史悠久，源远流长，被誉为中国木版年画之鼻祖。

唐太宗命画工绘大将秦琼、敬德画像悬挂宫门，以避邪，成为门神之始。北宋初年，宋太祖提倡以文治天下，为教化臣民，成立画院，命画院待诏绘刻图画，张贴于市井茶楼，从而开创了木版年画的鼎盛局面。清代中期朱仙镇上有40多家生产作坊，2 000多人从事年画生产，山东、安徽、河北、江苏等地的客户纷至沓来，生意十分兴隆。画店有豫盛荣、晋泰永、振源永、德源、天义德、万同等。而民间年画则多以朱仙镇老店为字号刻印，一些外地商号避难外迁，一些商号迁入开封发展，当时由于石版画的兴起，木版年画业已经萧条，画店多经营香、烛、纸炮，只于门神会时到朱仙镇进些农民印刷的年画于春节前销售。

开封的年画作坊有10多家，主要集中在东大街，西大街、中山路和书店街。著名的老店有“汇川”“振源永”“云记”“鸿记”“天福利”等。

1953年后，开封市组织民间艺人成立木版年画制作社，“文革”中解散，改革开放以后，朱仙镇政府于1983年成立河南朱仙镇木版年画社等团体机构，对木版年画的传统工艺进行挖掘、整理。

二、基本内容及艺术特征

朱仙镇年画可分为三大类：一是神祇画，如灶君神、天地神、门神，朱仙镇木版年画中最多的就是门神，门神中以秦琼、尉迟敬德两位武将为主；二是民间故事画，以民间传说、演义小说、戏曲故事为刻画对象，构图饱满，不用背景，以人物表情动作展现故事情节，单纯而富有感染力;三是吉祥年画,多为娃娃,仕女。

其主要特点为:

1. 色彩艳丽:朱仙镇年画用色非常讲究,使用的颜色,以矿物、植物做原料,自行手工磨制颜料,磨出的颜料加水煮沸,过滤,使用水色印刷,色彩鲜艳,日久不脱色,呈现出对比强烈、色彩浑厚的风格。

2. 形象夸张:朱仙镇年画,从版面上看,表达正面人物英雄形象画面较多。以夸张的手法,表现了英雄人物的正义形象,人物无媚态。

3. 线条粗犷:版面的线条雕刻粗细对比性强,采用古代人物画的铁线描技法,尤其在衣纹等方面表现最为突出,线条粗实纯厚,宁折不弯,具有北方民族地方独有的纯朴、厚实、健壮风度。

4. 构图饱满:朱仙镇年画是以继承传统技法而构图。有鲜明的地方特色,整个画面饱满、紧凑、严密、简练,留有空白地方较少。空间大的多加上吉祥花草,以增加画面的紧凑,便于制版,画面主次分明,美感性强。

三、传承谱系及代表性人物

在首批河南省传统美术类非物质文化遗产代表性传承人名单中,朱仙镇木版年画的传承人物为开封市的郭太运、任鹤林、张继中。

四、主要价值

朱仙镇的木版年画,不但具有极高的艺术收藏价值,而且极具观赏价值。鲁迅先生曾给予其很高的评价:“朱仙镇的木版年画很好,雕刻的线条粗健有力,和其他地方的不同,不是细巧雕琢。这些木刻很朴实,不涂脂粉,人物也没有媚态,颜色很浓重,有乡土味,具有北方木版年画的独有特色。”这是对朱仙镇木版年画艺术特色的很好概括。

在开封,朱仙镇现有老店12家:万同老店、天成老店、曹家老店、天义德老店、德源恒老店、恒义祥老店、云记老店等,现已挖掘、整理出来的年画老版1 222余块,重新印制历史老版年画多套,并编印了《中国木版年画集成朱仙镇卷》《朱仙镇木版年画珍藏卷》;手工印刷仿古线装有:《朱仙镇木版年画集》《朱仙镇木版年画民间故事集》等,《朱仙镇木版年画长卷》被外交部指定为国礼产品。朱仙镇木版年画《四美图》入选届全国农民绘画展。

五、目前保护情况

对朱仙镇木版年画的抢救、发掘、整理,应属当务之急。几年前,在开封,中国文联副主席、中国民间文艺家协会主席冯骥才手抚一件件精美的朱仙镇木版年画,发出过“再不加紧挖掘、保护、开发,这年画鼻祖也有消亡的危险”的喟叹。

如今经过各级政府的努力,朱仙镇木版年画已列入我国文化遗产名录。但珍贵的雕版仍在流失,尤其严峻的是,在被中国民间艺术家协会命名为“中国木版年画之乡”的朱仙镇,木版年画印制规模很小,基本上停留在家庭作坊式的模式上。掌握雕刻印刷朱仙镇木版年画的艺人已寥寥无几，特别是传统的矿、植物颜色磨制方法已鲜为人知，如不及时加以保护，朱仙镇木版年画制作技艺很可能会彻底消亡。

第二节　泥咕咕

一、历史沿革及分布情况

据《资治通鉴》载，隋末农民起义军与隋军争夺黎阳仓（浚县旧称黎阳），瓦岗军首领李密手下有一员叫杨圮的大将在此屯兵，得杨圮屯村名。当时军中有一些士兵会捏泥人，为纪念在战场上阵亡的将士和战马，他们用当地的胶泥捏塑泥人、泥马。后来军队中一些人员就地安置，这门手艺便流传下来。

二、基本内容及艺术特征

浚县泥咕咕的基本内容有人物、动物、飞禽3大种类100多个品种。主要是以三国、水浒和瓦岗军为原型的人物，以及老虎、狮子、大象和燕子、斑鸠、孔雀等形象的动物和飞禽。古老朴素、逗人喜爱的泥咕咕寄托了劳动人民对生活的热爱和对未来的希望。

浚县泥咕咕的特点是以黑色为底色，然后在底色上用自制的毛笔点画出各种花样。彩绘是以黑色、棕色打底，再描绘上白土粉、大红、大绿、大蓝、大黄等条纹，大都用原彩色，很少用调和过的中间色。颜色以蛋黄调制而成，能使色彩起明发亮，对比强烈。浚县泥咕咕造型古朴拙雅，加之民间大红大绿的着色，使作品美感顿生。

其制作工具很简单，主要是塑型的竹筒和竹棍，制作者利用这些器具，经过和水、捶制等工序，将当地的黄胶泥塑成作品，然后蘸上松香（现改为墨汁）、洋颜色（现改为水粉颜料），用自制的麻笔（现改为毛笔）在塑型坯上涂绘，多以黑色为底色，然后再以红、黄、蓝、绿等比较鲜艳的颜色绘出各种图案，与黑底形成强烈的对比，再用清漆罩上一层，放入高与宽约一米左右的砖砌小土窑焙烧。

三、传承谱系及代表性人物

浚县泥咕咕历史久远，有着浓厚的民间特色，造型古朴，夸张别致，深受广大群众和专家学者的好评，被民俗学专家称为历史的活化石。主要传承人有王学峰、王安田、宋学海等人。

四、主要价值

民间工艺作品承载着传统文化信息，浚县泥咕咕作为一种独特的艺术形式，是当地历史及民俗文化的载体，是考证古代艺术形态和民俗信仰的原始资料，对研究传统文化具有指导性意义。

由于浚县当地大伾、浮邱二山上有多处历史遗留下来石窟泥塑，泥咕咕沿袭了古代石雕的基础特征，其造型整体略貌取神，自然而朴实，古拙而厚重。泥咕咕以单纯的造型表现丰富内涵的特点是其审美特征的直接体现。

五、目前保护情况

“随着全球知识化经济的到来，非物质文化遗产的价值日益显现，对其保护的重要性和紧迫性日益突出。”浚县县委、县政府相继出台了一系列《关于大力发展文化产业的实施意见》，要求大力发展泥咕咕产业，对像王蓝田、宋学海这种常年从事泥咕咕行业的人给予政策上的帮助和经济上的补贴，时常组织这些民间艺人出去讲学，帮助他们销售泥咕咕。2006 年 5 月 20 日，该遗产经国务院批准列入第一批国家级非物质文化遗产名录。

但现代的年轻人不愿再继续学习这门手艺，传统手艺后继乏人，逐步失传，亟需抢救。

第三节　淮阳泥泥狗

一、历史沿革及分布情况

“淮阳泥泥狗”是河南省淮阳县的特产，是豫东一带妇孺皆知的泥塑艺术品。是淮阳太昊陵“人祖会”中泥玩具总称，是一种原始图腾文化下产生的一种独特的民间艺术，又称“陵狗”或“灵狗”。“泥泥狗”是淮阳太昊陵“人祖会”中出售的泥玩具总称。叠用两个泥字，前一个“泥”字为定语，作动词使用，即用手传揉，也含亲昵之意；后一个“泥”字作名词，即物体的材质“泥”。当然，这种解释仍限于顾名思义的概念理解。其表现的题材十分广泛，天上的飞禽，地上的走兽无所不有，造型虚幻、神秘。同时泥泥狗是斋公、香客们避灾、求福，争相购买的“神圣之物”。

在古代就流传着不少关于泥泥狗传说，传说当年伏羲和女娲抟土造人时，用剩下的泥捏成了小鸡、小狗洒向人间。而泥泥狗就是为伏羲、女娲看守陵庙的“神狗”。关于泥泥狗还有一个传说，有一年淮阳大旱，人们愁眉苦脸；无心去朝香祭祖，于是，太昊陵变得冷冷清清。忽然有一天夜里，狂风大作，阴云密布，一袋烟的功夫便下起了瓢泼大雨，人们都被雷雨惊醒，从门缝和窗户向外看，只见地里黑乎乎一片，全是‘泥泥狗子’，只见它们在地里来回走动，再细一瞧，，原来都在犁地、耙地。第二天天一明，人们跑到地里一看，地全都被犁过了，而且墒气十足，于是大家欢呼蹦跳，纷纷到太昊陵敬香叩拜。在古时候对“泥泥狗”还有一些较为普遍的说法，就是“能治病”。据说来自山南海北的香客们把“泥泥狗”带回自己的家乡，除送给儿孙和亲友外，还要把一些泥泥狗扔到井里，说是喝了井里的水，可以“清心明目，医治百病”。

二、基本内容及艺术特征

“泥泥狗”是淮阳太昊陵“人祖会”中出售的泥玩具总称。叠用两个泥字，前一个“泥”字为定语，作动词使用，即用手传揉，也含亲昵之意；后一个“泥”字作名词，即物体的材质“泥”。当然,这种解释仍限于顾名思义的概念理解。

淮阳泥泥狗在造型上具有一种张力,浑朴、大气且体积感较强,形象出人意料,用笔很有力度。

外简内繁:淮阳泥泥狗在外形上非常概括洗练。“泥泥狗”是用胶泥(类同黄土高原的黏土)捏制而成,全身染黑色作底,然后用大红、黄、白、绿、桃红五色点画出由圆弧曲线、直线和点组成的各种图案,线条稚拙而生动,色彩绚丽又不失沉稳,有楚漆器文化的格调,又像绳纹、方格纹、古陶器的画法。

变形夸张、以需为重:雅阳泥泥狗的形象已经打破了一般的正常比例,极具夸张变形,但是这种夸张变形并非是没有内容的形式游戏,而是来源于内容和审美的需要。

稳中求动:淮阳泥泥狗的动态以稳重为主,几乎没有过大的动势,人物的造型基本是正势。淮阳泥泥狗的动态以稳重为主,几乎没有过大的动势,人物的造型基本是正势。在平稳中传递了一种内在的气势。好像“稳如泰山”一词的形容,立地扎根很坚固,不可动摇。这种动态就像能够长久存在,产生一种时空的永恒感。

方圆结合:方圆结合本身就是具备一种哲理性。方圆结合本身就具备一种哲理性。淮阳泥泥狗的头概括成圆形,而身体处理成方形,胳膊做成圆柱形,脚就做成方块形。大方大圆的结合,特征尤为明确。

直来直去、斩钉截铁:淮阳泥泥狗用线很有力度,挺拔且直来直去。淮阳泥泥狗用线很有力度、挺拔且直来直去,不拖泥带水,没一点做作,用点也十分果敢、铿锵有力,斩钉截铁。

色彩和谐:“泥泥狗”以黑为基调,再饰以红、青、黄、白,统称“五色”。红、青色艳丽,白为明色,黄则为中和色(现多用广告色、加品红),在黑色的包容中通体鲜艳夺目,具有强烈的视觉冲击效果。

纹饰多样:淮阳泥泥狗的纹饰图样实质上都是一些生殖符号,是由生殖器官抽象变形而来的一些近似于符号样的花纹。绘制这样的符号体现对生殖崇拜的一种强烈愿望。它的纹饰种类很多,归纳为类绳纹、类篮纹、折纹、三角纹等。

三、传承谱系及代表性人物

为了更好地传承和保护泥泥狗这项民间艺术,淮阳县民间艺术泥泥狗协会于 1980 年成立了,该协会以淮阳县泥泥狗主要传承人为主要成员,发扬传承泥泥狗文化而组建,泥泥狗捏制世家任国和任协会会长,任国和为泥泥狗协会会长。淮阳县城关镇金庄行政村,村民祖祖辈辈有做泥泥狗的传统,至今已有几千年的历史,上至六岁儿童,下至古稀老人,都能够捏制泥泥狗。早在明代的陈州县志上就有记载,目前全村共有 2 000 多人从事制作,2006 年该村被河南省文化厅命名为“河南省特色文化村”。同年,阳泥塑艺人房国富被淮阳县授予泥泥狗艺术终身成就奖。

四、主要价值

民俗学者王悦勤说:“淮阳民间泥塑的功利目的在于对人类祖先神太昊伏羲氏的崇

祀和祈子巫子活动，每个形象都有其深刻内涵……祭祀活动中的'陵狗'（泥泥狗），构成了一个庞大的'图腾群体，与《山海经》诸神形象不谋而合'，二者以不同的艺术形式展现了远古初民对始祖神癨和动物及其变异图腾极端崇拜的心理倾向。"当地作家董素芝说，关于泥泥狗的艺术形象，《山海经》的文字记载给我们中华民族远古文化树起了一个丰碑。

淮阳文化专家杨复竣先生认为，泥泥狗的五色其实也来自八卦。五色是本色，是万物之本色。泥泥狗从底色黑色而起，揭示了太极生两仪，两仪生四象，四象生八卦，八卦生万物，宇宙大千世界万物生长消息的整体秩序规律。这种浑厚与古朴，来自于饰绘泥泥狗的"五色"，秉承了中国古代传统的色彩哲学观念。

泥泥狗身上的神秘八卦符号，反映出人祖伏羲对天地万象观察、归纳和总结的精粹。"伏羲治天下，天应以鸟兽文章，地应以河图洛书，乃制象而作易。"伏羲八卦卦象由三条虚实相间的线组成，实线"—"谓"阳爻"，即乾；虚线"--"为"阴爻"，即坤。"爻"的实质意义隐含着阴阳、虚实、交合、男女之道，天地万物生息之常理。

五、目前保护情况

为了保护和继承泥泥狗在这项民间艺术，淮阳县民间艺术泥泥狗协会成立于1980年，是以淮阳县泥泥狗主要传承人为主要成员，发扬传承泥泥狗文化而组建，泥泥狗捏制世家任国和任协会会长。

泥泥狗的捏制技术大多靠的是祖辈的口传心授，凭感觉和记忆代代相传。任国和认为，泥泥狗是老祖宗给我们留下的财产，是历代艺人的智慧结晶，虽然随着时代的发展，现在泥泥狗的制作工艺更加细致，看起来也精巧了许多，形态上也出现了很多变化，但是泥泥狗核心的文化元素不能变。多年来我始终都坚持着三个不变：泥泥狗造型不变、五色点画不变、文身符号不变。最能体现泥泥狗'古老'和'传统'的部分，是不能轻易改变的。

2006年，以"泥泥狗"为其组成部分的"太昊伏羲祭典"被列入首批国家级非物质文化遗产，更多地人们认识并开始喜欢上了这种古老的图腾文化符号。

第四节　民间剪纸

一、历史沿革及分布情况

河南剪纸在全省范围内较为普及，豫东、豫西、豫南、豫北，几乎县县乡乡都有剪花巧手，服务于岁时节令，婚丧嫁娶，与人民生活息息相关。

灵宝剪纸历史悠久。据传，公元前11世纪中期—前256年，某年春节过后，桃林塞瘟疫流行，百姓叫苦连天。恰逢老子骑牛至函谷关，青牛口吐血块（牛黄），乡医将其分食于病疫患者，皆恢复元气。人们欢喜若狂，视青牛为救星。以后，每年正月二十三，家家都用黄棱纸剪金牛图贴在门上，意在避疫求吉，除恶压邪，此为灵宝剪纸的初现。到公元10世纪（汉、唐时期），民间妇女就开始用金银箔或彩纸剪成各种花草图案，用来美化装饰生活。明、清代服饰中(如云头鞋面、门窗亮方、顶棚、枕头、小孩衣帽和妇女头巾等),剪纸作品大量出现。

陕县剪纸遍布全县所有乡村,几乎每一个村庄都有几个剪纸能手,在春节、婚庆等民俗活动中为农民服务,扮演着重要角色。其中,县西大营镇和西张村镇的剪纸,是陕县剪纸的代表。陕县剪纸最早可追溯到春秋时期老子散仙丹给当地老百姓治病的传说。现在这里还有用葫芦皮剪个小药葫芦戴在小孩衣服的纽扣上以避邪防病的习俗。后来剪纸逐渐应用到春节、婚俗、丧俗等民俗事项中。

二、基本内容及艺术特征

民间剪纸主要应用在以下几个方面。

(1)春节用的窗花。窗花使用量极大,品种主要有有单色、染色和"剪、染、画三合一"三种类型。单色窗花有黑、红、黄、紫、绿等颜色,尤以黑色为珍贵。染色窗花由洋桃红、米黄和果绿三种颜色点染而成,三种颜色相互浸润,形成分色。染色窗花淡雅清秀,别具一格。

(2)结婚用的团花,喜花。团花主要是顶棚花和嫁妆物品上放的各种剪纸花等,炕围花,桌围花则以瓶花为主。西张村镇和菜园乡结婚洞房的布置,所用剪纸以黑色为主要基调,这在全国十分罕见。

(3)丧俗用的纸马、纸扎、柳幡、香幡、手幡、门幡等。一般农户的丧事只有柳幡和纸马等,只有大户人家做家祭时,才有香幡、手幡和门幡。

(4)避邪用的"药葫芦""五毒花"等。主要集中在清明节和端午节使用。

(5)刺绣,工艺制品等用的样花。

三、传承谱系及代表性人物

灵宝剪纸的王朋草、陕县剪纸的朱秀云、平顶山剪纸的金秋、辉县剪纸艺人李爱荣与鲁山剪纸艺人李福财以表现现代农村的新民俗为主,与时俱进。

四、主要价值

陕县剪纸历史悠久,风格独特,在我国非物质文化遗产研究应用中具有杰出价值。概括起来具有以下几个方面。

(一)具有融通性

陕县处于南北剪纸过渡带上,北方的粗犷奔放,南方的细腻精巧,兼而有之,风格独特,研究价值明显。

(二)具有原创性

染色窗花的首创性,对研究我国染色剪纸的起源、变异、种类分布、发展脉络有重要价值。同时填补了民俗学术界认为河南没有染色剪纸的空白。

（三）具有“聚窝特色”

“聚窝特色”和以男性为主的民间艺人队伍，对研究民间剪纸的概念、传承和民俗事项等都开拓了新的思路。

（四）具有崇黑习俗

表现在春节和结婚等喜庆场合，黑色剪纸被大量使用，这和全国其他地方喜庆场合忌讳黑色，形成鲜明对比，十分罕见。对研究夏代崇黑文化在剪纸艺术中的影响和应用具有重要的学术研究价值。

（五）实用价值

剪纸作为一种传统手工技艺，可以装饰美化商场、宾馆、家庭等环境，起到提高文化品位的作用。

五、目前保护情况

为了让这门传统技艺得到更多的重视和保护，目前我国已将民间剪纸申报“联合国教科文组织人类口头和非物质遗产代表名录”。如今，抢救保护我国传统的民间剪纸已成为人们的共识。1997 年 5 月，国务院颁布《保护传统工艺美术条例》，为开展如剪纸这样的非物质文化遗产保护提供了政策上的依据和准绳。2003 年，文化部正式启动“中国民族民间文化保护工程”，民间剪纸亦被列入中国民间十大文化遗产抢救工程。同年 8 月，中国民间文艺家协会在河北省蔚县召开“中国民间文化遗产抢救工程剪纸专项工作会议”，全体一致通过了《抢救和保护中国民间剪纸蔚县宣言》，将剪纸抢救作为中国民间文化遗产抢救工程的第二个重点项目。

第五节　洛阳宫灯

一、历史沿革及分布情况

洛阳宫灯历史悠久，相传东汉光武帝刘秀统一天下，建都洛阳，为了庆贺，在宫廷里张灯结彩，大摆宴席，盏盏宫灯，各呈艳姿。后来，宫灯的制作技术传入民间，洛阳宫灯挂件名也由此而生。

隋炀帝大业元年正月十五，在洛阳陈设百戏，遍布宫灯，饮宴畅游，全城张灯结彩，半月不息。隋唐之后，每逢元宵佳节，家家彩灯高挂，处处明灯璀璨，人人提灯漫游，盏盏争奇斗艳。这种风俗传至全国，波及海外。

清代，洛阳宫灯仍很盛行。洛阳老城人李文林成为一代名师，所做宫灯远销省内外。慈禧太后途经洛阳时，授予其铜牌一枚，李家名声大振，终成富贾。

至今洛阳宫灯远销国内外。中南海的怀仁堂也挂起了洛阳宫灯。目前洛阳宫灯品种有数百个,制作技术日臻完美。每逢元宵佳节,宫灯遍及全城,增添了节日的喜庆色彩。

二、基本内容及艺术特征

洛阳宫灯分为四大类,四大类中又各有若干小类,大大小小,形形色色,共同构成了绚丽多彩的洛阳宫灯世界。它们在历史的长河中闪闪烁烁,美不胜收。

(一)张合架纱绸宫灯

张合架纱绸宫灯分三种形式,圆样宫灯,老样宫灯(蛋圆形),清化样宫灯(长圆形)。圆样宫灯也叫门灯,主要用于大门的装饰,旧时富贵人家逢年过节,大门外门檐下一边一个灯笼,庄严中透着肃穆,喜庆中映着富贵;老样宫灯最为传统的传统式样,灯型自然流畅,主要作为商店的字号灯;清化样宫灯据传由清化县(今焦作博爱县)流传而来,多为"官衔灯"和"还愿灯"。

(二)拼装架方型彩绘宫灯

这类宫灯呈方形,骨架由木头做成,能拆能卸,收藏十分方便。分类有"方白绢""方罗汉""粗方灯"等。骨架用木有胡桃木、椴木、杨木等,也有富贵人家用红木、紫檀木的,那自是灯中的上品了。方形宫灯灯架四边,均有透雕花边,灯面讲究写字画画,一般由当地名人动笔,写古今诗词,画山水花鸟。

(三)拼装架多角彩绘宫灯类

多角宫灯也是木架结构,能拆能装,也有不能拆装的固定架。木质与方形宫灯相同,品种有六角龙头宫灯、扇面宫灯、各种壁灯、蝴蝶型宫灯、桌灯、盒灯等。花边有透雕,有浮雕,也有不带花边的。

(四)玩灯、花灯、纸灯

这类灯多为灯节中儿童提灯游玩所用,灯型各种,五彩缤纷,有固定型,有活动型,有操纵变换型。常见的有猴灯、羊抵头灯、走马灯还有玉兔灯、仙鹤灯、龙头灯等。因为属玩物,此类灯一般做工粗糙,但也有做工细腻的。灯面有纱,有绢,也有纸糊的。

需要说明的是,旧时洛阳宫灯并不像现在所见灯笼,全国各地一片红。传统的洛阳宫灯,红颜色的很少,除了一些有特定用途的,比如还愿灯,还有一些玩灯用为红色外,多为白绢或白纱做面。

三、传承谱系及代表性人物

洛阳做宫灯最早的是鼓楼杜家。杜家做宫灯始于明朝。到了清初,家里有个叫杜永昌的中了举人做了知县后,家中就不再做宫灯的生意了。一直到清朝道光年间,家道败落,杜占元又开始以宫灯为生。光绪时候,杜占元子杜振玉“灯体字”写得甚为出色,声闻京城,北京不断有官宦派人到洛阳,专为购买杜家的宫灯。和杜振玉同时代做宫灯的杜姓有杜宝贝、杜拴子、杜重塔等,另有吴发成,阎发娃、孙宝宝、崔宝荣等,是杜家的徒弟。民国时候,杜家做宫灯的有杜式娃,杜大生,杜连生、杜道三、杜才娃等,新中国成立以后,杜家仍有杜丙光,杜天定,杜光义、杜留欣等做宫灯。

四、主要价值

洛阳宫灯品种繁多,具有浓厚的地方特色。既可用于喜庆饰品,点缀升平;又可作为艺术宣传,表彰新风。也可作纪念品,赠送亲朋。非物质文化遗产具有历史传承价值、审美艺术价值、社会和谐价值、经济开发价值等多方面的重要价值。

五、目前保护情况

成立在洛阳市群众艺术馆的洛阳宫灯研究会,将从历史渊源、制作特点、扎制技巧等方面开展研究,确保洛阳宫灯制作技艺得到良性传承与发展。研究会随后将举办洛阳宫灯系列培训活动。同时,洛阳市非遗保护中心还将对宫灯的制作过程做抢救性记录,为后人留下宝贵财富,将宫灯文化发扬光大。

第六节　汴京灯笼张

一、历史沿革及分布情况

汴梁灯笼张世居开封,为开封著名彩灯制作世家。

汴梁灯笼张第一代先祖张泰全,少年拜师学艺,青年时代成为开封城内制作彩灯的能手,当时官府门前高悬的宫灯及府内悬挂的各种彩灯,大多出自他手,是汴梁灯笼张的创始人。道光二十一年(1841),开封遭黄河水患,张家迁至山东济宁谋生。受官府指派,张弘率工匠装修、布置行宫。张弘之子嘉猷、嘉信、嘉义随父进宫做帮手。经修葺、装饰、布置,据《庚子西狩丛谈》记载:行宫陈设极壮丽,入仙瞻仰一周,俨然有内廷气象。由此敬文斋张家名声大震,汴人赞誉为“汴梁灯笼张”。

二、基本内容及艺术特征

汴京灯笼张制作的灯笼既有传统宫灯的古雅华贵,又有浓郁的生活气息。它集雕塑、年画、剪纸、刺绣等艺术为一体,充分展示了民间艺术的风采,深刻地表现了人民群众追求光明与和平的美好愿望,在我国灯品中具有极其重要的地位。在历代的传承与发展中,形成了以下特征:造型突出,令人过目不忘;用料考究,注重材料色与光源色的一致性,灯光照度高;将多种艺术融为一体并实现了传统制灯技艺与现代科技的完美结合。

三、传承谱系及代表性人物

张泰全(1740—1806),为汴梁灯笼张创始人。

张艺广(1769—1839),泰全之子,汴梁灯笼张第二代传人。

张精业(1801—1878),艺广之子,汴梁灯笼张第三代传人。

张弘(1839—1904),精业之子,汴梁灯笼张第四代传人。

张嘉义(1889—1979),张弘幼子,汴梁灯笼张第五代传人。

张金汉(1941—),张嘉义幼子,汴梁灯笼张第六代传人。

张俊涛(1971—),张金汉之子,汴梁灯笼张第七代传人。

四、主要价值

自宋代以来,开封就有上元观灯的习俗,制灯艺人和作坊相传不辍,张家制作大型彩灯和宣纸彩灯的传统代有发展。因为收藏民间儿童闹元宵时在大街上挑着行走的纸灯笼有一定难度,所以这里的展品大多是悬挂于厅堂院落之中的彩灯。这些彩灯图案题材多样,有景物、人物图案的,有花鸟图案的;形态各异,有人物、动物形状的,有器物形状的;而且色彩缤纷,煞是好看、喜庆。从制作工艺和彩灯结构上说,这些灯可以分为有骨彩灯、无骨彩灯两种。一般来讲,像万眼萝彩灯一类的小型彩灯多为无骨彩灯,这类彩灯通过布满灯体的小孔增加美感和透光效果,古时一般悬挂于绣房之中,而像鲤鱼跳龙门灯、千手千眼佛灯等大型彩灯,一般得靠灯骨来支撑,为有骨彩灯。当然,诸如西藏地区"八吉祥"彩灯、自古流行于北京地区的红纱布铁丝彩灯等工艺和结构比较复杂的小型彩灯也是有骨彩灯。但无论彩灯有骨还是无骨,那柔和的灯光、亮丽的色彩挽住了历史,唤回了记忆,体现出的都是中华文化元素带来的温馨与美好。

五、目前保护情况

已被列入第一批国家级非物质文化遗产扩展项目名录的汴京灯笼张为清末艺人张太全的绝技,传承到张俊涛手里已是第七代,张俊涛创办了汴京灯笼张彩灯博物馆,免费向群众开放。汴梁花灯文化亟待保护与传承,而将这一优秀的民间文化发扬光大则需要社会方方面面的努力。

第七节　方城石猴

一、历史沿革及分布情况

方城石猴又称"画石猴",是源于河南省南阳市方城县独树镇的一种民间石雕艺术品。民间艺人采用当地石料,雕出猴子形状,然后用黄、绿、红、黑等颜料涂染勾画在石猴身上而成,故又称"画石猴"。方城石猴起源于宋代,鼎盛于明清,在民间已有 1 000 多年的历史。为国家非物质文化遗产,因与“时候”谐音,中原民间自古就有“时候到门前,四季保平安”的说法。雕刻石猴的滑石主要产于与砚山铺村相邻的杨楼乡尚洞村一座山丘上,方城石猴雕刻艺人主要集中在方城县独树镇砚山铺村。

二、基本内容及艺术特征

方城石猴属于微型石雕艺术品,包含选材、制胚、打磨、雕刻、蒸煮、上色、晾晒、涂桐油等工序,其中上色有黄、绿、黑、红四种颜色。雕成的石猴小巧玲珑、造型别致、生动随意,具有刀法简洁明快、色彩强烈鲜明、风格独具神韵、寓意喜庆吉祥的特点。种类有单猴、猴背猴、猴摞猴、马上猴等,蕴含“祖师封侯”“辈辈封侯”“马上封侯”之意,是研究中原民俗文化的“活文物”。

每年农历三月三,在南阳市方城县小顶山都有庙会,庙会上出售一种石雕“小石猴”,当地俗称“好时候”(谐音),也叫“画石猴”。赶庙会的人都踊跃购买,并相互赠送“好时候”(时候与石猴谐音),渴望能给自己和亲朋带来好运。“单猴”,寓意是“祖师封侯”;“母猴背小猴”,寓意是“辈辈封侯”。它独特的造型和吉祥的谐音,使得它誉满中原,长盛不衰。当地人们逢年过节便以此为吉祥物让孩子佩戴。这在方城县形成了一种独特的“猴文化”。这些小石猴造型别致,刀法简洁,具有浓郁的地方特色。它们高约三至五厘米,分素色和彩色两种,彩色用黄、绿、红、黑等颜料涂染而成。这些石猴形态多样,有单猴、母子猴、猴背猴、猪背猴、猪八戒背猴,等等,小巧玲珑,独具文化神韵。

三、传承谱系及代表性人物

在方城县雕刻石猴的民间艺人中,最具代表性的是今年 86 岁的砚山铺村王忠义老人。在他 70 余年的石猴雕刻生涯中,曾收徒三四十人,如今坚持下来专职从事石猴雕刻的有 13 人,可以说是老中青三代皆有。分别是他的儿子两人、侄子 4 人、同村 4 人、孙子 3 人;一直从事石猴雕刻的有 13 家,孙辈中的 3 人都能雕刻,但技艺尚不成熟。

四、主要价值

1. 药用价值

农民下地干活时,带上一个小石猴,一旦那里碰伤、划破了,在小石猴身上刮些粉末擦上就可以止血。

2. 深厚的“猴文化”底蕴

因为“猴”与“侯”同音,人们希望加官封侯,就给“猴”赋予了一种富贵、吉祥的含义。“送一个好石猴的含义是送你一个好时候。”

五、目前保护情况

为做好“方城石猴”的保护工作,方城县采取了很多积极的研究、保护措施:一是调查收集、整理了“方城石猴”的相关文字资料,对该项目形成了较为系统详尽的文字描述。二是录制拍摄了“方城石猴”雕刻工艺流程及其相关人、物的音像资料永久保存。三是全面购置收藏王忠义老先生的“方城石猴”雕刻作品及相关传承人代表作品，从实物上进行保护。四是县文化部门在经费十分困难的情况下，设法在生活上、制作环境上给老传人予以关心关照。五是积极组织其作品参加各级各地组织的文化交流活动和举办的展览活动，通过报纸、杂志、广播、电视、网络等手段以点带面地加大非物质文化遗产内宣外宣力度，以此提高全民保护意识，同时进一步提升方城及“方城石猴”知名度。六是采取多项保护措施。在县文化部门和非遗产中心重点保护的基础上，充分发挥发动社会力量参与保护，利用“国家级名录”立项吸引民间资金壮大“方城石猴”的发展。2008 年底，县里成立了“方城县石猴文化研究会”；2009 年 1 月，该县为对“方城石猴”实施生产性保护，又成立了石猴文化传播公司，分别在独树镇和拐河镇建立了两个石猴生产基地。公司聘请王忠义老人为艺术总监，注册了“王忠义”商标和“好时候”商标，积极探索传承保护和产业经济双赢的途径。

第八节　镇平玉雕工艺

一、历史沿革及分布情况

镇平玉雕加工业历史悠久，据出土文物考证，最早起源于新石器时代，距今已有6 000余年历史。另据县志记载，宋、元两代玉雕生产开始渐具规模，明、清以来，已成为一大产业。

秦朝宰相李斯在《谏逐客书》中曰：“则是宛珠之簪，傅玑之珥。”“宛珠之簪”实则为镇平之簪，是作为贡品专供帝王欣赏的。东汉张衡在《南都赋》中说：“其宝利珍怪，则金彩玉璞，随珠夜光，珍馐琅琅，充溢园方，琢雕狎猎，金银琳琅。”真切地描绘和反映了镇平玉雕颇具规模的生产状况，此时的工艺水平较以前有了较大的提高。据《镇平县志》记载：早在宋元时代，玉雕工艺已由北京、苏州等地传入，兼有京津工艺之浑厚，苏杭工艺之俊秀，产品已开始向东南沿海商人出售并转卖到海外。玉雕由单纯的观赏发展到观赏与经济创收并重的阶段。随后数百年间，镇平玉雕渐成行业。部分民间艺人开始在南阳开设经营玉器的门店，声名远播。新中国建立后，特别是改革开放以来，镇平历届县委、县政府十分支持鼓励玉雕产业的发展，制定了一系列激励玉雕产业发展的优惠政策，自1993 年起，连续举办 8 届“中国镇平国际玉雕节”，使玉雕产业得到了长足的发展。

镇平玉雕主要分布在镇平玉雕湾，河南南阳镇平县城西北八千米处，有一个自古就有“玉雕之乡”美誉的玉雕产销集散地—石佛寺，在这里，以中华玉文化中心为标志的玉雕湾综合市场，与贺庄摆件市场、榆树庄玉镯市场和石佛寺翠玉玛瑙精品市场及 7 个玉雕专业村连为一体，成为中国内地最大的玉器加工销售集散地。

二、基本内容及艺术特征

镇平玉雕工艺所用玉料主要以中国四大名玉之一的独山玉为主。镇平玉雕博采南北之长，既有京津派的雄浑豪放，也兼苏扬派的婉约细腻，造型生动逼真、雕刻精细入微，从而形成自己独有的中部风格。玉雕工艺由原始的打制、简单的琢磨直至精雕细刻，历时数千年，逐步积累了各自的工艺特点。玉的雕琢工艺由最初的小件如清代、民国时期的烟嘴、手镯等简单的小物件，逐步发展为20世纪70年代制作中等件，20世纪80年代至90年代制作大型玉雕作品。其工艺特点有因料施艺，废料巧作，剜脏去绺，化瑕为瑜，巧用俏色、浮雕、圆雕、镂空透雕、镶组装等工艺，形成玉雕的工艺特点。

三、传承谱系及代表性人物

如今以镇平为代表的南阳玉雕专业技术人员中，有被联合国教科文组织命名的玉雕“民间艺术大师”2人，全国玉雕大师3人，省级玉雕美术大师19人，高级工艺师35人，玉雕创作新星和能手30余人，玉雕技工5 000余人，涌现出了像仵海洲、鲁明钧、仵英文等全国闻名的工艺大师。他们的作品在国际、国内评比中屡屡获奖，为国家、为南阳获得许多殊荣。其中最具代表性的是出生于河南省镇平县石佛寺的中国工艺美术大师——仵应汶，他曾被联合国教科文组织授予“中国民间工艺美术家”“中国玉石雕刻大师”称号。

四、主要价值

玉和中国民族的历史、政治、文化和艺术的产生和发展存在着密切关系，它影响着中华民族世世代代人们的观念和习俗，影响着中国历史上各朝各代的典章制度，影响着一大批文学、历史著作。中国古器玉器数量的增多与不断提高的琢玉技术，以及与中国玉器相关的思想、文化、制度，这一切物质的、精神的东西，构成中国独特的玉文化，成为中华民族文化宝库中一个重要的分支。玉雕工艺对中华文明的形成和发展具有重大影响，镇平玉雕体现了较高的历史、艺术和工艺价值，是“中华玉文化”的重要组成部分。

五、目前保护情况

镇平县委、县政府为了加强对全县玉雕产业的管理，于2000年5月成立了“镇平县玉雕产业管理局”，相关乡镇成立了玉雕产业管理办公室。为进一步发扬光大玉雕工艺，提升镇平玉雕的知名度、影响力，镇平县已成功地举办了13届玉雕节。同时还从组建龙头企业入手，组建了河南镇平玉神工艺品有限公司，吸纳了镇平神圣玉雕有限公司、镇平华艺有限公司、镇平石佛寺玉器厂等10家企业。2003年镇平县又建成了全国唯一的“中华玉文化中心”和全国首家中华玉文化博物馆。

第九节　滑县木版年画

一、历史沿革及分布情况

滑县木版年画主产地是滑县慈周寨乡前李方屯二村，产品长期销往全国各地并有较大影响。相传滑县木版年画始于唐朝，明朝初期山西红桐县韩朝英（1476—1537）迁居滑县。清乾隆年间，出现了“兴隆号”“兴义号”“兴盛号”三家木版画作坊。1949年前，由于经济萧条，民不聊生，很多木版画艺人纷纷改行。1949年后，风调雨顺，丰衣足食，民心欢畅，滑县木版年画又时兴起来。进入1958年，由于“大跃进”，反对“封建迷信”等活动，滑县木版画遭受了灭顶之灾。1962年，随着党的政策有所放宽，木版画市场才得以复苏。到1963年，慈周寨乡前李方屯二村400余口人，从事木版年画制作的就有200余人。

1966年，“文革”开始，“横扫一切牛鬼蛇神”“破四旧，立四新”，滑县木版画遭遇了十年浩劫，不计其数的雕版被砸被烧。“文革”后，虽然政治气氛有所变化，但也没有为这些木版“平反”，致使一些画坊只能从事“地下活动”，生产量很是有限。20世纪80年代改革开放，才开始了大量的生产和销售，画坊曾出现了“供不应求”的繁荣景象。

二、基本内容及艺术特征

滑县木版年画在体裁上，画幅有大有小。大的以卷轴中堂为主，有的画（如神像画《七十二位全神图》和祖谱画《拾贰名义》）达到六尺长，还有像几乎家家户户都供奉的神像画《天爷》也达到五尺长，还配有对子，很适合挂在堂屋正面的墙壁上。小的大多门画大小。

滑县木版年画在绘画风格上，画幅大的都是先用线版墨印，然后着色。滑县的木版年画的人工着色彩绘颜色大多是用水稀释过的，且半透明，比较淡雅精细，部分以工笔、水墨为主，色彩和谐，人物造型鲜活。画幅小的如人工着色，则色更淡，给人更多的想象的空间，如套色则以大黄、大红、大绿、朱红为主。

滑县木版年画一直坚持手工制作，人物造型粗犷夸张，线条刚劲有力，构图对称均衡，颜色艳丽。在形式上，滑县木版画除了年画外，还有家族族谱、中堂、对联等表现形式，反映了当地群众独特的风俗习惯。在内容上，滑县木版年画多收材于佛、道、儒人物，各个行业所供奉的诸神等。

三、传承谱系及代表性人物

滑县木版年画三个代表性传人分别是韩清亮、韩建峰、耿建社。

四、主要价值

滑县木版年画文化内涵丰富，画面意境深远，让人赏心悦目。滑县木版年画俗称“画轴”，是流传于省内外的民间艺术瑰宝。表现内容丰富翔实，以怀念祖先、祈福纳祥、辟邪消灾、驱鬼降魔为主；题材广泛，以天地诸神、神话传说、戏曲人物、花鸟虫鱼为主；体裁多样，以中堂、族谱、扇面、对联为主。年画工艺精美，颜色艳丽。风格稚拙，古朴生香，含蓄内敛，不事张扬。构图饱满，讲究对称，层次分明。线条简洁，刚劲有力，松弛流畅，飘逸潇洒。粗犷而又细腻，大雅而又大俗，具有较高的艺术价值和审美情趣。

五、目前保护情况

滑县县委、县政府、县文化局高度重视滑县木版年画的保护开发。成立“滑县木版年画保护领导小组”,争取上级资金征集年画古版 1 100 块,精品年画 60 多幅。建设“滑县木版年画博物馆”,同时组建滑县木版年画保护研究所和滑县木版年画社,对滑县木版年画、古板保护、历史传承等 10 个课题进行研究。适应现代市场需求,先后开发研制出高、中、低档滑县木版年画文化礼品“文武财神”“全神图”“刘海戏金蟾”“五神像”“老虎”“字谜联”“绢质岗叉楼名义”“神像收藏册—精品版”“扇面画收藏册”“滑县木版年画古钱币收藏册”“二十四孝收藏册”等 15 个品种。

第十节　麦秆画

一、历史沿革及分布情况

麦秆画是传统民间工艺品,又称“麦秸剪贴画”“麦秆剪贴”。源于明代中叶,当时的传统工艺从麦秆团扇蕊剪贴脱胎而来,到清代发展成独立的特色工艺。据传是由艺人倪仁吉首创,后曾一度绝迹,至清代同治年间民间艺人金翠娥挖掘制作,得以流传。新中国成立后,麦秆画的技艺有很大发展,从单一的平面剪贴发展到立体剪贴造型,如立体堆贴成金鱼、鸳鸯、锦鸡、熊猫等。并有以麦秆工艺制成花瓶的插花及书签。麦秸画工艺品,全国很多地区部有生产,以仙桃、哈尔滨、潮州、南阳、浦江和广西等地生产的较著名。

二、基本内容及艺术特征

麦秆画利用麦秸自然光泽和抢撕成丝的特性,经烫色或染色,用“撕、剪、刻、抢”等特技工艺,或平贴,或直接用麦秸逐层粘堆而成画面。一般运用国画形式构图。嵌贴于镜框内,作为欣赏品。麦秆画的类别有以下几种:

1. 仙桃麦秆剪贴

仙桃麦秆剪贴又称邓氏麦秆画,可上溯至隋朝,距今已有 1 400 多年的历史。麦秆剪贴乃中国一绝,世界独有,起源于清朝乾隆年间,道光年间传入沔阳(今仙桃),曾广泛分布于湖广,是沔阳麦秆画的源头。经过 100 多年的发展,逐渐形成以书画,立体浮雕为主的民间传统工艺美术。仙桃麦秆剪贴是中国工艺美术一个重要组成部分。

2. 潮州麦秆剪贴画工艺

潮州麦秆剪贴画工艺最初以编织物形式出现。乡村艺人用刚刚收割的麦秆织成篮子、桌椅、轿子、扇子、骏马等小工艺品。后来逐步演化成麦秆剪贴画。潮州麦秆剪贴画的题材主要有人物、花卉、鸟兽、水族和山水。表现形式有本色和套色两种。

3. 清丰麦秆剪贴

清丰麦秆剪贴又称聂氏麦秆画,也是目前在中原地区规模和影响较大、传承保护优秀传统文化较好的麦秆画品种之一,在民俗学、绘画艺术、民间技艺等方面具有较高的研究价值。

三、传承谱系及代表性人物

唐朝年间,麦秆剪贴技艺已在清丰县盛行。明朝宣德年间,清丰县阳邵乡聂家人开始从事麦秆剪贴画的制作,传承至今已有几百年历史。聂氏麦秆剪贴画的第二代传人聂云路,外号“聂大能”,而聂氏麦秆剪贴画的第三代传人有聂维学、聂维松、聂维岳。几代传承,已经使他们在熨烫、漂煮等制作工序方面,逐渐形成了聂氏套路。

2017 年 12 月 28 日,聂远征入选第五批国家级非物质文化遗产代表性项目传承人推荐名单。聂远征自幼随父聂绍银学习家传麦秆剪贴画,少年时已全面掌握麦秆剪贴画平贴式等传统技法,1970 年代末在清丰县文化馆学习绘画,后在安阳师专进修美术设计。在长期的实践中,他在研习并吸收传统的单色平贴技法的同时,逐步发展出烙烫多层次粘贴、浮雕式粘贴、立体式粘贴等新技法,提高了麦秆剪贴画的艺术表现力。聂远征曾收徒 130 余人,均已掌握麦秆剪贴画的传统技艺及制作要领。其中,聂瑞丽、范瑞英、王俊霞等人现已独立开设自己的麦秆剪贴画公司。

四、主要价值

麦秆画因其制作材料为麦秆而得名,是一种洋溢着浓厚乡土气息的民间剪贴艺术,象征着吉祥和丰收。所以它是有特殊含义的,具有很高的观赏价值和收藏价值。

五、目前保护情况

早在唐朝年间,麦秆麦秸画技艺已在清丰县盛行,到清朝嘉庆年间,聂家第六世祖聂万卷又开始制作麦秆画,成为清丰一带著名的麦秆画艺人。聂氏麦秆剪贴的第二代传人聂云路,外号“聂大能”,而聂氏麦秆剪贴的第三代传人有聂维学、聂维松、聂维岳。几代传承,已经使他们在熨烫、漂煮等制作工序方面,逐渐形成了聂氏套路。聂氏麦秆剪贴的第四代传人,则有聂绍贡、聂绍银、聂绍功。20 世纪 50 年代初期,聂绍银制作的麦秆画应邀参加安阳地区文教局举办的民间美术展览,获得好评。聂氏麦秆画第五代传人聂远征,于20 世纪 70 年代继承父业,重操麦秆画技艺,他在继承传统技艺上,着力保持麦秆画古色古香的韵味,充分挖掘麦秆画象征吉祥、祝福的文化内涵,在制作技艺上结合现代审美的需求,完善了聂氏麦秆画的制作技艺。聂氏麦秆画第六代传人聂瑞丽继承父业后,就开始了不断创新,在传承祖传平贴式、多层式粘贴法外,又创造出立体浮雕式粘贴法,还制作出立体陶瓷麦秆画。这项被称为“圆雕”的技术,2012 年申请了国家专利,2014 年,获得了河南省唯一一个由中国非物质文化遗产博览会组委会颁发的“优秀创意衍生品、非遗保护创新成果展示奖”。

在清丰麦秆画的传承中,除聂氏外,刘氏麦秆画的口碑也在业界盛传。2018 年,我国首个“中国农民丰收节”,“刘丽敏麦秆画”以主会场非遗项目板块展演,是河南省唯一入选的项目。麦秆剪贴一直被在民间老艺术家的手中传承发展着,直到 2008 年,麦秆剪贴由浙江省浦江县申报成功,进入第四批国家级非物质文化遗产代表项目名录。麦秆画的保护和传承开始受到国家和社会各方的广泛关注。

第十一节　汴绣工艺

一、历史沿革及分布情况

汴绣成立于北宋初年。当时宋太祖赵匡胤在平定后蜀后，得到了200名绣工。为安置其，于乾德五年(967)在东京(开封)设立绫锦院。其后，不断地从全国刺绣闻名地区如浙江、四川、湖州等地调集高级绣工。太宗皇帝末期，已是高手云集，供应广泛。常宁四年(1105)民间汴绣学校“文绣院”成立。汴绣技术得到了进一步的提升。徽宗年间，汴绣开始分科，设了绣画专科，使绣画分类为山水、楼阁、人物、花鸟，名绣工辈出。南宋时期，都城南迁，宫廷绣工随皇帝南迁，北方战火连绵，同时没有政治支持。开封绣业不复北宋时期的繁荣，而优秀绣工的南迁，使汴绣的技艺流传至全国各地，同时北宋的繁荣也让汴绣扎根于开封民间。元明清中原稳定时期，汴绣在民间慢慢复苏、发展。

清明民国时期，汴绣在这个时期重新走入了中国名绣流派之中，向人们证实了汴绣的潜力，同时再次因为战乱的原因，遏制了它的发展。直到新中国成立，20世纪50年代初，汴绣合作组成立，汴绣名称正式确立。1958年，国有企业开封汴绣厂成立，汴绣终于走向了快速发展的道路。到20世纪90年代，国家经济体制改革，国有企业员工下岗，汴绣技术人才走向了市场竞争，同时汴绣的生产得到了一定的普及，一涵汴绣厂汇集成熟汴绣工人提供了机会。

二、基本内容及艺术特征

汴绣是一种历史悠久的绣种，多以人物风景擅长，其色彩搭配较其他绣种明快、奔放，而且在透明上常采用夸张的手法，且层次错落有致，跨度较大，其针法细腻，构图新颖在明暗接序上仍有自己的独到之处。它以绣制中国名、古画著称于世，绣品古朴、典雅、细腻。汴绣在传统色调，针法基础上，创新整理出基本针法36种之多，如：枪针绣瓦，滚针、蒙针绣山水树木，双合针绣绳索，悠针绣动物，以及叠彩绣、席蔑绣、纳点绣、乱针绣等应物象形的针法，可称是与刺绣艺术的结合，是在绘画艺术基础上的再创作。工艺品种有：单面绣，双面绣、双面异色绣、双面三异绣。

三、传承谱系及代表性人物

王素花，是中国工艺美术大师、国家级非物质文化遗产代表性传承人，1957年进入开封市汴绣厂工作。1959年10月1日，王素花应邀出席了国庆观礼，受到毛泽东、周恩来等党和国家领导人的亲切接见。由于王素花在汴绣艺术传承和创新发展方面取得的巨大成就，1995年被联合国教科文组织、中国民协联合授予“中国民间工艺美术家”称号；2003年荣获“河南省工艺美术大师”称号；2005年获得中国工艺美术最高荣誉——“中国工艺美术终身成就奖”；2007年被授予“中国民间文化杰出传承人”荣誉称号；2009年又被国务院命名为“中国非物质文化遗产(汴绣)代表性传承人”。

韩玉琴是中国民间工艺美术大师,汴绣非物质文化遗产传承人。1971 年,20 岁的她被招进开封市汴绣厂工作。韩玉琴曾主持绣制过许多古风题材的优秀作品,如《清明上河园》《百骏图》《忠孝图》等,多次获得省级、国家级工艺美术大奖。

四、主要价值

汴绣的价值主要体现在它的艺术价值。汴绣是中原大地的一朵奇葩,为人们的生活增添光彩,在民间艺术发展中起着积极的促进作用。汴绣精品,为国家所收藏精品,绣品远销欧亚美等许多国家和地区。汴绣被誉为“神州风采”,堪称中国一绝。

五、目前保护情况

2006 年,汴绣被确定为河南省首批非物质文化遗产;2008 年,汴绣进入第二批国家级非物质文化遗产名录。新时期,汴绣知识产权保护、新产品培育、汴绣产业化发展、绣娘的培养等仍然面对诸多难题。

第十三章

河南省传统技艺类非物质文化遗产档案资源

第一节　棠溪宝剑铸造工艺

一、历史沿革及分布情况

河南省西平县棠溪乃春秋战国著名冶铁铸剑圣地。西平棠溪冶铁、铸剑业十分发达，规模巨大，涵盖了西平、舞阳、郾城部分地区。自秦至唐宪宗元和年间，历代中央政府均在西平设置铁官，督办兵器制造。唐元和十二年(817)冬，宪宗发兵平定中原叛乱，后将棠溪冶铁城夷为废墟。如今只剩下西平县酒店乡一个战国时期冶铁铸剑竖炉的遗址。

中国著名历史学家范文澜曾两次来西平棠溪考察，并在《中国通史简编》中说："西平有棠溪村，有冶炉城，都是韩国著名铸剑处。"在棠溪北岸有座直径两米的大型冶铁炉，是最早的一座春秋战国冶铁铸剑炉。

二、基本内容及艺术特征

棠溪宝剑剑条要通过反复折叠锻打、錾图、渗铜、正火、淬火、研磨、收光等近百道工序，剑条的研磨、收光由专业技师全手工操作。其剑鞘、剑架采用红木、棠棣木、花梨木等稀有木材，原木需自然晾三年、在室内炕六个月，而后去裂除花，按照自然木纹顺序刨磨打坯，经过精雕细琢，演绎出龙飞凤舞、福禄寿禧等祥瑞图画。棠溪宝剑饰件采用传统失腊法青铜精密铸造，用铜或金银进行錾图、错金、镶嵌、整合组装、打磨，烤漆等数十道工序。最后，经过高标准成品检测、包装，棠溪宝剑才以完美的形象展示于世人面前。

棠溪宝剑承袭了古代手工千锤百炼、金属改性的传统工艺，具备"强、韧、硬、弹"四大特点。棠溪宝剑剑条上錾上去的龙、剑鞘上的各个画面，都表现了棠溪宝剑精湛的工艺：画面精细，形态逼真，线条简洁，和谐完美，刀法严谨娴熟，力度感强。

三、传承谱系及代表性人物

20 世纪 40 年代，高锡坤和儿子高庆民创办了西平县第一个铁工厂。1987 年 6 月的一个夜晚，高庆民与父亲试制成功了第一把棠溪剑。高庆民是宝剑生产领域诣颇深的国家级民间工艺大师，他掌握的多项重要工艺曾获河南省科技进步一等奖、二等奖，国家发明金奖专利特别金奖等几十项，他也曾被评为河南省十大科技人才、省级优秀专家、全国科技先进工作者。

四、主要价值

现在的棠溪宝剑已不再作为武器，而是成了人们收藏、装饰、礼赠和祁福镇宅等用处的上佳选品。棠溪宝剑，以中国传统的龙文化和剑文化为底蕴，承袭棠溪地区特色和特殊生产工艺，融入了现代审美意识和现代科学技术。它已成为西平县及驻马店市的一张名片，成为河南传统文化、中华传统文化产业中耀眼的一颗星。它的声誉和影响正向海内外广泛传播。

五、目前保护情况

1989 年，全国冶金史学研讨会的专家学者云集西平对棠溪剑的研制成功给予了高度评价。1991 年棠溪剑通过省级技术鉴定。2000 年 10 月 31 日，高庆民设计打造的“中华第一剑”0001 号被中国历史博物馆永久收藏。2004 年 9 月，棠溪剑被河南省委、省政府认定为河南名牌；同年，又被国家技术监督检验检疫总局代表审核、认定，荣获“世界原产地标记注册保护证书”。2006 年，棠溪剑业公司被国家农业部评为全国创名牌企业。2007 年，西平县被授予“中国冶铁铸剑文化之乡”，并同时被授予“中国嫘祖文化之乡”称号。

第二节　钧瓷

一、历史沿革及分布情况

钧瓷烧制始于唐，兴于北宋，因官窑设于禹州城内“古钧台”而得名。钧瓷发祥于禹州市西南 30 千米的神垕镇。唐代时期，陶瓷出现了灰蓝、乳白色的大块彩斑和流纹，即花瓷，也叫唐钧。北宋时期，工匠们烧造出铜红釉，结束了“南青北白”的局面。北宋末期，朝廷在阳翟（现在的禹州市）钧台附近设立“官窑”，专为宫廷烧造贡瓷。靖康之耻后，官钧窑停烧。金元时代，神垕民间仍然坚持烧制钧瓷，但其质量已严重下降。元末明初，因战乱、灾荒和制瓷中心的南移，烧制技艺渐渐失传。明朝万历三年（1575），因钧瓷忌神宗皇帝朱翊钧“圣讳”，被勒令停产。光绪年间，神垕民间艺人卢振太兄弟及其子侄辈烧制出了孔雀绿和碧蓝相间的仿钧瓷，使失传已久的钧瓷烧制技艺恢复了生产。20 世纪三四十年代，钧瓷业受到了沉重的打击。新中国成立后，钧瓷事业进入了新的大发展时期，改革开放的春风使钧瓷迎来了黄金时代。

二、基本内容及艺术特征

“过手七十二,方克成器,其中细微节尚不能尽也。”这是古书上对烧造钧瓷技术的粗略描述。钧瓷生产需要经过加工、造型、制模、成形、素烧、上釉、釉烧、检选八大工序。

钧瓷的奇特,在于它“入窑一色,出窑万彩”。在素胎表面或刷或浇或浸或涮上一层以天然矿石及化学元素为原料的釉浆后入窑烧制。在高温条件下,钧釉以铜、铁为着色剂,釉色与纹路相交叠置,出窑后就能出现色彩斑斓、变化万千的窑变效果了。

三、传承谱系及代表性人物

由于战乱、灾荒破坏及政治阻碍等一系列原因,钧瓷生产日渐衰退,烧制技艺渐渐失传。直到清朝末年,神垕民间艺人卢振太兄弟及其子侄辈烧制出了孔雀绿和碧蓝相间的仿钧瓷,使失传已久的钧瓷烧制技艺恢复了生产。新中国成立后,钧瓷事业进入了新的大发展时期。其中比较出名的有卢氏钧瓷第四代传人卢正兴、第五代传人卢俊岭、孔相卿、任氏钧瓷世家的第五代传人任星航及国家级非物质文化遗产项目代表性传承人杨志。

四、主要价值

随着钧瓷艺术的发展,钧瓷工匠们探索钧瓷釉色的创新,并尝试为钧瓷造型注入更多的文化内涵。于是,钧瓷“四大美女”等作品先后出炉,并申请了国家专利。如今,钧瓷界的各个窑口都以其拥有专利的数量为荣。钧瓷烧制这笔古老而丰厚的非物质文化遗产,在我们的继承和发扬光大中,定将为禹州、为河南、为祖国带来更多的喜悦和骄傲。

五、目前保护情况

现在,日本、美国、英国、罗马尼亚等许多国家的博物馆和收藏家都有钧瓷极品陈列或收藏。同时,禹州市政府也在为钧瓷产业的提升和发展谋划。2002 年,禹州市组建了陶瓷工业局。同年,禹州市政府出台了《河南省(钧瓷)地方生产标准》。2003 年 9 月,禹州市政府提出的钧瓷原产地保护申请,获得国家质量监督检验检疫总局的批准。2004 年,星航钧窑建立了钧瓷窑炉博物馆。

第三节　唐三彩

一、历史沿革及分布情况

唐三彩起源于汉代的铅釉陶。汉代的铅釉陶多为黄釉或绿釉,因主要流行于黄河流域,故又称“北方釉陶”。南北朝时期,出现了多色釉,这种多色釉器物为绚丽多彩、晶莹匀润的唐三彩烧制打下了良好的基础。到了唐代,铅釉陶的制作工艺出现了一个飞跃:

多种彩色同时交错使用，工匠们用这种工艺把唐代社会生活的各个方面都塑造得淋漓尽致。安史之乱以后，随着唐王朝的逐步衰弱和瓷器的迅速发展，三彩器制作逐步衰退。

唐三彩主要分布在长安和洛阳两地，在长安的称西窑，在洛阳的则称东窑。

20 世纪 50 年代，河南巩县曾发现唐代专门烧制唐三彩的窑址。1984 年，铜川市黄堡镇发掘出唐三彩作坊和窑炉。

二、基本内容及艺术特征

（一）唐三彩的制作工艺

将开采来的矿土经过挑选、舂捣、淘洗、沉淀、晾干后，用模具制成胎并入窑烧制。唐三彩的烧制采用二次烧成法：它的胎体由白色黏土制成，素烧冷却后，再施以配制好的各种釉料入窑釉烧；在釉色上，利用各种氧化金属为呈色剂。釉烧出来以后，有的人物需要再开脸。

（二）唐三彩的特点

唐三彩的特点可以归纳为两个方面：一是造型。现代“洛阳唐三彩”造型浑厚丰满、生动传神；线条细腻流畅、古朴庄重；形成了“以线画体，以体托线，线体结合”的造型技法；注重强化圆方构成，具有象征性的效果。二是釉色。一件器物上同时使用红绿白三种釉色，是唐代首创，匠人们又巧妙地运用施釉的方法，让红、绿、白三色交错、间错地使用，经过高温烧制后，釉色又浇融流溜形成独特的流窜工艺，出窑后，三彩就变成了很多的色彩。

三、传承谱系及代表性人物

尽管南石山村生产制作唐三彩的工厂很多，但是真正掌握唐三彩传统工艺的人却很少。其中最具代表性的工艺大师是中国国家级非物质文化遗产唐三彩烧制技艺代表性传承人高水旺。

四、主要价值

唐三彩是中国唐代的艺术精华，充分显示了盛唐时期的精神面貌和艺术水平，具有独特的艺术风格和鲜明的民族特色。唐三彩是中国陶文化发展到高级阶段的产物，它的艺术效果和产生的文化价值很高，是中国陶文化经验与技术、艺术感受与文化底蕴的光辉结晶。唐三彩作为传统的文化产品和工艺美术品，不仅在中国的陶瓷史上和美术史上有一定的地位，在中外的文化交流上也起到了重要的作用。唐三彩在国际市场上创下的天价，说明它的价值得到世界的高度尊崇与认可。

五、目前保护情况

2006 年洛阳美陶三彩工业有限公司联手洛阳九朝文物复制品有限公司，共同将唐三彩传统烧制技艺申报河南省非物质文化遗产并获得命名;2008 年,河南省洛阳市唐三彩烧制技艺成功入选第二批国家级非物质文化遗产名录。唐三彩在洛阳出土后,吸引大批工匠和艺人恢复唐三彩烧制工艺。经过几十年的努力,工艺技术逐步完善,烧制水平不断提高。

第四节　宝丰酒

一、历史沿革及分布情况

宝丰酒始于商国,盛行唐宋。宋朝时期,仅宝丰县城、商酒务、皮庄、韩店等 7 个村镇,就有酿酒作坊 72 家,后来,宝丰酒成了宫廷御用酒。从 20 世纪 90 年代初,包括河南在内的华北、东北、西北等清香型白酒消费区域市场渐渐被以川酒为代表的浓香型白酒所代替,以清香型酒为主导的宝丰酒市场受到严重影响。

二、基本内容及艺术特征

宝丰酒的酿造工艺独特、精湛。总体要求是清字开头,净字收尾,一清到底。以高粱为主要原料,高温润料、糊化,加入低温大曲,入缸发酵,蒸馏而得。概括为:“清蒸清渣,地缸发酵,清蒸二次清。”其质量特点为:“清香纯正,口感柔和,绵甜爽净,回味悠长。”

宝丰酒的曲用大麦、小麦、豌豆为主要原料制成的曲坯,放入可调节温度、湿度,通风的内衬房。经过上霉、凉霉、潮火、干火、后火等 5 个阶段,培养了各种有益的微生物,曲的糖化力、液化力、蛋白分解力、发酵力显著增强。曲块成熟,存入自然通风、干燥的曲房内备用。

宝丰酒的酿造需高粱、曲、稻糠。高粱为优质高粱。稻糠为金黄色新稻糠。曲粉碎为大如豌豆、小如绿豆状。高粱粉碎成每粒 4、6、8 瓣,加高温水润料,水温在 95℃ 以上。润料要求不漏浆、无干疙瘩。装甑、糊化、加甑加浆,降温后加入粉碎的曲,入地缸密封发酵。发酵成熟的酒醅为紫红色,清香浓郁。出缸后的香醅加入清蒸后放出香味的熟稻糠,装甑蒸馏头渣酒。其过程中,装甑、蒸馏是重要工序,技术性强,对产量和质量影响很大。

装甑要求勤撒见潮装,做到“轻、薄、松、匀、缓”。蒸馏要缓火蒸馏,中温流酒,大气追尾。头渣出甑后加曲再入缸发酵,加糠后再装甑蒸馏二渣酒。

最后是量质摘酒,看花量度。酒花分大清花、二清花、小清花(或绒花)、过花、水花。截酒师据此来摘酒,将酒分为“特、优、好、中”4 种。专职评酒员品尝、化验后,入库贮陈老熟。

三、传承谱系及代表性人物

1947 年,驻宝丰某部队排长陈宏达和县城仓巷街教师傅惠中在地主的私人酒馆的基础上筹办了“第五军分区酒局”。后在国家及地方政府支持下,成立酒厂,1997 年改制为河南宝丰酒业集团有限公司，后经宝丰酒业董事长王杰士的重整，陆续获得国家级非物质文化遗产、中华老字号、河南十大商务接待用酒等荣誉。2015 年王若飞全面接手宝丰酒业董事长之位，着手于塑造期宝丰国色清香的品牌新形象，不仅带动了原有产品提升的升级，也实现了宝丰酒品牌的伟大复兴。

四、主要价值

宝丰酒靠先进的生产工艺，严格的质量管理，在争激烈的白酒市场中保持持续、稳定、大跨度的发展，在国际市场争得一席之地，2 200 吨宝丰酒出口新加坡取得圆满成功。为促进两岸经济和文化的交流与合作，揭开新的一页，1996 年 3 800 吨宝丰酒成功直销台湾。

五、目前保护情况

2002 年获国家原产地标记保护注册认证，2007 年被列入河南省首批非物质文化遗产保护名录，后又被列入国家级非物质文化遗产保护名录。

近年来，传统的宝丰酒酿造工艺面临诸多问题。一是传统工艺面临失传危险；二是主要原料供不应求；三是现代化的机械、化工产品正在不断取代传统酿酒器具和用料；四是假冒伪劣白酒充斥市场，使传统的宝丰酿酒业步履维艰。为传承宝丰酒传统酿造工艺，平顶山市、宝丰县人民政府都非常重视，成立了相应组织，制定了相关政策，将通过挖掘整理宝丰酒传统酿造工艺、举办培训班、修建传统工艺酿造车间、兴建宝丰酒文化苑、编写《宝丰酒志》等措施。

第五节　信阳毛尖茶采制技艺

一、历史沿革及分布情况

信阳种茶始于东周。茶圣陆羽编写的《茶经》把信阳归于淮南茶区，并指出“淮南以光州（今光山县）上，义阳郡（今信阳市）、舒州次”。信阳县志也有记载：“本山产茶甚古，唐地理志：义阳（今信阳市）土贡品有茶。”北宋苏东坡谓：“淮南茶信阳第一，西南山农家种茶者多本山茶，色味香俱美，品不在浙闽以下。”

信阳毛尖，亦称“豫毛峰”，主要产地在信阳市和新县、商城县及境内大别山一带。20 世纪 60 年代以来，毛尖在信阳中部五里店、彭家湾、游河以及西北部的高梁店、王岗、邢集等乡的丘陵岗地上陆续发展。1967 年春天，农业局的科技人员指导茶种引过淮河以北的二十五里岗，建立了红旗茶场，开创了茶树北上过淮河的先例。正宗信阳毛尖的产区，除浉河区外，还含平桥区和毗邻罗山县南部灵山一带涩港、彭新、青山三个乡，这是新中国成立初期国家统购统销茶叶时开始确认的。

二、基本内容及艺术特征

信阳毛尖的制作技术有两大特点，一是用“生锅”高温杀青，以细软竹枝扎成的茶把，在锅中反复挑抖，鲜叶下绵开始初揉，抖散相结合。初步成圆条后，有四五成干，即转入“熟锅”，仍用茶把复揉做条。二是在“熟锅”后半段理条中，以手反复抓条、甩条，茶条在斜锅中反复滚落，于是成圆直光润。茶条定型后，有七八成干就清扫出锅。前后经过3次烘焙，标准含水量达6%，及时用冰铁大茶桶密封保存。经过生锅、熟锅、初烘、摊凉、复烘、拣剔、再复烘等精工制作，而成为别具一格的信阳毛尖。依质分等级：特级、1～5级，每级分2～3个等。获国优后增加特优、珍品两个品名。

信阳茶叶，唐代属团茶，饼状，称“大馍茶”。宋以来，逐渐改进为散茶，又进一步分粗茶、细茶。到了清代，信阳毛尖独具风格。信阳人在西南山先后创办元贞、车云、裕申、广益、万寿、龙潭、广生、博厚等八大茶社，扩种新茶园，到安徽六安及杭州西湖一带名茶产区经进茶种，同时请来当地茶师，把六安的竹把炒茶和龙井的手工理条手法融合使用，工艺和茶叶质量又有所改进提高。

三、传承谱系及代表性人物

信阳毛尖的佼佼者首推产于狮河港乡的“龙潭”牌，其正宗采制技艺，以周氏炒茶最为有名。周氏家传炒茶技艺，凭感觉掌握生、熟锅火候，靠技巧搓得菜条紧、细、圆、直，用眼看鼻嗅而杀青出香。信阳毛尖茶手工炒制技艺第四代传承人周祖宏，是信阳市浉河港黑龙潭天心寨珍品茶场制茶师。其炒制的龙潭毛尖在“龙潭杯”评比中获得铜奖，“蓝天玉叶杯”被评为特级信阳毛尖“银奖”。

四、主要价值

信阳毛尖颜色清新，不含杂质，外形匀整，香味独特，让人回味无穷。优质的信阳毛尖泡出来的汤色为嫩黄绿，清香扑鼻。常喝信阳毛尖既能强身健体，还能促进脂肪类物质的转化及吸收。同时茶叶中的某些成分还具有抵抗癌症，降低胆固醇，生津止渴等多方面的功效。

五、目前保护情况

2003年初，国家工商总局商标局正式批准信阳毛尖注册证明商标，明确划定了信阳毛尖茶的生产区域。同年4月信阳毛尖茶原产地标记获得国家质检总局批准。2004年，《信阳毛尖茶》《无公害信阳毛尖茶》《无公害信阳毛尖茶生产基本要求》3个省级地方标准和《信阳毛尖茶机械炒制工艺规程》《信阳毛尖茶手工炒制工艺规程》2个市级地方标准发布实施。

第六节 洛阳水席

一、历史沿革及分布情况

洛阳水席始于唐代，起源于洛阳。之所以称为水席，一是它的每道菜都离不开汤汤水水；二是一道道地上，仿佛行云流水一般，故称水席。从北魏到隋唐，洛阳地区的佛教兴盛，僧尼为获得上流社会的支持，潜心研制精美的素斋款待有地位的施主。他们用当地的土特产精制素菜，并根据民间膳食多用汤类的特点，制成了连汤带水一起食用的菜肴，这就是最早的洛阳水席。相传，武则天推介水席从民间进入宫廷。每逢喜庆大典，武则天总以水席犒赏臣下，水席因此登上大雅之堂。臣僚们群起仿效，官场上的宴请也多用水席，因此，唐代称水席为“宫廷宴”“官场席”。由于宫廷和官府的盛行，水席变得更为普及，制作技术、花样造型等也更为丰富。

二、基本内容及艺术特征

洛阳水席全套宴席全席共设24道菜，包括8个冷盘、4个大件、8个中件、4个压桌菜，冷热、荤素、甜咸、酸辣兼而有之。“真不同”水席用水取自豫西山脉的千年古泉溪鸣山泉水，配之以老母鸡、棒骨、火腿、干贝等十余种原料，经16小时熬制成汤，调味后使水席菜味鲜美无比、唇齿留香、味醇浓郁、回味无穷。上菜顺序极为考究，先上8个冷盘作为下酒菜，每碟是荤素三拼，一共16样。待客人酒过三巡再上热菜：首先上4大件热菜，每上一道跟上两道中件（也叫陪衬菜或调味菜），美其名曰“带子上朝”；最后上4道压桌菜，其中有一道鸡蛋汤，又称送客汤，以示全席已经上满。热菜上桌必以汤水佐味，鸡鸭鱼肉、鲜货、菌类、时蔬无不入馔，丝、片、条、块、丁，煎炒烹炸烧，变化无穷。洛阳水席的特点：一是，就地取材，菜菜带汤；二是素菜荤做，以假乱真；三是上菜独特，行云流水。

三、传承谱系及代表性人物

真不同饭店以洛阳水席为主。多年来真不同饭店广大厨师在继承传统烹饪技艺的基础上，积极开拓，潜心研制，对洛阳水席的品种和结构进行提升改造，使之更臻丰富完美。真不同洛阳水席第五代掌门人姚炎立先生，第六代传承人为裴五江先生。

四、主要价值

洛阳水席，隶属豫菜系。洛阳水席开始于唐代，到现在为止已经有超过一千年的历史了，是中国迄今为止保留下来的历史最悠久的传统名宴，是兼具历史价值和民俗美食价值的一道名菜。传说武则天巡视洛阳时，当地用“水系”招待她，吃惯了皇宫里山珍海味的武则天觉得“水系”花样多还清新可口，便将其设为宫廷宴会的“御菜”。洛阳水席洛阳地区干燥少雨，冬季多风寒冷的气候造就了五谷和家畜为餐的饮食习惯，加上在千年望都的好客重礼之道的影响下，才形成了洛阳水席这一方盛宴。

五、目前保护情况

河洛文化的衰退、洛阳政治和军事地位的消亡、中原经济的落后等众多原因导致了豫菜的代表——洛阳水席的地位降低，洛阳水席岌岌可危的处境。①综合思维意识太弱。人们完全忽略了水席的文化。②经营管理不善。因为管理机制，现在市场鱼龙混杂。③资源竞争力不强。由于洛阳水席包容八大菜系的酸咸甜辣，造成它没有自己的特色。

第七节　陕县地坑院

一、历史沿革及分布情况

地坑院也叫下沉式窑居、天井院、地阴院，曾是我国黄土丘陵地区较普遍的一种民居形式，特别是在豫西、晋南、渭北、陇东尤为集中。地坑院与原始先民的穴居传统渊源极深，《易·系辞》曰："上古穴居而野处，后世圣人易之以宫室。"《礼记·礼运》载："昔者先王未有宫室，冬则居营窟，夏则居桧巢。"秦汉以后的古籍中也有窑洞的记载，《前秦录·十六国春秋》中记载："张宇和，中山人也。永嘉之乱隐于泰山，依高山幽谷，凿地为窑，弟子亦窑居。"目前，豫西地区地坑院较早年代有据可查的当属陕塬上的陕县西张村镇窑头村。在豫西高原区，地坑院建筑类型比较集中的地区为陕县张汴塬、张村塬、东凡塬三大垣区。

二、基本内容及艺术特征

地坑院就是在平整的黄土地面上挖一个正方形或长方形的深坑，深六七米，然后在坑的四壁挖 8～12 孔窑洞，其中一孔窑洞内有一条斜坡通道拐个弧形直角通向地面，是人们出行的门洞。地坑院一般尺寸有 9 米×9 米，9 米×6 米两种，也有 12 米×12 米和 8 米×12 米的大型院落。地坑院与地面的四周砌一圈青砖青瓦檐，用于排雨水，房檐上和通道四周砌高 30～50 厘米的拦马墙，用以防止地面雨水灌入院内，也起保护安全和装饰作用。下沉式窑洞村落有不同的入口形式，从平面布置上分为直进型、曲尺型、回转型三种。窑洞内，窑脸（窑洞正立面）除开有窗户外，均以泥抹壁，基座一般以青砖加固。拱形曲线是窑洞立面构图的重要元素，它与拦马墙等直线因素形成对比。同时，窑院内的鸡窝等小窑拱以及不同功能窑拱的大小变化，使这些曲线在统一中富于变化和节奏。各地窑洞拱形曲线不尽相同，概括起来有尖拱、半圆形拱、抛物线拱等。这些拱形曲线内的构图中心则是门窗。

三、传承谱系及代表人物

地坑院作为特有的民居，在使用状况上是与民间生活脱节的，但在几年来有部分保留。以河南省陕县为例,陕县政府按照“保护先行、协调开发、注重品牌、永续利用”的思路,截至2012年,完成对全县境内的数百座由于风雨侵蚀、年久失修坍塌、废弃的地坑院进行维护修缮,加强保护和管理,并挖掘其潜在价值,进行全面开发,确保这一国家非物质文化遗产得以传承。此外,国家对地坑院的传承与保护也高度重视,国家文化部将陕县地坑民俗于2007年列入河南省首批非物质文化遗产名录,陕县地坑营造技艺于2011年列入第三批国家级非物质文化遗产名录。

四、主要价值

景观价值,塬上的地形地貌及生态环境素在了地坑院村落的独特景观,构成豫西特有的“住文化”形态。豫西地坑院窑居村落分布在黄土塬上最为独特的地下村庄景观。

生态价值,地坑院是生土建筑和绿色建筑的典型代表。它的建造方式和营造技艺“充分考虑了环境保护的要求”,它回归大自然,是与大自然融为一体的绿色建筑。[①]

五、目前保护情况

地坑院被列入了河南省十大抢救工程和十大民俗经典之一。目前,当地政府已在该村投入60余万元用于地坑院抢救保护工程,并在庙上村建设了“庙上天井院度假村”,已经取得了良好的社会效益和经济效益。2003年,在陕县张村塬上的庙上村,当地政府把4个地坑院连在一起,修建了一座现代化的地坑院式的旅游度假村。

第八节　汝瓷烧制技艺

一、历史沿革及分布情况

汝瓷始烧于隋末唐初,盛名于北宋,产于河南临汝,隋炀帝大业初年(605),置临汝为汝州,“汝瓷”因此而得名。宝丰县在宋时属汝州,故也名汝窑。为了区别宝丰和临汝两地产品,现称宝丰县大营镇清凉寺为汝窑或汝官窑,而后者称为临汝窑。

北宋时期,汝瓷被选为皇室御用珍品,亦称汝官瓷。北宋末年,金兵入侵,官窑被毁,汝瓷烧制技艺随之失传。元、明、清历代民间窑场仍然不断烧制,但均未成功。1938—1941年,资本家李绍初曾在汝州蟒川严和店汝窑旧址建窑试仿汝瓷,亦未成功。1952年,私人经营的严和店瓷厂经过改造成为集体经营,后转为地方国营县办汝瓷厂。1956年,临汝县汝瓷成立了汝瓷试验小组,初步掌握了汝瓷豆绿釉烧造技术。1958年,首次试烧出的汝瓷豆绿釉大型透花盆、洗字盘等产品,被陈列于人民大会堂河南厅。1963年,汝瓷豆绿釉产品由小型试验进入批量生产阶段。1983年汝窑天蓝釉研制成功。1988年试烧成功汝官瓷。目前,汝窑釉色全部恢复并通过省部级鉴定。在朱文立、孟玉松、张天庆

---

① 张琳,朱文霜.地坑院的生态价值及可持续发展研究[J].戏剧之家,2018(31):222.

等汝瓷专家的带动和影响下,汝瓷得到进一步恢复和发展壮大,汝瓷民营企业达到了30多家。

二、基本内容及艺术特征

汝瓷有着得天独厚的原料和非同寻常的烧制流程,特别是温度控制的工艺,是汝瓷区别于其他瓷器的根本要素之一。汝瓷一般要经过采石、捡石、洗石、粉碎、过滤、炼泥、手工拉坯、晾坯、修坯、雕刻、素烧、上釉、上釉坯精修、阴干、装匣钵、高温氧化还原火烧成等几十道工序。其中温度的掌握极其重要,温度不同,汝瓷颜色不一,其品质和价值也就差之千万。

汝瓷精品观照具有四大特色,艺人称之为"制作技艺四绝"。一是配料绝,汝瓷是由釉中的结晶体生成的结果。二是变色绝,汝瓷是在烧成停火之时色彩才变化。三是裂纹绝,汝瓷釉是斜裂。四是应光绝,汝瓷伴随光线强弱会呈现出不同的色泽色调。

三、传承谱系及代表性人物

1938—1941年,汝州资本家李绍初在蟒川乡严和店汝窑遗址建厂,仿烧汝窑,当时郭遂在李绍初的窑场做徒工,常常偷偷跟李绍初学习。1952年,郭遂被推选为汝瓷试验小组组长,试制汝瓷。1981年,汝州工艺美术汝瓷厂科技人员郭遂、朱文立、孟玉松、张天庆等开始对汝窑天蓝釉展开研制。1988年,经过郭遂、朱文立、孟玉松、张天庆等人的艰难探索,汝官瓷试烧成功,通过国家相关鉴定。

四、主要价值

汝瓷对中国陶瓷艺术的贡献是多方面的,也是独具特色的。汝瓷是一种吉祥美好的象征,它向历史、向文化、向民族提供了艺术精神信息,它更是一种文化力量体系,鼓舞人们向美,催进人们向上。汝瓷以它真、善、美的品格,成为民族瓷文化的标志,辉煌着民族文化艺术和非物质文化的优秀传统。

五、目前保护情况

2004年7月19日,根据《原产地域产品保护规定》,国家质量监督检验检疫总局通过了对汝瓷实施原产地域保护。2006年5月,汝州张公巷窑址被国务院批准为全国重点文物保护单位。这一系列活动提高了汝瓷知名度,进一步挖掘了汝瓷的历史文化价值,为汝瓷今后的发展创造了良好的外部环境。

第九节　登封窑

一、历史沿革及分布情况

登封窑陶瓷烧制技艺传承于登封市东华镇及周边地区,始于唐,兴于宋,时兴时衰,传承至今。在《元丰九域志》《瓷史》《增补古今瓷源流考》、明代《河南一统志》、清代《陶说》及《中国陶瓷》等史料中均有翔实记载。

登封窑是唐宋时期以装饰著称的历史名窑之一，被专家誉为唐宋时期陶瓷装饰的集大成者。其中珍珠地划花技艺是把唐代金银器的錾金技艺、镶嵌技艺引入到陶瓷装饰，是历史上陶瓷装饰的创新，具有唯一性。登封窑在北宋元丰年间“土贡瓷器200事”，是当时贡品量最大的贡窑，也是河南330多处古窑址中规模最大的窑口，被专家称为“中原民间第一窑”。登封窑品类齐全，技艺精湛，是北方地区唐宋时期最具代表性的窑口之一。

二、基本内容及艺术特征

登封工艺复杂，装饰独特，对材料的选择和加工非常严格。除了传统的胎釉两层外，登封窑在胎釉之间增加了化妆土和色料，总共四层，全部是湿坯作业，一次烧成。这就要求胎、化妆土、色、釉之间必须完美结合、匹配，材料的成分含量必须合理，工艺必须精细。若工艺和材料选择上稍有失误就会出现剥釉、缩釉、爆胎、炸碱等工艺问题。而要避免这些问题，就要求在精心选料外，更要在工艺上进行精心操作。同时，对工艺的精细度要求非常严格，材料的干湿度要把握准确，并且要进行反复调配和实验。

登封窑体现了从唐到宋陶瓷装饰技法的系统性、完整性和连续性；体现了登封窑从形、釉到纹饰等制作工艺即独立完整又相得益彰的特点；体现装饰艺术的创新和发展；以辅助纹饰为主成为历史名瓷，在陶瓷史上尚属空白；装饰题材紧扣时代和社会，更具时代性、学术性。

三、传承谱系及代表性人物

登封窑传人李景洲是河南省陶瓷艺术大师、国家级非物质文化遗产“登封窑陶瓷烧制技艺”代表性传承人。现任嵩山古陶瓷研究学会会长，中国民协会员、中国文物学会会员。他从事嵩山古陶瓷研究20余年，恢复了失传达千年之久的登封窑历史名瓷——白釉珍珠地划花。在传统“白地黑花”瓷基础上，把传统水墨画的技法移植到陶瓷装饰上，创新出了登封窑新品种——登封窑“水墨瓷”。

四、主要价值

登封窑陶瓷内涵丰富，在烧制技艺上以陶瓷为载体，制品的器形可小可大，以白瓷为主，“珍珠地划花”为典型代表；有碗、盘、瓶、罐、盆、执壶、盏托、枕、象生动物和侍女俑等多种形态，釉面洁白、纯净、光亮，装饰技法包含剔划、刻画、细线划、镶嵌及软笔画等传统技艺，成品形体立体感强、特色鲜明，蕴含了中原民风民俗和民间文化。

五、目前保护情况

2014年12月31日召开的登封窑入选国家级非物质文化遗产名录新闻发布会上发布的《国务院关于公布第四批国家级非物质文化遗产代表性项目名录的通知》中，河南登封窑陶瓷烧制技艺成功入选第四批国家级非物质文化遗产代表性项目名录。

第十节　当阳峪绞胎瓷

一、历史沿革及分布情况

当阳峪的绞胎瓷，最早出现在唐代，那时的绞胎技术尚不成熟，多数绞胎的纹理则以乱纹、回纹为主，在瓷或陶的表面进行绞胎。所施的釉色多以低温黄鼬、绿釉为多见，瓷胎白较差。到了北宋时期，当阳峪的绞胎技术已十分成熟了，绞胎技术有了快速发展，工艺更趋成熟，瓷胎的白度有了很大提高，纹路技术也更加完美，而且表里如一。有席编纹、麦穗纹、羽毛纹、回转纹、木旋纹、流沙纹约十多种纹理的变化。绞胎瓷是宋、金、元时期，焦作当阳峪诸窑独步一时的主要瓷种，当阳峪诸窑继承唐代巩县窑的工艺传统，把这一工艺发展到了顶峰，首先成功烧制了真正意义上的绞胎瓷。

二、基本内容及艺术特征

“绞胎瓷”又名“透花瓷”，是由两种或两种以上不同颜色的瓷泥采用独特的绞胎手工技法相间糅合制胎成型、焙烧而成。因主要产于焦作当阳峪窑群区域，故俗称“当阳峪绞胎瓷”。当阳峪绞胎瓷以太行山特有的矸石为制瓷原料，制作流程包括选土、炼泥、调色揉泥、制胎（拉坯、编花、贴片、镶嵌等）、修胎、阴干、打磨、施釉、焙烧（柴或煤）等30多道工序。因瓷器花纹由胎而生，内外相通，里外相透，一胎一面，不可复制，也被称之为“编出来的瓷器”，是世界上唯一一种表里如一的瓷器。

当阳峪绞胎瓷烧制技艺的特征着重表现在：胎变和窨变相结合的陶瓷产物；多色瓷泥相间糅合而成；瓷器的纹饰装饰内外通透且变化多样，如羽毛、席编、菊花、自然纹等。当阳峪绞胎瓷因其瓷质韧性强、敲击声音清脆悦耳及独树一帜的绞胎制作技法，在北宋年间就闻名遐迩，当阳峪也因此被誉为“绞胎瓷之乡”。

三、传承谱系及代表性人物

柴战柱，师从曾维开（中国陶瓷艺术大师）学习陶瓷艺术的造型设计。1993年到当阳峪村向老艺人韩焕有、王有洲等学习绞胎瓷的制作方法。从艺多年，目前已继承了当阳峪绞胎的制作和烧制工艺，并将当阳峪绞胎瓷归纳为16种基本技法，开发出7大类作品：绞胎绞釉瓷、绞胎剔花瓷、绞胎彩绘瓷、绞胎花卉瓷、绞胎缕雕瓷、绞胎透雕瓷、绞胎雕塑瓷。代表作品有：绞胎瓷《中华龙》《硕果》《丝绸之路》等。

四、主要价值

当阳峪绞胎瓷工艺复杂，每道工艺要求极其严格，尤其是在手工制胎的编花和高温烧造过程中，对不同泥料各项系数的把握都强调精准，因此成品率低，这也是其极具艺术价值和收藏价值的缘由之一。

五、目前保护情况

2009 年,“当阳峪绞胎瓷制作技艺”入选《第二批河南省省级非物质文化遗产名录》。当阳峪绞胎瓷烧制技艺于 2014 年经国务院批准列入第四批国家级非物质文化遗产名录。

第十四章

河南省传统医药类非物质文化遗产档案资源

第一节　买氏中医外治法

一、历史沿革及分布情况

买氏中医外治法始创于清朝，最早有文献记载为第三代传人买锡冕，得先祖真传，结合临床实践及总结，几百年来，买氏家族经八代人世袭相传。

买氏膏药根据中医学所倡导的“天人合一，阴阳和合，司外揣内”的文化精髓，在制作工艺上不仅完整继承了古法炼制的精髓，而且在不断的实践总结中，将传统技法赋予更深层次的发展，把膏药的药用价值和传统工艺演绎得别具一格。

2015 年成立周口市买氏中医研究会，研创出乳体散结膏（商标名汝怡通，国家级十一五科技支撑项目）、买怡帖，主治骨科、妇科风湿病，享誉省内外。

二、基本内容

买氏中医外治法主要治疗疮疡、肿毒、脱疽（血栓闭塞性脉管炎）、乳腺疾病、疔疮、无名肿瘤、瘩背疮、腰瘘、贴骨瘤等外科疾病。常患颈肩腰腿痛等慢性劳损性疾病的中老年人，对膏药更是情有独钟。

买氏中医外治法中治疗乳腺增生的方法乳癖散结膏已经入选“十一五”国家科技支撑项目，其治愈率可达到 95%。风湿止痛保健膏和乳癖散结保健膏被省卫生厅批准，行销全国。

三、传承谱系及代表性人物

买氏中医外治法传承谱系：创始人买庭正；第三代传人买锡冕；第六代传人买祥臣、买春华、买德运；第七代传人买文华、买文轩；第八代传人买建修。

买建修，回族，祖居周口市川汇区七一办事处，现任周口市买氏中医研究会会长、河南省中医药研究院教授、郑州安坤生物技术有限公司董事和技术总监。从10岁跟随第七代传人买文华学习中医外治疗法、膏药的制作工艺、药物的炮制等技艺，熟读祖传医书《御纂医宗金鉴》和《校正本草纲目》，潜心钻研，熟练掌握医理，完全继承了买氏中医学术经验，并进一步发扬光大，充分利用现代科学技术对家传秘方进行研究，申报课题，使买氏中医科学化、规范化，2006年以来在全国十多个省进行学术研究并授课，年授课500多小时，传授弟子300多人。

四、主要价值

取材方便、操作简单、费用低廉、安全无痛苦，治病范围广泛。

五、目前保护情况

2015年成立周口市买氏中医研究会；河南省工业医疗器械股份有限公司、买氏中医乳腺病专科医院正在建设中。

第二节　毛氏济世堂脱骨疽症疗法

一、历史沿革及分布情况

河南新蔡中医药百年老字号“毛氏济世堂”，创建于清朝末年，字号取“悬壶济世”之义，至今已历五代。

济世堂第一代老韩先儿，是新蔡县练村镇韩庄人，曾在清宫中任职，跟随御医习得一些诊脉问疾医术，掌握一些宫廷秘方。老韩先儿流落回乡后，亦医亦农，被誉为“韩神仙”。老韩先儿生前将医术秘方传给了义女和女婿。女婿毛羽君开办药铺，坐堂行医，取堂号毛氏济世堂。济世堂用宫廷秘方配制的“脱骨疽丸”，治疗农村疑难杂症“老烂腿”（脉管炎），卓有奇效，名闻乡里。

世事更易，沧海桑田。毛氏济世堂历经磨难、变迁，经过几代人的努力，终于在改革开放的新时期重铸辉煌。现已在新蔡县城开办门诊部和住院部，建筑面积上千平方米，职工十余人，集医疗、制药、科研于一体，拥有国家专利三项，是豫东南著名的中医药老字号。

二、基本内容

血栓闭塞性脉管炎是一种慢性全身性血管病，累积在四肢中小动静脉，以下肢更为多见，严重的会造成局部组织缺血、坏死、脱落，故称“脱疽病”，农村俗称“老烂脚”，是一种疑难杂症。“脱骨疽丸”药方最初来自宫廷。济世堂第一代老韩先儿曾在清宫任职，宫中太监和官宦因为长时间站立和跪拜，容易造成下肢循环不畅，也易患脉管炎症，宫中御医备有治疗和预防此类病的特效药方。老韩先儿流落回原籍后，带回了治疗脉管炎的宫廷秘方,经过毛氏济世堂几代人的实践和改进,已经研制出针对不同病症的丸、散、剂、胶囊等中药剂型,疗效显著,成为毛氏济世堂的招牌药。脱骨疽丸采用地道中药材,含有当归、桂枝、黄芪、人参、熟地黄、金银花、玄参、牛膝等成分,按特殊工艺炮制而成,具有成本低廉、疗效显著的特点。

三、传承谱系及代表性人物

毛氏济世堂传承谱系:第一代老韩先儿;第二代毛羽君、毛韩氏;第三代毛庆臣、毛张氏;第四代毛顺卿、杨秀芳;第五代:毛嘉铨、毛嘉诚、毛凌波、毛凌云、卢海珠、刘杰。

新蔡县练村镇毛家营村毛顺卿是毛氏济世堂第四代传人,1964 年从厦门医学院毕业后,一直从事周围血管病、肝病的诊治和研究工作。撰写医学专著 4 部、论文 40 余篇,获得 6 项国家发明专利,现为新蔡县周围血管病研究所所长。

四、主要价值

既可以治疗不同类型的脉管炎症,还可以提高机体的免疫力。

五、目前保护情况

如今已 70 多岁高龄的毛顺卿,仍在为慕名而来寻医的四方患者诊病疗疾,同时致力于著书立说和带徒授艺。难能可贵的是毛顺卿还收外姓人为徒,像安徽阜南方殿举、息县朱明亮、淮滨郑大想等 8 位高徒均已自立门户。

第三节　四大怀药种植与炮制

一、历史沿革及分布情况

四大怀药(怀山药、怀地黄、怀牛膝、怀菊花)因产于怀庆府(焦作辖区)一带而得名,是享誉中外的地道中药材。四大怀药的商业贸易源远流长,以焦作的怀药原产地为中心,辐射全国各地,唐宋时期怀药还通过“丝绸之路”传入西亚和西欧诸国。到明清,怀药交易规模逐渐扩大,形成了专门经营怀药的怀商、怀帮,在全国多个城市建立了怀帮会馆、药王庙等商务活动和祭祀场所,怀帮的怀药经营活动形成了独特的怀药文化和怀商文化,成为当时极具时代特色和地方特色的怀药文化品牌。“四大怀药”主要分布在焦作市的武陟、温县、孟州、沁阳等县市。

二、基本内容及艺术特征

2003 年,焦作市对“四大怀药”实施原产地保护的申请获得成功,焦作被全国标准委员会列为“四大怀药”国家标准化示范区。由此,“四大怀药”成为焦作市第一个国家级农业标准化示范项目。

焦作市根据“四大怀药”的产地环境和生长特性，从选种、繁育、病虫害防治、收获、加工等各个环节进行技术提炼和规范，制定了无公害怀山药、怀地黄、怀牛膝、怀菊花生产技术操作规程，建立健全了“四大怀药”产前、产中、产后全过程的质量标准体系。通过示范带动、层层辐射，焦作市目前已形成了初具规模的县、乡、村三级标准化示范网络。

三、传承谱系及代表性人物

在焦作历史上，四大怀药的文化传承、种植和加工怀药的药农和药商世代相传，都有十分清楚的传承人谱系，创建于1773年的河南温县“怀山堂”便是四大怀药代表性传承人之一。“怀山堂”第八代传人康明轩——四大怀药非物质文化遗产河南省代表性传承人、焦作市怀药行业协会会长、怀山堂生物科技股份有限公司(原河南伟康集团公司)董事长。

其代表性人物李成杰，沁阳市民政局离休干部。八岁起跟随父亲种植怀药，曾先后在《农家乐》杂志发表《地黄的栽培与留种》，在《河南农业科学》杂志发表《怀地黄育苗移栽试验》，在《南阳农业科技》杂志发表《焙地黄新法》，出版《四大怀药》一书。

四、主要价值

随着人类社会文明的进步，弘扬中医药文化成为历史的必然。因焦作古称怀庆府而得名的地域特产“四大怀药”，以其药材地道，疗效神奇更是成为博大精深的中医药文化的瑰宝，宣传和保护怀药文化意义重大。

四大怀药社会影响广泛，具有较大的历史文化价值、传统医药学价值、综合经济价值、传统炮制加工工艺研究价值和区域品牌价值。

五、目前保护情况

近年来，焦作市政府每年拿出300万元专项资金用于怀药产业化开发，并陆续出台了一系列优惠政策，大力支持怀药产业化生产经营。

焦作市积极与中国中医科学院、清华大学、河南中医学院、河南农业大学等科研院所合作，并依托焦作大学、温县农科所和焦作平光制药有限责任公司，建立了怀药工程技术中心、“四大怀药”栽培和品质技术研究中心和怀药工程技术中心三个怀药研发中心。

第四节　洛阳正骨

一、历史沿革及分布情况

200多年前，在河南洛阳平乐镇的一个小山村里，一郭姓人家因一次奇遇，得到了正骨手法秘籍，从此代代相传。

当郭氏正骨术传到第5代，一场家族危机突然降临，传人郭灿若身患绝症，下一代人尚在幼年,在不得已的情况下,郭灿若打破了传男不传女的祖训,把绝技传给了夫人高云峰。高云峰不仅得到了正骨手法真传,更重要的是,她掌握了郭家的家传秘方。

在新中国建立后,高云峰做出了一个惊人的决定,把郭氏祖传药方献给国家,公之于世。此后,高云峰又创建了一座大型骨伤医院——洛阳正骨医院,公开招收学生,传授郭氏正骨术,学生遍布中国各个中医医院,在民间秘密传承的古老正骨术从此走向了社会,成为近一百年中国民间影响力最大的一个正骨流派。

二、基本内容及艺术特征

正骨是中医治疗骨折、关节脱位等运动系统疾病的一种治疗方法。医生通过拔伸、复位、对正、按摩等手法,最后用小夹板外固定,治疗病人的骨伤疾病。清代学者吴谦第一次在著作《医宗金鉴》中将正骨手法归纳为摸、接、端、提、推、拿、按、摩八法。

郭氏祖传药方的配方与工艺是:首先,将十多味草药细细研磨成黄色粉状,再与红色朱砂粉末混合起来;然后将药粉倒入滚烫的香油中,不停地搅拌,让各味药剂完全融合。当锅内的药粉熬成黑色的药浆时将其倒入冷水,令其迅速冷却;最后将冷却后的黑色药块迅速送往涂抹制作车间,再次加热成为黑色药膏,涂抹到粗布上。这样郭氏正骨的祖传药膏"接骨止痛膏"就制作完成了。

三、传承谱系及代表人物

洛阳正骨传承谱系:创始人郭祥泰;第四代传人郭聘三;第五代传人郭灿若、高云峰;第六代传人 郭维淮;第七代传人郭艳锦;第八代传人郭芫沅。

四、主要价值

中医正骨术能治疗绝大部分的骨折、脱臼、关节疾病。而且,不开刀、没有痛苦的治疗方法能杜绝感染的可能性,大大缩短患者的康复时间。它是中国传统医学的重要组成部分,正骨术中的"小夹板固定"属于中国首创,其后被许多国家效仿。中医正骨术堪称中国传统医学对世界医学的伟大贡献之一。

"洛阳正骨"在发扬传统中医药特色的同时,还积极与现代医学、国际标准接轨,将传统的中医药特色与大量专科特色设备完美结合,让中医正骨术更精确、更科学、更可靠。

五、目前保护情况

由于受经济利益的驱使,目前不少医院、甚至中医院已基本放弃了这一疗法,正宗的正骨术只在北派、南派的不到十家医院中传承着。

为了保护"洛阳正骨"这一宝贵的品牌资源,洛阳正骨医院建立了专科专病建设推进委员会,通过并实施了《河南省洛阳正骨医院临床科室专科(专病)建设评价标准》;同时编印《骨伤常见病症诊疗规范》《中医骨伤功能锻炼规范》。

同时医院采取了多项举措:加强对“平乐正骨”传统文化的保护,实施医院商标注册和知识产权保护;将“洛阳正骨”申报成为国家级非物质文化遗产和“中华老字号”;编印《洛阳正骨传奇故事》《肩部损伤》等 12 个分册的《洛阳正骨临床丛书》等书籍。2015 年,为弘扬中华传统中医正骨文化,洛阳平乐正骨第八代传人郭艽沅先生开办了洛阳市平乐正骨博物馆。

第十五章

河南省民俗类非物质文化遗产档案资源

第一节　伏羲太昊陵祭典

一、历史沿革及分布情况

6 500 多年前，中华人文始祖太昊伏羲氏在这里建都，他定姓氏、制嫁娶、结网罟、养牺牲、兴庖厨、画八卦，开创了华夏文明；他造干戈、饰武功，统一四海，实现了中华民族的第一次大融合，综合各个部落的特点，创造了龙的图腾，中华民族始称“龙的传人”。5 000年前，炎帝神农氏在此建都始称陈，尝百草艺五谷，率领先民步入农耕社会。3 000多年前，周武王封舜后妫满于陈，建陈国。战国时期，楚顷襄王迁都陈城，故淮阳又称“陈楚故城”。秦时这里初设陈县，后置陈郡。公元前 196 年，以陈在淮水之北，改名淮阳。1953 年，国务院撤销淮阳专区，才改为县治。据《陈州太昊陵庙会概况》一书所言，太昊陵庙会应始于赵宗以后。庙会的影响范围除河南外，还扩展到安徽、山东、河北等省数十个县(市)。

二、基本内容及艺术特征

以纪念中华民族人文始祖太昊伏羲氏为主旨的淮阳太昊陵伏羲祭典，历史久远(从周代史书记载至2019 年已有3000 多年)、规模宏大、会期长(长达一个月)、影响广泛，是国内少有的民间盛会。庙会上出售的“泥泥狗”等泥制玩具，被一些国内外专家学者誉为“真图腾”“活化石”。还有“布老虎”，源自伏羲女娲兄妹成婚的传说，反映了华夏子孙对人祖伏羲和女娲的怀念与敬仰，是早期人类繁衍崇拜的物化和象征。在长期的历史演进中，广大劳动人民把自己的愿望、理想、审美情趣转化为可观可感的文化形态，融入祭典期间的庙会活动之中，形成了特定的仪式。它所包括的祭祀性和俗性乐舞、具有“劝善”意义的“守宫说唱”、保留着人类童年意识的民间美术和民间工艺等，造成人祖庙会深厚的文化内涵和丰富多彩的表现形式。现实中，太昊陵古庙会还有增强中华民族认同感、凝聚力的积极作用。

三、传承谱系

淮阳太昊陵历史悠久,始建于春秋,增制于盛唐,完善于明清,历经3000年,历代帝王52次御祭。早在春秋战国时期,便有太昊陵。唐朝时,太宗李世民曾下诏禁止百姓在陵中耕田放牧,加以保护。宋朝时,太祖赵匡胤曾下诏以以太牢(以牛、羊、猪为祭品,是最高规格的祭祀)之礼在此祭祀太昊伏羲。元朝太昊陵祭祀断绝,陵庙渐渐破败,几至荡然无存。明朝时,太祖朱元璋亲临淮阳,祭祀太昊伏羲。其后陵墓不断增修,至清乾隆时大为修葺,太昊陵渐成今日的格局。

到了信息化现代化的今天,为进一步提高人民群众非物质文化遗产保护意识,传承、弘扬中华优秀传统文化,营造非遗保护良好社会氛围,太昊陵借助微信公众平台,对“太昊伏羲祭典”“淮阳泥泥狗”“担经挑”“布老虎”四个源于太昊陵的国家、省、市级非物质文化遗产项目进行展示和介绍,倡导非遗融入生活,满足人民群众的精神文化生活,以提高群众对非遗保护的参与感和获得感。

四、主要价值

太昊陵庙祭祀是我国祭祀文化的典型代表。我国第一部诗歌总集《诗经·陈风》里就有描述。每年农历二月初二至三月初三为期一个月的朝祖会,海内外华夏子孙,每天谒祖朝圣者达20多万人,所以,太昊陵庙被誉为“中国的耶路撒冷”。同时,太昊陵凝聚着我国悠久的传统历史文化,是国内外专家、学者研究的对象。它又地处历史悠久的淮阳,更加显示出它的价值。太昊陵古庙会还有增强中华民族认同感、凝聚力的积极作用。考古学家称:中国的历史,一千年看北京,三千年看西安,六千年看淮阳。

五、目前保护情况

太昊陵即“三皇之首”太昊伏羲氏的陵庙,位于河南省淮阳县城北1.5千米,国家级重点文物保护单位,中国18大名陵之一。因其是中国民族“人文始祖”之陵庙,故称“天下第一陵”。后人为追念他的功德,尊他为中华民族的先祖,每年农历二月二日至三月三日,这里都举办“朝祖进香”庙会,海内外华夏子孙,每天谒祖朝圣者达20多万。近年来,不少国内外专家、学者来庙会上寻古探幽,研究古老华夏的东方文化,港澳台胞回大陆观光,参加太昊陵祭典,寻根问祖,以示不忘祖先,不忘自己是龙的传人。

第二节　马街书会

一、历史沿革及分布情况

河南省平顶山市宝丰县的马街书会有着深厚的文化底蕴和悠久的历史渊源。马街书会源于何时,正史无载,民间传说有十多种。尤以"悼师说"最为通行:一说悼念春秋时喜欢弹唱的应国大夫张舒,一说悼念宋代末年爱写曲艺段子的朱秀才,一说悼念元朝的说书老艺人马德平。因正月十三为马街村东北火神庙会,请书说唱闹元宵为当地民俗,故来此悼念的说唱艺人总是被争聘一空,相沿成习,形成了马街书会。

马街书会起源于1315年,与祭祀火神有直接关系。每年正月初七火神生日这天家家户户、男女老幼都要给火神爷烧香上供磕头,保佑一年内平平安安、大吉大利。起初,人们给火神爷祝寿只是以敲锣打鼓的简单形式进行,后来逐渐发展到唱大戏、起庙会。每年正月十三,河南各地以及山东、湖北、陕西、安徽、河北、四川等省成百上千的民间曲艺艺人赶来参加这场盛会,亮书会友,交流技艺,许多村民扶老携幼听书赶会。马街内外人头攒动,千座书棚吹拉弹唱,堪称中国民间艺人的说唱盛会。

二、基本内容及艺术特征

马街书会的基本内容为赶会、亮书和写书。从每年正月初六开始,全国各地的艺人便从四面八方来到马街,马街一带的群众也像过年一样,割肉买菜,磨面蒸馍,整理住处,接待艺人。据说在150多年前的清朝同治时期,马街书会曾有1000多棚,可谓是万人空巷齐聚马街书会,千姿百态尽显曲艺风采。在民国时期上会棚数徘徊在四五百之间。"文革"前最高近600棚,十年动乱让书会几近绝迹。1978年党的十一届三中全会后书会走向正常,此后的上会棚数和艺人数量逐年递增。1986年为430棚950人。1987年之后人数开始滑坡,但偶尔也会有爆升如1998年曾达到792棚2364人。马街书会在2006年成为国家级非物质文化遗产之后颓势扭转,上会人数渐渐稳定。

马街书会延续至今已有七百多年的历史,除了上会艺人数量有所变化之外,剧种的数量也逐渐增加。主要剧种有三弦书、大鼓书、河南坠子、山东琴书、湖北渔鼓、四川清音、凤阳花鼓、京韵大鼓、快板书、相声、单弦、二人转、评书、乱弹等数目达三十余种. 可谓五花八门、名目繁多。

马街书会具有以下特征:①群众自发组织,艺人自愿参与,具有自发性、群众性的特征。②自然展示,自主交易,是具有自然经济特色的曲艺演出交易市场。③以曲艺为核心,以庙会为依托,是兼容文化市场、民俗活动与经贸交流的综合民间集会,具有较强的包容性。④参与艺人广,参演曲种多,不仅是曲艺艺人的交流盛会,也是曲艺研究的盛会。

三、传承谱系和代表人物

马街书会的名气,使它每年都能吸引曲艺大家光临,留在书会上的名家的名字有着长长的一串:陶钝、罗扬、骆玉笙、姜昆、唐杰忠、刘兰芳、赵铮、蒋敬生、徐玉兰、马玉萍、刘宗琴、王树德、杜萍、王巧珍、郝桂萍、胡云荣、胡润芝、雷恩九等。1995年,82岁高龄的京韵大鼓表演艺术家骆玉笙来到马街,一曲《四世同堂》中的"重振山河待后生"堪称石破天惊,让"曲艺之乡"成千上万的观众为之倾倒。以《岳飞传》《杨家将》而红遍千家万户的评书表演艺术家刘兰芳,每次来马街都要在书会上掀起一阵冲天撼地的"兰芳潮"。而以“赵派”艺术蜚声中州曲坛的坠子表演艺术家赵铮,更是与马街书会结下了不解之缘.....

四、主要价值

马街书会的主要价值体现在两个方面:①历史文化价值。马街书会的历史是一部民间文化和民俗传承的发展史、“活化石”,对于揭示曲艺艺术的发展规律,研究中国农村政治、经济发展与群众生活、信仰的关系,提供了翔实的资料。②社会功能价值。在马街书会的文化空间里,说书者与听书者融为一体,无论贫富贵贱,人与人自由接触、平等交易、尽情交流,很大程度地感受到平等、自由带给生活的充实和欢乐,对于当今的和谐社会建设具有重要的意义。

五、目前保护情况

马街书会于2006年被列为国家第一批非物质文化遗产,被誉为“中国十大民俗之一”宝丰县也因此被国家有关部门命名为“中国曲艺之乡”和“民间文化艺术之乡”。

进入新世纪以来,马街书会的传承与保护问题,作为重要的学术课题还进入了北师大、华中师大和青岛大学等。

第三节　新郑黄帝故里拜祖大典

一、历史沿革及分布情况

自古以来民谚说“三月三,生轩辕”,拜祭轩辕黄帝,是中华民族的传统大典。据史料记载,新郑市在黄帝时期称有熊国,现有黄帝文化遗迹20多处,是黄帝出生、创业、建都之地。轩辕黄帝在这一带修德振兵、抚万民、度四方,协同炎帝一统天下。后人为纪念黄帝的功德,每年农历三月初三这天都要在黄帝故里举行各种拜祖活动,据《易经》《史记》《山海经》等记载,轩辕黄帝故里在今河南省郑州市下辖新郑市。到了春秋时期,郑国名相子产更是让这一民间活动得到进一步发扬光大,兴起了三月三登具茨山(俗称“始祖山”)朝拜轩辕黄帝活动。唐代以后渐成规制,盛世时由官方主拜,乱世时由民间自办,并将形成民俗延续至今。自2006年开始,升格为“黄帝故里拜祖大典”,由中国中央电视台CCTV、河南卫视、台湾东森电视台、香港华娱卫视,对拜祖大典进行直播,也通过中国国际广播电台国际在线网站进行网络视频直播。大典会通过中国国际广播电台、纽约华语广播网、美国时代华语广播、新西兰中华电视网、澳大利亚3CW中文电台、香港电台、新加坡新传媒电台、加拿大中文广播等近40家电台实况直播全球联播。

二、基本内容及艺术特征

黄帝是中华民族的人文始祖,华夏炎黄子孙的共同祖先。黄帝故里拜祖大典是指每年农历三月初三在河南省郑州市下辖新郑市举行的祭拜人文始祖轩辕黄帝的活动。黄帝故里拜祖大典，弘扬中华民族优秀传统文化，缅怀始祖功德，突出了中华民族寻根拜祖的主题，象征炎黄子孙血脉相连、薪火相传。

三、传承谱系和代表人物

春秋时代的历史典籍中就有三月三登新郑始祖山朝拜黄帝的记载，唐代以后渐成规制，盛世时由官方主办，乱世时由民间自办，一直绵延至今。自 2006 年开始，原由新郑市人民政府主办的“炎黄文化旅游节”升格为黄帝故里拜祖大典，至今已成功举办了十一届，吸引了大批海内外炎黄子孙前来寻根拜祖，共同祈福华夏繁荣昌盛，共同祝愿世界和平和谐。

四、主要价值

黄帝故里拜祖大典作为郑州市、河南省乃至中国具有世界影响力的重要文化品牌，已成为团结凝聚全球华人的重要载体和平台。它寄托的是海内外炎黄子孙的历史夙愿，突出的是华夏历史文明传承创新区的文化内涵。它已成为中华和谐文化一个新的源头，已构成中原厚重文化新的元素。另外，黄帝故里拜祖大典在“首届全球根亲（客家）文化盛事颁奖大典”被评选为“全球最具影响力的十大根亲文化盛事”，黄帝故里也是十八届世界客属恳亲大会拜祖仪式的现场。

五、目前保护情况

在全球华人和国内有关单位及社会各界的共同推动下，世界客属第十八届恳亲大会“根在中原”拜祖大典和历届拜祖大典的成功举办，吸引了大批海内外炎黄子孙到此寻根拜祖。拜祖大典在海内外华人中产生了巨大影响，取得了丰硕的政治、经济、文化和社会成果，被赞誉为“盛世国典”“心灵圣典”。如今的黄帝故里是海内外炎黄子孙寻根拜祖的圣地，被评为国家 AAA 级景区。2000 年被公布为河南省重点文物保护单位，郑州市十大旅游景点之一。

第四节　浚县民间社火

一、历史沿革及分布情况

浚县民间社火有着深厚的历史渊源和文化底蕴的民间娱乐活动，最初是人们用来祭祀神灵，祈求风调雨顺、人寿年丰的朝拜活动。随着时间的推移，人们将戏剧中的人物、音乐、舞蹈融于社火表演，逐渐成为当地民众自娱自乐的民间文化活动。民间社火是浚县群众性传统娱乐活动的一种表现形式，其历史悠久，经历了上古虞舜至周朝时期的孕育，东晋后赵时期的萌芽，明清时的成熟，以及新中国成立至现在的兴衰更迭的曲折发展期。经过400多年的发展,浚县社火在整个豫北地区占有重要地位,且独树一帜,是群众文化自娱自乐形式的大展示,是浚县的优秀民间艺术,是古老的宫民歌舞的遗存。浚县社火农闲时排练,逢年过节或重大喜庆时演出。每年的正月初九和元宵节为传统出会日。特别是元宵社火,观者如云,热闹非凡。

二、基本内容及艺术特征

"社火"是中国的古老风俗之一,表达的是人们对土地与火的崇拜,起源于远古时期的砸术和图腾崇拜。"社"即土地之神,"火"则代表火神,通过歌舞表演祭祀社神与火神.祈求风调雨顺和困泰民安。河南浚县社火素有"华北第一古庙会"之称,正月十六是古庙会的最高潮,每逢这一天浚县及其周边各乡镇的民间社火队就会在东山(大伍山)与南山(浮丘山)之间循环表演踩高跷、要狮子、舞龙、背棍、跑旱船、挑花篮等节目,出现鞭炮阵阵、锣鼓震天的场景,呈现出具有浓郁河南地方风味的造型语言特征。

浚县社火的传统形式主要有舞狮、高跷、秧歌、旱船、竹马、龙灯、台阁和背阁、抬老四、顶灯、大头舞、散河灯等。舞狮是传统项目之一,主要形式有狮子滚绣球、滚翻、扑食、抖鬃、梳毛、蹿火圈、追逐、爬行、双狮争球等。浚县舞狮与别的地方不同的是,表演时狮子在前,后跟武术队。武术队俗称"刀枪把子",真刀、真枪,真拼实打的童子功,显示出瓦岗军驻扎大伾山时在浚县民间带出的习武雄风。高跷表演者(20~30人)边走边舞,扮演人物多取自民间故事或戏剧。民国初年,浚县高跷队把天津的高跷表演技巧和湖南的小曲调糅为一体,形成了独特的表演风格。当地民众农闲时排练,逢年过节或重大喜庆时演出。最热闹的是正月初九和十六的拜山,初九祭拜大伾山,十六祭拜浮丘山。祭拜那天,从早上四点开始,四邻八乡几十支社火队早早赶来,一一摆开架势,各自拿出自己的看家本领,你要高跷,我扭秧歌,他练背阁,唢呐吹,锣鼓响,空气都是热闹的,一时间,锣鼓喧天,人声鼎沸,震耳欲聋。

"浚县的民间社火演出几乎与古庙会同时兴起。明清时期,社火演出队伍逐渐壮大,种类逐渐增多,曾达到一个鼎盛。"浚县文广局副局长李志刚说,社火种类丰富,演出历史悠久,表现形式多样,体现了浚县原汁原味的民俗,是浚县淳朴民风的重要表现形式,具有很高的艺术价值,如今早已闻名中原乃至全国。

三、传承谱系和代表人物

社火在浚县简称"会",浚县社火的特点是阵容强大、形式多样、种类齐全。舞狮子、踩高跷、跑旱船、舞龙灯、抬阁、背阁、盘鼓等精彩纷呈。浚县现有各种民间社火组织60多家,每逢节日获重大活动期间,大家齐聚一起,竞相献艺,场面热烈,蔚为壮观。

四、主要价值

经过400多年的发展,浚县社火在整个豫北地区占有重要地位,且独树一帜,是群众文化自娱自乐形式的大展示,是浚县的优秀民间艺术,是古老的公民歌舞的遗存。对其(特别是踩跷秧群狮舞)进行发掘和保护,对丰富和完善宫廷民间舞蹈史将产生一定的推动作用，对民间文化发展史、民俗文化库也是一种有力补充。社火积淀了当地几百年来的文化精髓，通过社火的表演，积极发挥了它的社会功能、教育功能等。

在浚县农村，还有无数支社火队。随着人们生活水平的提高，这些社火队每年也以递增的形式逐渐扩大。他们虽然不在浚县县城演出，却活跃在各个村庄的大街小巷，成为丰富居民娱乐生活的一种形式。

五、目前保护情况

2008 年，浚县民间社火入选第二批国家级非物质文化遗产名录。随着一些老艺人相继过世，一些传统的社火项目正面临后继乏人的危险，传承变得越来越重要。

2012 年，浚县争取了 100 多万元的保护资金，全部用于对社火的传承保护工作。”李志刚说，他们从外地聘请了知名的艺术家对社火传承人进行培训，并对现有的社火种类和传承人登记建档，对失传的社火进行挖掘复排。2007 年 3 月，“浚县民间社火”被河南省政府公布为首批“非物质文化遗产”保护项目；2008 年 6 月，“浚县民间社火”又被国务院公布为第一批国家级非物质文化遗产扩展项目。

第五节　百泉药会

一、历史沿革及分布情况

百泉药会是新乡市的传统民俗文化。百泉背倚丛山峻岭，俯临碧波清流，百眼清泉串串喷珠跳玉，汇集成湖，缓缓南流，遂成卫河。隋大业年间（605）世人为敬祀卫河神灵，在湖北岸修建了“卫源庙”。庙成始祭，人多成会。

唐高宗李治时期（659—683），提倡庙会，四月初八遂成了百泉的定期庙会。届时，名商大贾慕名而来，逐渐形成了以药材为主的全国性商品流转市场。

明朝洪武八年（1375）正式形成以药材为主的定期商品流转市场。距今已有 600 余载，素享“春暖花开到百泉，不到百泉药不全”之盛誉。

由于大会是在每年的农历四月份举行，所以当地百姓简称它为“四月会”。百泉药会曾是全国三大药材交流大会之一，与河北安国、江西樟树齐名。从历史和规模来衡量，百泉药会位居三大药交会之首。同时，百泉又与安徽亳州、广州清平等并称全国十大药市。

二、基本内容及艺术特征

每年 4 月，全国药商云集百泉，“四月初一起，初十日止，四方辐辏、商贾云集，南北药材具备。”从清道光十五年《辉县志》的记载中，可窥一斑。车水马龙的街市从百泉村一直延伸到苏门山脚下，各种各样的交通工具运来了大江南北的药材，一声高过一声的叫卖声响彻整个百泉……电视剧《大宅门》中“白七爷”被委以重任去采购药材的盛况，正是当年百泉药会的真实写照。那时候，药材店铺棚帐以百泉村为中心，北到苏门山麓，西到百泉湖畔，南过马家桥，场面非常壮观。

直到1992年，百泉药会参会客商还多达近3万人，来自全国30个省、市、自治区，成交额高达15亿元。很多客商重金买不到展位，全县宾馆接待能力不足，很多客商就住在百泉村的农家。

三、传承谱系和代表人物

相传百泉药会是从隋大业年间的庙会演变而来，明洪武年间正式形成以药材为主的交易市场。当时的情况可从道光年间的《辉县志》中窥见一斑："四月初一起，初十日止，四方辐辏，商贾云集，南北药材具备。"民国年间，大约是20世纪30年代中期百泉药会有几年可以说是达到了鼎盛，会期从最初几天发展到一个月，上会药商少则数千多则逾万，最多时县志上有"数万药商参会"的记载。

据《百泉旧志》记载，元末明初百泉已形成以中药材交易为主的庙会，届时"四方贸易者皆至"。到了清代，当地药材经销商于康熙五十七年（1718）捐钱在苏门山下建了一座药王庙，供上了药王三真人——神农氏、长桑君、孙思邈，成立了药会，规模逐渐扩大起来。据山西商人刻于清乾隆四十三年（1778）的卫源庙"拜亭"石柱刻铭记载，明洪武八年（1375），明太祖钦定四月初八亲祭神明，令起庙会，也可为佐证。此后，得到官方支持的百泉药会愈加兴盛，药材交易更为繁荣，原来只一天的祭神庙会，延期至10余天。清康熙十九年（1690）的《辉县志·风俗篇》有"四月初八祀卫源庙，四方货物辐辏云集"的记载。道光十五年（1835），由辉县知县周际华所纂《辉县志》记有："四月八日，祭卫源神庙，四方贸易者皆到，南北药材，亦聚十余日始散。"可以想象百泉药会之盛。清朝至民国时期，历年参加大会贸易的药商主要有"彰德帮""怀庆帮""山西帮"等各大药行。各帮依据地域特色各有独特的经营方式和特点，经营品种也不尽相同。"彰德帮"商号有双和义、德和庆、中盛店、广恒、福泰公等药行，经营药品范围广泛，达数百种。"怀庆帮"商号有三和成、曲同仁、人同仁等药行主要经营的是"四大怀药"。"山西帮"商号有广升裕、广庆和、广升远等药行，主要经营南方贵重药材，如珍珠、琥珀、朱砂、肉桂、牛黄、麝香、羚角、犀角等。另有卫辉府的敬成裕，辉县的大来恒、祥泰、同兴和与永年堂，道口的春和祥、杞县的双和兴等各地药商，或自买自销，或调剂药材品种。还有部分散客，多为太行山采集山货的农民。各家商号多采取张设棚口，以药换药，以物换药，或少量药材现金买卖，进行现场交易的交易方式。清嘉庆九年（1804）由各家商号推举，成立了药王会，制定药材交易规章。百泉药会从此有了自发的民间管理机构。

新中国成立之后，尤其是改革开放之后，百泉药会获得了全新的生机。1980年春，辉县政府决定恢复百泉药会，成立了百泉药材交流大会委员会，采取了系列改革措施。同年，，百泉药会被国家有关部门列为全国三大药会之一、十大药市之一。百泉药会这一全国性药材交易盛会的地位，再次得以确立与巩固。

四、主要价值

太行山区中药材资源十分丰富，在363个国定重点药材品种中，新乡南太行就有149种。目前市场上常见的中草药，90%以上均可在这里找到。因此，发展中药材种植，不仅可为重振百泉药都提供药材基地支撑，还可以促进山区种植业结构的调整，帮助山区农民脱贫致富。

近年来，百泉药都采取“药都+基地+农户”的模式，免费为当地20多个乡镇药农提供种子、技术培训，并为农民修路、架桥投资8 000万元，规模达10万亩的柴胡基地曾被全国光彩事业促进会定为全国光彩事业重点项目。同时，投资1 000余万元建立了中药材研究开发中心、中药饮片加工厂，引进先进技术装备和工艺，开发了上百种“百泉药都”商标的中药饮片和独具特色的中成药。如今，百泉药都与全国200多家中药饮片企业、800多家医药单位建立了合作关系，成为国内4家大型中药企业的药源基地，拉长了种植、加工、研发、销售的产业链条。

五、目前保护情况

2008年，百泉药会被国务院正式列入国家级非物质文化遗产目录。时至今日，百泉药会在继承原有药材互贸的基础上发展了百泉药厂和百泉国际会展中心，真正成为国际性的中药材交易市场，又因被列入国家级非物质文化遗产名录更得到了辉县市政府和河南省政府的大力扶持和保护。

第六节　禹州药会

一、历史沿革及分布情况

禹州药会是禹州市的传统民俗文化。当地中药材的发展，一是以药成会：春会是每年2月起到麦收，秋会是8月下旬；冬会是11月下旬。二是以药成市：形成山货、中药、切药、丸散。

药交盛会历史久远。在民间代代相传的“药不过禹州不香，医不见药王不妙”一说，道出了人们对禹州中药材优良品质的信任。

自春秋战国开始，禹州一直是全国重要的物质集散地。1264年“禹州已经成为药材汇集之区，填满街市，有粪土，故农家深山大壑采药者往来不绝”。这里的药市始于唐代、盛于明清，禹州人为纪念唐代药王孙思邈云集祠庙，隆重祭奠，由供奉活动逐渐形成中药材交易市场。明洪武元年（1368），朱元璋诏令药商汇集禹州，正式成为官办药市，是当时全国性的药材集散地。明崇正十七年（1644）禹州已成为南北交通要道。

四大市场遍布大街小巷，其中西关街为山货行，经营山冈药材；西大街、光明街、三官庙街、四角堂街、洪山庙街为中药行，经营各方道地药材；山林街、槐荫街是切药行，以饮片加工为主；八土方街、黄家口、旗毒庙街、城隍庙街为丸散业。

二、基本内容

清乾隆二十七年（1762），由官府倡导，每年设春、秋、冬三个会期，国内海外客商界舟车转而至，药材贸易昌盛。经过200多年的发展，形成一些基本特征。

（1）药交会规模大，会期持久繁荣。因病需药，中药材品类繁多，中成药制造商、供销商纷至沓来，中药材贸易包容量大。

（2）半封建资本，股份产业且亦农亦商，资金涵盖广泛，富商大贾与小摊小贩共存，资本家与小业主兼容，批发零售并举，竞争激烈。

（3）货畅其流，囤积与贸易周期短。坐贾行商共存，鲜货、期货因质议价，成交率高。

（4）受“教会徒弟，饿死师傅”的封建观念影响，为保特效药制品以适应市场竞争，以家庭为本位，单项产品，门类共生，非规模型生产方式现象突出，商业机密性强。

（5）包括中成药方剂产品，饮片类炮制，中药材种植、养殖及品质鉴别，富含渊博的科学与文化知识。

据上述特征的药交会，在河南中药材贸易和生产的经济活动中占有重要地位，是河南市场经济的缩影，中国封建经济生产发展之遗存。

药交会是促进中药材贸易，繁荣经济的重要办法。同时也能促进中成药生产的发展，进而带动当地本色特效药用植物、动物的种植、养殖产业的繁荣，促进中草药生产环节的联动，充分利用劳动资源。

三、传承谱系和代表人物

说到禹州药市，一般认为起于唐代，元朝有了药材交易市场，到明朝朱元璋诏令全国药商集结禹州时，这里就成了全国闻名的中药材集散地。后来以药兴会、以药成市，在清代达到了鼎盛。当时的药交会已经是春、秋、冬三个会期，春会自农历二月起到麦收，秋会开在农历的八月下旬，然后到农历十一月下旬是冬会。据清《禹州志》记载：“每逢会期，药材交易内而十二省，外越西洋、南洋，东极高丽（今朝鲜）、北际库伦（今蒙古国乌兰巴托）皆舟车节转而至。”

慢慢地，禹州药市有了规模。但仅靠短期的药交会，已经不能适应市场需要，于是各地药商纷纷在禹州建立自己的药材商号。自 2002 年始，传统禹州药会被注入了更多的文化内涵，成为每年举办一次的“药王”孙思邈中医药文化节暨中医药交易会。这样一来，也就使药会做药材生意与发扬传承中医药文化贴得更紧密了。2006 年，禹州道地药材禹白芷、禹白附、禹南星、豫西丹参得到国家原产地保护。两年后，禹州“中风回春片”“活血壮筋丹”又成为国家中药保护的品牌，禹州药会也跻身于“国家非遗”名录。

四、主要价值

禹州中药炮制引领全国。“千年药都”汇集了天下中药炮制的能工巧匠，丰富和发展了禹州的中药材炮制技艺，从发源于禹州的中国第一部中药炮制专著《雷公炮炙论》开始，经过世代传承，形成了禹州独特的中药材炮制理论和加工技艺，以“遵古炮制、加工精良”著称于世，在“浸、煅、煨、炒、炙、蒸、煮”等方面都有独到之处，并成为禹州药商必不可少的技艺和“前店后作”的传统经营特点。在清宣统三年（1911），禹州九蒸九晒熟地黄在德国柏林万国博览会上参展获得盛赞，清代禹州生产的“九天阿胶”也是宫廷御用药品。2008 年，禹州中药材加工炮制技艺被河南省列为非物质文化遗产项目，老药工朱青山获得项目代表性传承人的殊荣。

道地药材量多效好。禹州出产中药材 1 000 多种，其中道地药材种类 36 种、药典有记载道地产区药材 25 种、药典有记载带禹字头的道地药材 11 种。从目前检测的品种来说，白芷、板蓝根、玄参、荆芥、半夏、地黄、丹参、金银花、禹南星等 9 种药材含量指标均高于药典标准两倍以上。

五、目前保护情况

1985 年 3 月中药材交流会重新恢复，相继建立了南、中、北三条街的药材市场，1996 年 9 月经国家有关部门批准，禹州市成为全国 17 家中药材专业市场之一，也是河南唯一的国家级中药材专业市场。2002 年，市委、市政府高起点、高标准规划建设起新的国家级中药材专业市场，总投资 2 亿元，占地 300 亩。现有经营商户 300 余户，经营品种近千种，到 2012 年硬件建设在国内尚属一流，并于 2002 年 5 月 20—25 日，恢复了中断 10 年的中药材交流交易大会，进一步扩大了禹州药市的知名度。2004 年 10 月份举办的“孙思邈医药文化节暨中国禹州中医药交易大会”，突出药王、文化、经济主题，取得了较为显著的经济效益和社会效益，使禹州药市在全国药材市场的影响力日趋扩大，市场优势初步显现。

第七节　浚县古庙会

一、历史沿革及分布情况

浚县古庙会素有“华北第一古庙会”之称，有着千余年的历史。浚县庙会于十六国后赵石勒皇帝开凿丕山大佛时就开始萌芽，人们结社集会，朝山拜佛。到了唐宋时期，由于朝廷崇佛向道，民间求神拜佛活动更是年盛一年，浚县山上又建起了天齐庙、兴国寺等寺庙群，对庙会的发展更是推波助澜。后来到了明朝嘉靖年间，浚县县令蒋虹泉在浮丘山修建了碧霞宫，庙会形成了一定规模。清代康乾两朝，庙会得到更大规模的发展。抗日战争爆发后，庙会一度低落，“文化大革命”时期更是香客零落游人稀。改革开放以来，浚县政府利用庙会举办文化艺术节，吸引人气、开辟财源、提升庙会品位，由过去单一的朝拜进香会变成了物质交流、文化交流、传承古老民族文化艺术的节会活动，其时间也由原来的半月扩展到现在的从正月初一到二月二。庙会会期长，规模大，保持着明清特色，吸引着晋冀鲁鄂皖周边 20 个省市以及海内外的数百万香客游人光临古庙会，观瞻豫纯朴的民风民俗。

二、基本内容及艺术特征

浚县古庙会即“浚县正月古庙会”，是河南省浚县的大型民间传统集体活动，活动贯穿于每年的整个农历正月，一直到二月都熙熙不散，有“华北第一大古庙会”之称。民俗文化艺术经典为：①原生态的民间社火表演。浚县的民间社火具有鲜明的地域性和广泛的参与性，表演形式更为丰富，有高跷、秧歌、花船（旱船）、竹马、龙灯、狮子、抬歌与背歌、抬老四与抬撬板、大头舞与二鬼摔跤、打花棍、腰鼓等；②独具特色的民间工艺品。浚县的民间工艺本土特色浓郁，有很高的观赏性和收藏价值的“泥咕咕”“黄河古陶”“石狮”、柳编、木雕等；③祈福纳祥的俗信活动。浚县古庙会是宗教文化与民俗文化相融合的大平台，庙会习俗载着“愿望”。庙会夜间最能表达人们祈求平安的一项活动——挑经舞。这些习俗反映出了人们千百年来一个共同的愿望——风调雨顺，国泰民安，充满着对美好生活的憧憬；④汇集传承宗教文化、民俗文化。与其他地方相比，古庙会特点是神仙多，人物多，神人杂处，佛道相容。境内大伾、浮丘两山古刹林立，儒教、佛教、道教和谐共处，在老百姓心中，这些宗教人物都是能为人佑安赐福的神灵。这为浚县庙会蒙上了一层神秘色彩，使浚县庙会具有强大的吸引力。

三、传承谱系和代表人物

《浚县志》《大伾山志》记载：大伾山、浮丘山上最早的庙宇中就有二郎神庙，并有道士主持香火，说明已有小规模的香火庙会。到了后赵，石勒皇帝听从西方高僧佛图澄（232—348）的建议，在大伾山东麓雕琢了大石佛 。大石佛在大伾山的坐落标志着浚县正月古庙会的形成。而古庙会真正兴盛起来是在浮丘山碧霞宫建成之后。碧霞宫内的碑刻记载，明嘉靖年间、浚县知县蒋虹泉在浮丘山主持修建碧霞宫、将千里之外的人都吸引过来进香，人们集结上山、进香朝拜。渐渐地，浚县正月庙会约定俗成。到明末清初，借庙会登山朝拜碧霞元君的活动进入了历史上的鼎盛时期。据现存的清顺治，康熙，咸丰等时期的碑刻记载，当时浚县及周边地区民间成立了众多的进香组织，影响广泛，波及今天的山东、河北等省。清代中期，正月庙会的规模更为扩大，碧霞宫山门内外拥挤不堪，场面失控，浚县知县为此发布告示，规整会场。到了民国年间，浚县正月庙会又有了空前发展。

四、主要价值

浚县古庙会是历史的产物。浚县县委、县政府近年来积极采取措施，正确引导，用社会主义精神文明去逐步冲淡旧社会遗留下来的迷信色彩。神秘的碧霞宫，不再单单是祈神求福的偶像，而是弘扬黄河古老文化的场所。同时，浚县是中原民俗文化的活化石，是原生态文化的缩影，德国一民俗学者逛过庙会后称浚县庙会为“中国老百姓的狂欢节”。

五、目前保护状况

近年来，浚县县委、县政府高度重视民间民俗文化的保护传承与发展，借助正月古庙会平台，邀请专门的文化创意机构，包装策划古庙会，丰富庙会内容，挖掘庙会潜力，按照高标准、高品位，安全祥和、热烈喜庆的原则，已成功举办了三届中国（鹤壁）民俗文化节，努力把浚县正月古庙会办成传承民俗文化、活跃群众生活、发展旅游事业、促进经济发展的盛会，打造民俗文化品牌。

第八节　洛阳关林朝圣大典

一、历史沿革及分布情况

中国洛阳关林国际朝圣大典作为中国洛阳河洛文化旅游节的重头戏,从 1994 年开始,洛阳市每年都要举办一次关林国际朝圣大典。目前,关林朝圣大典已经成为洛阳的一个特色旅游项目,也是我省旅游局重点向海外推介的特色旅游项目之一。

关公厚葬洛阳后的千余年里,各朝统治者对他的加封一直不断,民间对他的供奉、敬拜也日益普及。隋、唐是关公信俗的产生期。在这个时期的洛阳地区,关于关公的神话传说开始出现,关公显圣护民的故事日益增多。唐上元初年(760),唐高宗封姜子牙为武成王,建武成王庙,选历代名将 64 人从祀,关羽排第 14 位,享受国家祭祀。关羽由此从民间祭祀进入国家祭祀行列。其时,洛阳民间以农历五月十三为关公的生日,常常隆重祭祀。在宫中、民间,悬挂关公神像开始盛行起来。宋、元是关公信俗的发展期。这个时期,随着封建王朝的加封、儒释道三家的极力推崇,关羽由一代名将变成了无所不能的神明。在洛阳,关公信俗也迎来了新的发展壮大时期。历史资料显示,北宋徽宗崇宁元年(1102),关羽被封为“忠惠公”;元文宗天历元年(1328),关羽被加封为“显灵义勇武安英济王”。其中的 200 余年间,随着崇信人员的增加,初步形成了每逢初五、初九、十三祭拜关公的习俗。其中,尤以五月十三诞祭最为隆重。关羽替代姜子牙成为武庙主祭神明、清关公信俗的发展进入鼎盛期。明代以后,关氏后裔已开始有专人守墓,过去配祀武成王姜子牙的关羽也替代姜子牙登上了武庙主祭神的位置。农历正月十三、九月十三的春秋二祭已列为国家祭祀。在洛阳,朝廷遣官或地方官员主持的祭祀活动已成定制,五月十三诞祭活动更加隆重,表演更加丰富多彩。以庙会为表现形式的关公信俗已成为人们生活中的一项重大活动。

二、基本内容及艺术特征

洛阳关林因厚葬三国名将关羽首级而闻名天下,成为人们朝拜关羽的圣地。这里也是我国唯一的“冢、庙、林”三祀合一的古建筑遗存。自古以来,关公被视为忠义化身和道德榜样,其“忠、义、仁、勇”的精神更是蕴含了中华民族的传统美德,因此关帝不仅被中华民族所敬仰而且美名远播海外各地,每年秋季总有海内外宾朋前来祭祀、拜谒。

在每年的朝圣大典上,由典仪宣读祭天文书,在主祭官带领下,海内外各关帝庙主委、朝拜团体由仪门沿御道来到大殿前,向关公敬献供物、上香、献酒、行祭拜礼。这项活动是关公传统祭祀礼中的重要组成部分,它的内容设置体现了祈求平安、富足、仁义、诚信的传统观念。

大典组委会还举办乐舞《关林神韵》,百余名演员挥舞着写有“百家姓”和“忠义仁勇”的旗帜分两侧站立于舞台。在大里王排鼓的助威下,舞台正中的舞狮表演虎虎生风,威猛刚劲。身着宫廷服装的乐师们,则手拿笙、箫、笛等乐器,演奏着带有浓郁古都风韵的乐曲。

1994 年以来,中国洛阳关林国际朝圣大典已举办了 16 届,成为古都洛阳对外宣传的一张文化名片。下面以 2013 年为例介绍其基本内容。

今年朝圣大典的主题为“弘扬关公文化、传承民族文化、展示河洛文化”,时间将从 9 月 25 日持续至 10 月 6 日,9 月 25 日上午举行开幕式。在大典开幕式上,将依循明清古制,再现明清帝王遣官祭拜关公这一古老民俗宏大场景。来自海内外的华人、数十家关庙、社会团体、众多知名企业家代表等 300 多人列队参拜,焚香许愿。同时,开幕式上还举行迎神、三献礼、文武八佾、献太牢、唱关帝颂和“关家军”大刀表演等。除朝圣大典外,为弘扬河洛文化,展示民风民俗,活动期间还举办首届中国洛阳河洛文化博览会。为了体现文化惠民,关林景区从 9 月 25 日至 10 月 6 日,实行门票半价优惠,即由平时的 40 元降为 20 元。

三、传承谱系和代表人物

千百年来,关羽的忠义仁勇精神一直被中华民族所推崇,成为炎黄子孙共同的道德追求和做人的准则,朝廷达官,黎民百姓,景仰日深。海外华人更是把关羽奉为平安神和武财神,香火曰盛,无以复加。海外华人纷纷来关林寻根谒祖,他们一致要求关林祖庙恢复设坛致祭,以答神明。为了满足海内外炎黄子孙高涨的祭关热情,在 1994 年、1997 年、1999 年、2000 年,关林成功举办了四届“东方文化寻根暨中国洛阳关林国际朝圣大典”。大典期间中外游客云集,关林香火鼎盛,尤其是大批从我国台湾、香港、澳门地区和新加坡、马来西亚、泰国等国的华人都不远万里前来祭拜关帝。美国华声日报、中国新华社、中国文物报、中国旅游报、河南电视台等新闻单位人相报道大典盛况,产生了极大的轰动效应,在我国实属少见。而且从 1999 年起,每年金秋十月举办一次‘朝圣大典”,洛阳的“春赏名花牡丹,秋拜圣人关羽”将成为传统的节日内容,名花的千娇百媚,圣人的浩然正气,都将给人们留下永远美好的记忆。

四、主要价值

中国洛阳关林国际朝圣大典是河南省的非物质文化遗产,同时也是国家级非物质文化遗产——关公信俗的表现形式之一。它在对古代关公秋祭形式进行继承的基础上又创新性地加入了时代的因素,着重突出国际性和民间性。

洛阳关林国际朝圣大典的举办,对于弘扬关公的“忠”“义”“仁”“勇”精神,弘扬中华民族的传统美德,展示千年帝都厚重的文化底蕴,促进经贸旅游发展都有着重要的意义。它的举办对于保护和传承关公信俗这一国际级非物质文化遗产、促进当地的文化旅游与开发、增强民族凝聚力和推动实现祖国统一等方面均有着十分重要的意义。

五、目前保护情况

关林镇地势平坦,气候宜人,镇区有国家重点文物保护单位——隋唐洛阳古城遗址;有全国三大关帝庙之首的洛阳关帝庙(洛阳古代艺术馆),每年秋季举办的“关林国际朝圣大典”活动进一步提高了关林的知名度、吸引了越来越多的中外游客，给关林镇的旅游业发展增添了新的活力。

第九节　打铁花

一、历史沿革及分布情况

每年正月表演的“确山铁花”又叫打铁花，是流传于确山县境内及周边地区的民间传统烟火，起源于北宋，鼎盛于明清，至今已有千余年的历史。新中国成立前，河南驻马店的汝南、确山以及南阳有过打铁花的记载。到了新中国成立后，就只有确山县有过两次表演，后来也因种种原因中断，1988 年，确山县文化部门发掘整理，才使这一充满传奇的民间艺术传承至今。目前仅存于河南确山，被誉为“中原文化奇葩”“民间焰火之最”。

确山铁花原是古代道士们祈福、驱邪镇宅的法事手段，也是民间金银铜铁锡五门工匠每年开业时与道士们一起祭祀共同的祖师——太上老君的一种仪式。其目的之一是扩大自己的门派，取悦民众，扩大自己的影响；二是取“铁花、铁花、铁定要发”和“打花、打花、越打越发”的寓意。

二、基本内容及艺术特征

最早的确山打铁花活动，充满道教的色彩和行业的特征。宋代崇尚道教，确山县境内的老乐山，曾是道教的圣地，道教庙观遍布全县，仅乐山一处，就有“九宫二观一拜台”之称。社会上的金、银、铜、铁、锡五门工匠，与道士共同敬奉的是一个祖师——太上老君，所以，工匠们与道士们可谓师兄弟。“打铁花”源于工匠们的祭祀活动。遇到道教的重大庆典，道士们也会出钱出物，请工匠们举办“打铁花”，为道教增添光彩。这无形中促进了“打铁花”活动的开展。显而易见，“打铁花”的最初目的一是为了展示本行业的气派，取悦于群众，扩大影响，等于做一次广告；二是讨个吉利，利用“花”与“发”的谐音，取“打花打花，越打越发”之意，象征着事业发达兴旺。

打铁花虽然好看，但表演起来却惊心动魄，极具危险性。“打铁花”很有讲究，要在一个宽阔的场地上搭起一个丈余高的大棚，称为“花棚”，花棚顶铺一层新鲜的柳树枝，树枝上绑满各种烟花、鞭炮等。“花棚”顶部正中竖起一丈余高的杆子，称为“老杆”。“老杆”顶上绑上鞭炮、烟花等，称为“设彩”。花棚旁边立一座熔化铁汁用的熔炉，把事先准备好的生铁化成铁汁待用。打铁花时，先把铁汁注入事先准备好的“花棒”，即一根拳头粗细、一尺多长的新鲜柳树棒，棒的顶端掏有直径 3 厘米大小的圆形坑槽，用以盛放铁汁。打花者一手拿着盛有铁汁的“花棒”，一手拿着未盛铁汁的“花棒”迅速跑至“花棚”下，用下棒猛击上棒。十几个“打花”者一棒接一棒，一人紧跟一人，往来于熔炉和花棚之间，棒中的铁汁冲向“花棚”后，遇到棚顶的柳枝立刻迸散开来，铁花又点燃了棚上的鞭炮、烟花。

确山铁花具有历史悠久、技艺古老的特征。据专家考证，全国称为铁花的艺术形式不少，但像确山铁花这样气势恢宏、场面壮观、内涵丰富，最具中原特色的大型民间传统烟火,只河南独有,全国仅存,弥足珍贵。

三、传承谱系及代表性人物

据老一辈人说,“确山铁花”在宋朝、明朝很红火,后来战乱纷纷,人们只在国泰民安收成好的年份打铁花。到了清朝咸丰年以后,数十年都没打过,只知道怎样打,但没有人组织,这一民间绝技濒临灭绝。清朝光绪初年,李老的父亲李顺昌在县城东关开了一个字号为“万顺炉坊”的铁匠铺。李顺昌与邻居王家酒馆的掌柜王洛成,在听确山老艺人传授了打铁花绝技之后,重新组建了确山县的“铁花会”。二人被推选为正、副会首,在当时老艺人的帮助下,恢复了确山的“打铁花”活动,深受民众的支持和喜爱。自此,或三年,或五载,遇到社会安定、五谷丰登的好年景,当地就打一次铁花,沿袭成俗。每次打铁花前会贴出告示,亲朋好友、商贾摊贩相互传递消息,南至信阳,北到漯河,东达淮阳,西通南阳,都有人来观看,有时汝南、正阳、遂平、泌阳、明港、驻马店等地的“龙灯会”“社火班”也赶来献艺助兴。确山四乡的民间玩艺班会,也都不邀自来,在确山县城和打铁花场地四周表演,形成了自发的比赛活动。清末民初,李顺昌老先生还曾多次应邀到禹州、漯河、西平、汝南等地献艺,为当地组织“打铁花”,在周围各县很有影响。李顺昌、王洛成二位老先生去世后,由李顺昌的三子李万发接任“铁花会”的会长。李万发老先生说,从20世纪20年代到新中国成立前,因兵荒马乱,天灾人祸,确山县总共只打了两次铁花,这一历史悠久的民间文化艺术瑰宝,几乎绝迹。

1956年和1962年,在确山县政府的大力倡导支持下,李万发先生出面,组织了两次“打铁花”活动,盛况空前,振奋人心,给确山人民留下了极其深刻的印象。之后,由于政治运动频繁,加之十年动乱,“打铁花”又中断了26年之久。1988年为挖掘整理传统民间文化艺术遗产,确山县文化馆找到了李万发老先生,并于当年和1990年举办了两次“打铁花烟火晚会”,使这一传统的民间文化艺术重见天日。

确山铁花第六代传承人,知识产权所有人杨建军先生为确山铁花申报河南省非物质文化遗产名录做了艰苦细致科学系统的调研和准备工作,使这一为确山县独有、已有一千多年历史的民间传统艺术由民间传承进入政府的保护范围。

四、主要价值

确山打铁花是我国民间习俗、民间艺术中富有文化特色的非物质文化遗产。它既体现了民众的祈福愿望、祈福习俗,又与道教艺术的世俗化密切相关,同时还融入了豫南地区民间信仰、民间舞蹈、民间音乐等生活内容,文化内涵丰富,很有特色。确山打铁花民俗起源于宋代,虽屡有中断,因技艺依附于道教,实施依附于铁匠行业的开炉及民间年节及喜庆日等活动,故传承不绝、绵延于今。确山打铁花场面恢宏壮观、气势磅礴,在民众中有很大影响。

确山铁花的价值已不仅仅停留在观赏的层次,它具有十分深厚的内涵,与中原地区的劳动人民的生产、生活和宗教信仰、节庆习俗密切相关,已融入民族文化之中,包含有中原地区文明发展史上的冶铁文化、道教文化、民间工匠文化、祭祀文化、生产商贸文化、节庆文化、古代广告文化、古代信息传递、民间工艺传承、火药的利用和烟花鞭炮的产生与发展等大量古代文化信息，是古代文化的集而大成。同时，确山铁花表演，能活跃群众的文化生活，让人们了解传统的优秀民间文化遗产，提高民族自信心和民族自豪感，增强爱国主义热情和民族凝聚力，是促进安定团结和社会和谐的极好文化载体。

五、目前保护情况

2008 年，“确山铁花”入选国家级第二批非物质文化遗产保护项目，这也是国内打铁花类表演唯一入选国家级非遗的保护项目。近年来，“确山铁花”曾先后在北京、河北、河南、湖南、湖北、浙江、安徽、福建等地展演展示，还开展了“确山铁花”进军营、进校园、进社区等大型公益性活动，每次均引起轰动。央视一套等 10 余家电视台和全国互联网各大网站多次宣传报道；2016 年受著名导演孙周邀请参加拍摄微电影《铁树银花》；同年受央视春晚节目组邀请登上 2017 春节联欢晚会的舞台。

第十节　洛阳牡丹花会

一、历史沿革及分布情况

中国洛阳牡丹文化节前身为洛阳牡丹花会，已入选国家非物质文化遗产名录，始于 1983 年，是一个融赏花观灯、旅游观光、经贸合作与交流为一体的大型综合性经济文化活动。2010 年 11 月，经国务院、国家文化部正式批准升格为国家级节会，更名为“中国洛阳牡丹文化节”，由国家文化部和河南省人民政府主办。花开花落二十日，一城之人皆若狂。

二、基本内容及艺术特色

中国传统文化中，牡丹雍容华贵，端庄富丽而引发人们诸多联想，派生出与之相关联的文化象征意义，并形成牡丹文化的基本内涵。在人民群众的心目中，牡丹是美的化身，纯洁与爱情的象征。国尊繁荣昌盛，家重富贵平安，人喜幸福吉祥，这些特点和寓意，牡丹兼而有之。

1. 国家繁荣昌盛的象征

牡丹花开时节，繁花似锦，灿烂辉煌。曾在大唐盛世，全国上下无不为之倾倒，牡丹花季成了首都长安、洛阳的狂欢节。自唐宋以来，牡丹成为吉祥幸福、繁荣昌盛的象征，并得以世代延续下来。

1959 年，周恩来总理在洛阳说过：“牡丹是我国的国花，它雍容华贵，富丽堂皇，是我们中华民族兴旺发达、美好幸福的象征。”今天，牡丹的这一文化象征意义又被赋予了新的含义，因为她非常贴切地代表了改革开放的中国国泰民安，前程似锦的美好形象，具有鲜明的时代特征，表达了全国各族人民共同的理想和愿望。

2. 对富裕生活的期盼与追求

牡丹花姹紫嫣红，富丽堂皇，从气质上给人以富贵之感。自宋以来，牡丹即被称为“富贵花”。此说起自宋哲学家周敦颐，他在《爱莲说》中写道，“自李唐以来，世人甚爱牡丹”“牡丹，花之富贵者也”。从此，牡丹与“富贵”二字紧密联系在一起。在历代绘画及各种工艺美术作品中，牡丹作为富贵的象征，与其他花鸟、山石的不同组合，就表现出与富贵结合在一起的不同寓意。

3. 劲骨刚心、不畏权贵的高风亮节

人们喜爱牡丹，赋予了牡丹能代表中华民族精神力量的优秀品格。武则天冬日游园，一时兴至，竟下令百花限时开放，百花慑于权势，不得不开，独牡丹没有按时开花，而被武则天下令放火烧之，贬出长安。在《秋翁遇仙记》中，一伙恶奴毁花霸园，是牡丹仙子及时赶来救活了被毁坏的牡丹花，严惩了暴徒。牡丹这种不畏权贵和恶势力的精神，倍受称赞。作为“富贵花”，牡丹并不娇嫩脆弱，她原来生长在莽莽群山中，近代因为森林面积日渐缩小，滥挖药材，以至于野牡丹只能在悬崖峭壁中顽强生长。在黄土高原干旱贫瘠的土地上，她仍然开出绚丽的花朵。

三、传承谱系和代表人物

洛阳牡丹根植于隋、盛于唐、甲天下于宋，已有1500多年栽培历史。自唐以来，历代文人墨客对洛阳牡丹花开时节的盛况留下了不少千古绝唱的诗篇，“洛阳地脉花最宜，牡丹尤为天下奇”“唯有牡丹真国色，花开时节动京城”“花开花落二十日，一城之人皆若狂”“春来谁作韶华主，总领群芳是牡丹”等都是对洛阳牡丹的生动写照。

1982年9月21日，洛阳市人大常委会确定牡丹为洛阳市市花，并决定在每年的4月15日–25日举办洛阳牡丹花会。1991年4月，河南省委、省政府决定，办好牡丹花会，洛阳搭台，全省唱戏，将洛阳牡丹花会更名为河南洛阳牡丹花会，每年一届。

自1983年4月成功举办首届牡丹花会以来，洛阳市已成功举办了23届牡丹花会。23年来，洛阳市按照“以花为媒，广交朋友发展经济. 振兴洛阳的办会实旨、使牡丹花会由最初单纯的赏花观光活动发展成为集旅游观光、经贸洽谈、文化体育为一体的大型经贸文化活动，并以较高的知名度和影响力，跻身全国四大名会之列。河南洛阳牡丹花会的举办，对提高洛阳的知名度、促进洛阳经济发展发挥了重要作用，已经成为河南省对外开放的重要窗口。

四、主要价值

洛阳牡丹花会已经成为全市人民政治、经济、文化生活中的一件大事，已经成为洛阳人民不可或缺的盛大节日，已经成为洛阳发展经济的平台和展示城市形象的窗口、洛阳走向世界的桥梁和世界了解洛阳的名片。同时，也已成为企业展示实力、树立形象、宣传扬名的极佳平台和舞台。

五、目前保护情况

1982年9月21日，洛阳市人大常委会通过决议，将牡丹花作为洛阳市“市花”，每年根据牡丹开放情况于4月至5月期间举办洛阳牡丹花会。从1983年至今(2017年),洛阳已连续成功地举办了35届牡丹花会。

第十一节　“重阳节”民俗

一、历史沿革及分布情况

九九重阳节是中国古代的重要节日。在两千多年的历史变迁中,重阳佳节的内容在变迁中发展,在传承中丰富,已成为多元性的民族节日。重阳节的起源,最早可以推到春秋战国时期,重阳已受到人们重视,但只是在帝宫中进行的活动;汉代,过重阳节的习俗渐渐流行与民间。魏晋时期重阳节有了赏菊、饮酒的习俗。唐朝时,重阳节才被定为正式节日。从此以后,宫廷、民间一起庆祝重阳节,并且在节日期间进行各种各样的活动。宋代,重阳节更为热闹,《东京梦华录》中曾记载了当时北宋重阳的盛况,《武林旧事》也记载有南宋宫廷“于八日作重九排当”,以待翌日隆重游乐一番。明代,九月重阳,皇宫上下要一起吃花糕庆祝,皇帝要亲自到万岁山登高,以畅秋志。清代,明代的风俗依旧盛行。20世纪80年代开始,中国一些地方把夏历九月初九日定为老人节,倡导全社会树立尊老、敬老、爱老、助老的风气。中国政府在1989年将每年的这一天定为“老人节”“敬老节”,取老人长寿之意,重阳节成了一个以消灾和企盼健康长寿为主旨的传统节日,中国全国人大常委会2012年12月28日表决通过新修改的《老年人权益保障法》。法律明确,每年农历九月初九为老年节。

二、基本内容及艺术特征

农历九月初九为重阳节,这个中国传统的习俗宣泄了思乡人的乡愁,同时又是传统的祈寿节日,有登高避祸、饮酒祈福、佩戴茱萸、吃重阳糕等习俗。金秋九月,天高气爽,这个季节登高远望可达到心旷神怡、健身祛病的目的。重阳佳节,中国有饮菊花酒的传统习俗,菊花酒,在古代被看作重阳必饮、祛灾祈福的“吉祥酒”。还风行九九插茱萸的习俗,所以又叫茱萸节,茱萸入药,可制酒养身祛病。1989年国家把农历九月九日确定为“老人节”。

三、传承谱系和代表人物

关于重阳节的来源,大约可以追溯到秦朝之前,由于九月初正是农作物丰收的时节,而“九九”与“久久”同音,有长久长寿的意思,所以当时的人们一般都会在这天举行祭天拜祖的仪式,以此来感谢天帝及祖先的恩德。到了汉代的时候,皇宫中的人就会在重阳节这天登高、佩茱萸、喝菊花酒,以求长寿。后来,因为有宫女被逐出宫,这习俗也就传入了 民间。

在今天,重阳节还被赋予了新的含义,在1989年,我国政府把每年的九月九日定为“老人节”,重阳节在原有寓意的基础上又多了尊老、敬老、爱老、助老的内容。

四、主要价值

重阳节是杂糅多种民俗而形成的汉族传统节日。古代庆祝重阳节一般会包括出游赏景、登高远眺、观赏菊花、遍插茱萸、吃重阳糕、饮菊花酒等活动。现在的重阳节成为尊老、敬老、爱老、助老的老年人的节日后，全国各机关、团体往往都在此时组织从工作岗位上退下来的老人们秋游赏景，或临水玩乐，或登山健体，让老人的身心都沐浴在大自然的怀抱里，开阔视野，交流感情，锻炼身体，回归自然。不少家庭的晚辈也会搀扶着年老的长辈到郊外活动。

五、目前保护情况

上蔡县是重阳节的发祥地，这里自古就有重阳节登高、饮菊花酒、佩香囊、插茱萸的习俗，影响深远。2003 年 10 月 4 日，国家邮政局重阳节特种邮票首发式在这里举行；2005 年 12 月 1 日，中国民间文艺家协会正式命名上蔡县为“中国重阳文化之乡”，上蔡县从而成为全国 38 个文化之乡中第一个以节日文化为主题被命名的文化之乡；2006 年重阳节民俗被列入国家级非物质文化遗产保护名录。由重阳文化衍生的担经舞、扁担轿等民俗节目和菊花酒、香囊、桃核扣等文化产品在上蔡民间得到了很好的传承，其中桃核雕花和茱萸绛囊工艺列入河南省首批非物质文化遗产保护名录。茱萸绛囊以其祈福吉祥的文化内涵，走出国门。东岸桃核雕花成为出口创汇的特色产业。自 2003 年以来，上蔡县已连续 7 年成功举办中国·上蔡重阳文化节。目前已开展了 12 场以“天下重阳源上蔡”“尊老敬老与构建和谐社会”等为主题的理论研讨活动，结集出版了《重阳节发源地——上蔡》《天下重阳源上蔡》等书籍。

第十二节　崔莺莺和张生的故事

一、历史沿革及分布情况

据考证，崔莺莺和张生的故事起源于唐代的《莺莺传》，元代戏曲家王实甫将其改编为《西厢记》，被代代相传至今，其发生地在辉县市冀屯乡褚邱村。该市西部诸多村镇能够证实崔莺莺和张生故事的遗迹甚多，如冀屯乡上官村的莺莺坟，上八里镇的李虎寨、炮台岭，褚邱村西北部的白马将军庙遗址等。

二、故事内容及艺术特征

该故事讲述的是，唐贞元年间，崔相国年老，身体欠佳辞官，携家小告老返乡，途经普救寺，不幸死于寺中。剩下崔郑氏老夫人和十七岁的女儿莺莺、十余岁的儿子欢郎和丫鬟红娘。他们只好宿住普救寺，再扶丧归葬。莺莺在寺内散步时偶遇赴长安赶考的河南洛阳书生张君瑞，两人一见钟情，互相爱慕之心油然而生。当时居守在上八里镇李虎寨的山匪李虎恰巧发现了貌美的莺莺，要娶莺莺为压寨夫人。崔老夫人惊慌失措，召集寺内之僧，商议退兵之策，并许诺："谁能退敌保安，若年龄相当，可把莺莺许配给他。"张生立即向崔家献出良策，声称自己的好友杜确将军，人称白马将军，武艺超群，现带兵镇守在豫、晋交界处，可请他调兵以解普救寺之困。白马将军闻知后，迅速调兵遣将，一举歼灭匪徒。战后，杜确将军去普救寺看望好友张生，因卸甲伤风，绝气而亡。当地人们慕其忠义，就在褚邱西北方向修建了杜确将军庙，就是今天的白马将军庙。普救寺平安后，崔郑氏夫人却背信弃义，导致张生和莺莺出寺私奔。崔老夫人闻讯，把莺莺抓回。后来，莺莺因思慕张生忧郁而亡，葬于上官庄西北部。张生进长安赴试，得中探花，做官后重返普救寺来迎莺莺，得知消息后，悲恸欲绝，为莺莺重修了坟墓，逢年过节，都要上坟奠祭。

三、传承谱系及代表人物

据说，崔莺莺和张生故事中，张生的原型是唐传奇《莺莺传》（亦名《会真记》）的作者元稹。元稹，字微之，河南河内人，幼孤，母郑贤而文，亲授书传。由此可证崔莺莺和张生的故事发生在褚邱的可能性极大。在辉县市，崔莺莺和张生的故事有口头流传（褚邱人至今不唱《西厢记》）、文字流传（民间到处可以找到关于《崔莺莺和张生故事》的相关记述）。崔莺莺和张生的故事在流传过程中，经过人们口头上千锤百炼的加工，故事情节生动、完整，显得流畅、自然、顺口。代表性传承人有栗志祥、阮青福、董清和、郭学忠、徐福林、李连梅等。

四、主要价值

崔莺莺和张生的故事是一个产生于封建社会，充满悲剧色彩而又凄美的爱情故事。字是封建制度下爱情婚姻惨遭不幸的具体写照，是对封建制度扼杀爱情、自由的生动阐释，它以悲剧的力量，揭示了封建制度对人性的摧残，讴歌了对美好自由爱情的追求向往，具有珍贵的文学价值，正如鲁迅先生所言："其事之撼文林，为力甚大。"

五、目前保护情况

2005 年以来，为了丰富故事的真实性和原创性，辉县市专门组织有关专家、学者，对普救寺周边的文化遗存，对故事中的质疑现象，做了较详细的挖掘、考证。在乡、村两级培养民间文学兴趣爱好者，以便更好地加以传承与保护。2007 年 2 月，辉县市崔莺莺和张生故事被列入河南省第一批非物质文化遗产名录。

第十三节 邵原创世神话群

一、历史沿革及分布情况

邵原是一个有 7 000 余年历史的古镇，即使从有文字记载算起，也有 3 000 多年的沿革，随着行政区划的变更，历史上有召、郫邵、邵郡、邵州、邵伯县、邵原县、王屋县、邵原关、邵原镇等诸多名称。邵原自古就有女娲故事流传。镇北有名山大川，诸如被斩孽龙的黑龙山，断鳌足立四极的鳌背山，芦灰锁积的锁泉岭，炼石补天的银河峡等都是后人乐以称道的"女娲补天"的原型物。它们规模宏大，自然形成，形象逼真，系统完整，为全国所仅有。经诸多专家学者考查认证：女娲神话之原创地即为济源市邵原镇为中心的古邵州一带。邵原及周边地区女娲神话之多，相对集中，直面全国，其他地方均不具备，显散于邵州大地上的古地名、古文物、古遗存，充分证明了专家及口传的意见。从地理、地缘观点观察，邵原北依太行，中条为屏障，南有黄河萦带，与巍峨耸天的伏牛山相望。东有王屋天坛毓秀，西有三晋大地钟灵，方圆五十里属黄土浅丘带。[①]

二、基本内容及艺术特征

邵原神话群种类繁多、内容异常丰富，神话故事有声有色，从盘古开天、女娲抟土造人、伏羲画八卦、女娲补天、神农尝百草和播五谷，到黄帝战蚩尤、大禹治水等，几乎囊括了中华汉民族文明创始时期的所有神话，如此完备的神话群在全国其他地方并不多见。下面列举几个：

盘古开天辟地

相传很久以前，天和地还没分开，就像很大的鸡蛋一样，里面有一个叫盘古的人类祖先。一万八千年以后，盘古心里憋闷，浑身像绳子捆着一样不好受，想活动活动筋骨，胳膊一伸腿一蹬，"咔嚓"一声，大鸡蛋被蹬碎了。蛋壳里轻的东西慢慢上升为天，重的东西慢慢下沉为地，天和地裂开了一条缝。他想站起来走一走，可觉得天离地太低，就手撑天，脚蹬地，使劲把天往上掩。盘古手掩着天站起来，身子一天长一丈，天也一天高一丈。又过了一万八千年，盘古身高九万里，天也升高了九万里。盘古开天辟地，流尽了汗水，耗尽了力气，不久就累死了。盘古死后，身体上一切都转化成了世上的万事万物，嘴里呼出的气变成了风和云彩，声音变成了雷霆，左眼变成了太阳，右眼变成了月亮，胳膊变成了山岳，骨头变成了地下的宝藏，血液变成了江河，经脉变成了地理，肌肉变成了田土，发髭变成了草木，汗流变成了雨……后人为纪念盘古，在邵原东修建了盘古寺。盘古出世挣破的蛋壳，埋在太行山下，慢慢变成了细腻的石头。后来，人们用这种石头制成了不渗水的砚台，这就是著名的"盘砚"。

伏羲画八卦

传说伏羲在青龙腰发现鳌背山南端石崖上有一块大石头，像金鸡啄米的形状。他便到南洼找到了一块形状像鱼的大石头，仔细观察后，心想石内一定有金鱼。伏羲举手开石，果真鱼从石中一跃逃出，只在石内留下鱼状石纹。伏羲琢磨，石开一分为二，鱼有阴阳两个，天地未分之前，不也像大石头一样混混沌沌？天地分离，也应有阴阳，上则为阳，下则为阴。伏羲坐在金鱼石上，耳听八方之风，仰观天象，采天地万物的灵气，一口气画了八卦，又将二龙图形画在石头上。

三、传承谱系及代表性人物

经过多年的调查、收集、整理，该神话分别于2006年、2008年在国际神话学研讨会上讨论与探究，得到国内外学者认同。且该地已汇编了60多个神话，成为创世神话群珍贵的资料，现已分类汇编成册，共6集10册，70余万字。邵原创世神话代表性传承人有杨择令、翟明东、李菊月、杨天祥、卢乃礼、翟良山、李林洲、高军红等。

四、主要价值

邵原创世神话被誉为“唯美”的神话，具有道德化、伦理化、哲理化的魅力。邵原创世神话人文底蕴厚重，哲理思想古今传承。盘古、女娲作为中华民族血脉同根的先祖和英雄形象，其蕴含的开天辟地、开拓创新、无所畏惧、勇往直前、自强不息、继往开来的精神；其鞠躬尽瘁、垂死化身、甘于奉献、不怕牺牲的美德；其造福人类、惩恶扬善、以人为本、护民佑民的高贵品格；其自强、自信、自勤、自爱的精神，都对我国人文精神的形成和丰富，具有极为珍贵的价值，对提升民族文化的自觉起到促进作用。济源邵原创世神话群厚重的文化容量，必将与时俱进地释放出新的光彩，成为中华民族共享的精神文化财富。邵原是中国创世文化的自然遗存，极其珍贵，研究邵原创世神话群，从一定意义上来说对提升民族自信心和增强民族凝聚力是非常有意义的。

五、目前保护情况

2006年9月，邵原被中国民间文艺家协会命名为“中国女娲神话之乡”。2007年2月，邵原创世神话群被列入河南省第一批非物质文化遗产名录。2008年6月，邵原神话群又成功入选国家第二批非物质文化遗产名录。

,

第十四节　汉族叙事长诗——《郭丁香》

一、历史沿革及分布情况

汉族叙事长诗《郭丁香》是固始县劳动人民和民间艺人根据当地流传的民间故事创作的民间口头文学，是一篇富有中原文化特色的优秀作品，填补了汉民族没有民间叙事长诗的空白，是河南省乃至全国为数不多的原生态叙事长诗之一。她以灶书(戏)表演形式传唱下来，至今已有近300年的历史，广泛流传于豫、鄂、皖三省交界大别山区和江淮流域的广大农村。

二、基本内容及艺术特征

汉族叙事长诗《郭丁香》记载的是美丽朴实、勤劳善良的郭丁香，遵父母之命、媒妁之言，嫁给了懒惰、奸诈的张万良。郭丁香以自己勤劳的双手，使张家由穷变富。但是富裕后的张万良却绝情地抛弃了郭丁香，另寻新欢。郭丁香受到了沉重打击，在走投无路的情况下投河自尽，幸遇打柴路过的范三郎搭救了她，二人情投意合，在共同劳动中建立了真正的爱情，遂结为夫妻。夫妻二人同心协力，凭借勤劳和智慧，很快富裕起来，过上了令人羡慕的幸福生活。与此同时，张万良与其新欢王妙香坐吃山空，家道迅速衰败，最后因王妙香贪嘴，引发大火，张家的家产随同张母、王妙香付之一炬，张万良侥幸逃生，却烧瞎了双眼，只得乞讨谋生。一天，潦倒的张万良讨饭来到了范家门口，郭丁香认出了张万良后，不仅没有报复他，反而将其让进厨房（灶房），为其做了一碗自己拿手的面。没有认出郭丁香的张万良一吃面，回忆起前妻的种种好处，痛悔不已。郭丁香说出自己的身份，历数张以前的不是。张万良羞愧难当，投入灶膛，当场自尽。拦阻不及的郭丁香只拉扯下张的一条腿和衣服上的一块破布。张万良魂魄投往阴曹地府，阎王查生死簿后拒收，让其转往天上凭玉皇大帝的处置。玉帝感念其悔过自新，封其为司灶之神，即民间所说的灶王爷，郭丁香去世后被封为灶王奶。

三、传承谱系及代表人物

《郭丁香》原无唱词文本，靠木工和民间说唱艺人心传口授，是原生态的民间文学。最早时，木工们唱灶用锤、刨铁等劳动工具敲打伴奏，不需管弦乐器。后由饰演张万良的艺人手拿灶鼓，有节奏地敲打领唱，逐渐演变为新中国成立后艺人用鼓、锣、钹等打击乐器敲打作伴奏。目前，已知的传承谱系从第三代到第八代均十分完备，代表性传承人有叶照群、曹家振、潘景娥。

四、主要价值

《郭丁香》长篇叙事史诗从“拜灶”开始，到“封灶”为止，共分为31节，故事背景涵盖天堂、人间、地狱三界，人物涉及天上的玉皇、王母，人世间张家、郭家、范家、石家，地狱里的阎王等数十个角色。史诗歌颂了郭丁香勤劳、善良、贤惠、孝敬老人的诸多美德，鞭笞了懒惰、淫荡、粗暴、霸道的丑恶行径，也张扬了郭丁香敢于追求幸福的精神。诗句采用七言体，上下押韵。

五、目前保护情况

1983年，固始县文化工作者收集整理《郭丁香》1 300句，媒体发表后引起极大反响。民间文化遗产抢救工程启动后，国家有关方面非常重视，要求信阳市一定要收集整理完善《郭丁香》的内容。

自2003年以来，在固始县文联的组织下，有关人员行程数千公里，深入田间地头访问民间艺人，将《郭丁香》丰富到4 326行、3.5万余字，基本具备了民间生活史诗的规模。

2006年8月，固始县汉族民间长篇叙事诗《郭丁香》（灶书）艺人潘景娥荣获由河南省委宣传部、河南省文联认定的首批省级民间文化杰出传承人称号；2007年2月，汉族叙事长诗《郭丁香》成功入选河南省首批非物质文化遗产名录。2008年6月23日，曹家振、潘景娥被河南省文化厅授予首批省级非物质文化遗产代表作传承人称号。

第十五节　愚公移山传说

一、历史沿革及分布情况

“愚公移山传说”发生和流传于河南省济源市西部的王屋山上，山域面积占全市总面积的一半，境内山高谷深，群峰屹立，主峰天坛峰高达 1 711 米，是轩辕黄帝祈年祷天之所。王屋山在历史上系道教活动圣地。

二、基本内容及艺术特征

相传远古时候，王屋山上有个老头名叫吕三太，脾气倔，好抬杠，身高七尺，力气很大，可掷牛于地。他家祖祖辈辈都住在深山坳里，出门必须爬坡，家里吃水要翻过三里高坡去挑山泉，被形容为“抬脚前腿弯，鼻子顶着山”。有一次，吕三太挑着大水桶，爬着顶心坡，快把水担到山顶时，因为坡陡路险，一个趔趄跌倒在地，桶摔碎，水洒完。回家后，就把全家人召集在一起，提出搬山开路的想法，却遭到一家人的反对。儿子吕石旦与他大吵了一架，表示反对。吕三太说“咱家总不会绝后，我死了还有儿孙接着挖山”，吕石旦说“儿孙们也不会干这种傻事，简直是白日做梦”。当天晚上，吕石旦和媳妇一商量，第二天就和老人掂开锅（分家），开起了豆腐坊。吕三太一气之下，就去找铁匠打了一把十斤重的大镢头，一个人上山挖了起来。后来，老伴加入了挖山战斗，二儿子吕石旦也跟父亲合了伙，全家人一起投入挖山开路工程。这件事感动了全村人，在族长的带动下，男女老少一起出动，农忙种地，农闲挖山，苦干了不知多少年，还真的把门前的山丘挖平了，并修出一条运水的大路。这个故事就是《愚公移山》的原始素材。

该传说表现出愚公锲而不舍、百折不挠、壮志不移的艰苦奋斗精神，千百年来，感染激励了无数中华儿女，是中华民族精神的象征。发掘、整理愚公移山传说，对于丰富民间文学宝库，活跃群众文化生活，促进精神文明建设，都发挥着重要作用。如今，王屋山上的吕氏家族引以为荣，凡是姓吕的先民家中都设有“吕太公之神位”，每年祭祖。

三、传承谱系及代表性人物

作为愚公后裔的济源人民，对老祖宗“挖山不止”的宝贵精神格外崇敬，他们治理漭河、修“愚公渠”（引沁济漭）、山区供水和济邵高速公路建设等工程，都是愚公精神的结晶。并在市区建起愚公城标，在王屋山设立了愚公雕像，把每年的 6 月 11 日定为《愚公移山》纪念日，纪念老愚公，表彰新愚公。近年来，该市先后创作了以愚公精神为主题的文艺作品，如戏曲《愚公移山》《愚公探家》《王屋山下》和大型舞蹈《愚公魂》等，在省内外巡演和进京演出。2007 年，在王屋山拍摄了大型神话电视连续剧《王屋山下的传说》。所有这些，都在济源形成了浓郁的愚公文化氛围。代表性传承人有王世平、黄习贞、周会全、赵香、乔兰香等人。

四、主要价值

愚公移山传说讲的是勤劳的山民叩石移土、改地换天的壮举。该故事情节生动,人物性格鲜明,反映平民生活,便于记忆和传播,具有鲜明的艺术特征。人们在劳作之余,常常聚于田间地头、街头巷尾“说云话”,体现了当地浓郁的民风,愚公在移山中锲而不舍、百折不挠、壮志不移,影响了一代又一代人,人民群众学习愚公精神,解决理想信念问题,积极投身现代化建设,创造美好的明天,具有一定的现实意义。

五、目前保护情况

2007 年 2 月,愚公移山传说被列入河南省第一批非物质文化遗产。

第十六节　赵氏孤儿传说

一、历史沿革及分布情况

赵氏孤儿传说发生地位于焦作温县三家庄,该村南依黄河,北邻太行,东和县城紧紧相连,历史遗址尚存完好。从相关文献中不难发现“赵氏孤儿”的记载,《左传·昭公元年》是由赵孟(赵武)于公元前 541 年十二月初一祭祀曾祖的记载,其残碑尚存,人称“孤儿冢”。韩厥(韩献子)在赵氏孤儿事件中,是救孤和复仇的关键人物,卒后葬于温县三家庄村南;与赵氏孤儿事件相关的历史人物组麑,卒后葬于三家庄村西岳村,组麑的事迹和文人诗赞,多散见于温县历代志书之中。

二、基本内容及艺术特征

春秋时代,晋国的大臣赵盾辅佐晋襄公,使国家越来越富强。襄公死后,其子晋灵公继位,荒淫无道,残害臣民。赵盾多次劝谏,灵公不但不听,反而怀恨在心,赵盾不得已而出逃。后来他的兄弟赵穿发动政变,杀了灵公,拥立襄公的弟弟即位,为晋成公。这时赵盾又被请回来,主持朝政。他的儿子赵朔娶了成公的姐姐为夫人。成公死后,儿子景公继位。大夫屠岸贾原是晋公的庞臣,一贯助纣为虐,对赵氏早就恨之入骨。他对景公说:“灵公遇难,祸首是赵盾,以臣弑君,应当灭族。”这时赵盾已死,景公就把赵朔一族全部杀死。赵朔的妻子因系公主身份,幸免于死。她回到王宫,生下遗腹子。屠岸贾听说后,到宫中搜索,想斩草除根。公主把婴儿藏在裤子里,屠岸贾没有搜着。在这危难之时,赵氏的两个门客公孙杵臼和程婴决心把赵氏孤儿救出来。于是二人定计,买了别人一个婴儿,由公孙杵臼抱去藏起来,然后程婴去向屠岸贾“告密”,说赵氏孤儿在公孙杵臼处。屠岸贾领兵抓到公孙杵臼和那个婴儿,当即处死。这时程婴却偷偷跑到王宫,抱出赵氏婴儿,逃到偏僻的山林里躲藏起来。孤儿长大,取名赵武,十五年后景公得了重病,让卜者占卜,卜者说生病的原因是错杀了功臣。大臣韩厥一向和赵氏关系亲密,此时便趁机向景公说："赵氏世代有功，被错杀灭族，老百姓都为之不平，应当恢复名誉，给予重用。"于是景公听了韩厥的话，派人把赵武和程婴接进宫来，让赵武继承了赵氏原来的俸禄、封地。赵武又奉景公之命，杀死了屠岸贾。后来赵武的曾孙赵襄子和韩氏、魏氏三家分晋，建了赵国。

三、传承谱系及代表性人物

近年来，为保护与传承这一文化遗产，人们不断把这一故事搬上屏幕和舞台。主要有温县电视台制作的《赵氏孤儿与三家庄》、焦作电视台专题新闻片《赵氏孤儿与三家渊源》。相关作品有陕西人民出版社的《赵氏孤儿》剧本、温县剧作家朱振武改编的《救孤》剧本、三家庄怀梆剧团演出的《赵氏孤儿》剧本、温县豫剧团演出的《赵氏孤儿》，以及河南省豫剧二团的《程婴救孤》等。另外，还有《赵氏孤儿散记》《韩献子的故事》《赵氏孤儿与温县》等文艺作品。代表性传承人主要有原树武和张朝阳等。

四、主要价值

传说通过救孤、搜孤、抚孤等情节，颂扬了舍亲生救孤儿并忍辱负重的程婴和以自己性命为代价换取孤儿安全脱险、为正义献身的公孙杵臼，有力地鞭挞了奸臣屠岸贾，以及昏君晋景公。该传说把民族的"忠义"观念、"忠奸"区分意识，渗透到社会的最基层，它对塑造民族理念、民族性格、民族伦理等都具有深远的影响。

赵氏孤儿的故事情节起伏跌宕、扣人心弦，流传面广且时空绵长，故事主题突出，人物个性鲜明，赞颂了程婴、公孙杵臼、韩厥等人的正义感和舍己救人的高尚品德，是弘扬中华民族古文化精华代表作。挖掘整理这一传统故事，对于当前弘扬"八荣八耻"精神，提高人们思想素质，加强道德修养，增强社会凝聚，构建和谐社会，增进社会稳定具有重要的教育作用。

五、目前保护情况

2007 年 2 月，赵氏孤儿传说被列入河南省第一批非物质文化遗产名录。

三家庄怀梆剧团一直编演《赵氏孤儿》一剧。从 1947 年至今，剧本多次移植整理，演员历经四代，但常演常新。赵氏孤儿的传奇故事代代相承，久传不衰，有秦腔《赵氏孤儿》剧本、京剧《赵氏孤儿》剧本、豫剧《赵氏孤儿》等。程婴抚养赵氏孤儿的三家庄成为抚孤纪念地。只可惜，由于保护不力，现只剩残碑，碑上字迹也辨认困难。

第十七节　大禹神话传说（禹州市）

一、历史沿革及分布情况

位于河南省中部的禹州市，是大禹神话的发源地之一，古籍《山海经》《越绝书》《国语》《荀子》《淮南子》《汉书》等均有相关记载。

禹州,即“大禹之州”,因大禹封国在此而得名,是国家公布的历史文化名城。据《史记·夏本纪》注解,“夏者,帝禹封国号也”。帝王纪云:“禹受封为夏伯,在豫州外方之南,今河南阳翟是也。”禹州与大禹有关的遗存有庙宇、山川河流,又有挖掘出的古遗址(阎寨遗址、谷水河遗址、瓦店遗址等)分布于禹州城、梁北、方岗、无梁、张得、小吕、范坡、鸿畅、顺店、褚河、方山等十几个乡镇。

二、基本内容及艺术特征

有文字记载,在尧舜时期,中原大水浊浪滔天,浸满四野,丘陵平川一片汪洋,民不聊生。为了拯救人民,尧帝命大禹的父亲鲧治理水患。鲧采用堵的方法来治水,在京都周围筑起了数百里的大堤。大堤虽然暂时堵住了洪水,但时间一长,洪水将大堤冲垮,形成了更大的水灾。尧帝见此大怒,遂将鲧杀死。

大禹的父亲被杀后,尧帝便命大禹治理水患。大禹接受任务后,认真总结了父亲治水的经验和教训,制定了一套“从实际出发,从大局出发,从治本出发,因地制宜,以疏为主,疏堵并用”的治水方针,深得尧帝赏识。此后,大禹便带领着伯益、后稷、应龙等助手和勘探设计人员,踏上了艰苦而漫长的治水之路。

大禹治水是从冀州开始的。冀州地区包括现在河南省黄河以北的部分地区和河北、山西两省。当大禹从青海境内疏导黄河,水流至山西河津县(现河津市)与陕西韩城交界的龙门山时,河水被龙门山阻挡,不能东泻,形成倒流,以致将上游的孟门山淹没了,眼看就要形成新的洪水泛滥。见此状况,大禹果断地调集20万人,从龙门山中间挖开一条河道,让西来的黄河水从悬崖峭壁之间奔流而下。在龙门山下的数百里处的中条山与肴山相接的地方,大禹又挖出来了3条孔道,形成了今天的三门峡,即人门、鬼门和神门。黄河水流经三门峡后进入地势相对平缓的平原地区,洪水四处漫溢。大禹又调集10万名民工,开挖了9条河道,引导河水东入大海,从根本上消除了黄河中下游的洪水灾害。

相传大禹治理好黄河后,离开三门峡从嵩山向东行走,行至具茨山以东后看到,地势平坦的平原内到处都是洪水。经过一番调查后大禹发现,是水蛟巫支祁在兴风作浪,危害百姓。随后,大禹在西王母跟前的庚辰、黄魔、大翳三员大将的相助下,用西王母所赠的铁索将水蛟擒获并锁住,从而消除了淮河的水患。为了杜绝水患再度发生,大禹在阳翟(今禹州市)挖掘一处深井,将水蛟巫支祁用铁索锁在深井之中,缚于井口旁的石柱上。

在13年的漫长治水过程中,大禹“三过家门而不入”,终于将各地的水患治理好,百姓们得以从山区迁徙至平原地带聚集生活。因为大禹治水有功,舜帝封大禹为“夏伯”,将阳翟(今禹州市)封为其属地,古为“夏禹国”。

三、传承谱系及代表性人物

大禹神话的内容繁多,现今已收集到的有30多个,其中关于治水的有9则,关于婚姻生活的有劝禹娶妻、大禹娶妻等数则,其他的如封夏禹国、代舜摄政、大禹戒酒、定三苗等十几则。目前,禹州有许多与神话内容相符的地物、地貌遗存,比如禹妃庙、禹王庙、禹王锁蛟井、诸侯山、禹王山、禹王庙、禹王大殿、禹妃娘娘殿、古钧台等。大禹传说流传了几千年，以大禹创作的文学作品有《禹王锁蛟》《禹王捉蛟》《打开龙门口》《诸侯山治水》《前年古城觅夏迹》《走近大禹》等。大禹神话代表性传承人有教之忠、王同全和程彩红等。

四、主要价值

千百年来，大禹神话在祖国大江南北广为流传，而与禹州的山水紧密相连的大禹神话所反映的时代正是中国由原始社会向奴隶制社会过渡时期，也是由禅让制向家天下的转型期，大禹神话蕴含的大公无私和艰苦奋斗、坚韧不拔的精神，在今天仍有借鉴价值。

五、目前保护情况

大禹传说在当地政府的大力扶持下，做了许多挖掘、抢救、整理和保护工作，取得了一些成效，但是有关大禹神话的遗存在当地几乎毁坏殆尽，像禹王锁蛟井，目前已处于居民房的包围之中；诸侯山、汗沟已风化；建于唐天宝年间的禹王庙仅存大殿；禹妃庙仅存配殿。禹王山、禹王渡、靡山岩、禹王村等大禹遗迹仍鲜为人知。

2007 年 2 月，禹州大禹神话传说被列入河南省第一批非物质文化遗产名录。

第十八节　王莽撵刘秀传说

一、历史沿革及分布情况

王莽撵刘秀的传说由来已久。大部分传说故事是公元 25 年前，也就是东汉建立之前刘秀在南阳伏牛山一带的传说故事。经过民间流传，使其更加完美生动，至今仍在民间流传。如：伏牛山的神话传说、柳树相貌的传说、酿河水中蛤蟆石的传说、板倒井的传说，还有“挂剑垛”“寺坪的麦子为什么熟得早”，等等。

二、基本内容及艺术特征

西汉末年，王莽篡位，杀了汉平帝。汉平帝的皇后是王莽的女儿，生下一子刘秀，王莽为斩草除根，非杀掉刘秀不可。正在危急时刻，一个忠臣巧使调包计，用自己妻子刚生下的女儿将襁褓中的刘秀换了过来，对外保密，说是自己的儿子，后来不知道怎么被王莽知道了，下令追查，看掩藏不住，就叫刘秀连夜只身逃出京城长安。那时，刘秀已是十几岁的小伙了，他隐名埋姓，受尽饥寒，辗转潜逃到河南南阳一带，求贤访才，积蓄力量，起兵讨伐王莽。

白河滩一仗，初战不利，人马被打散，刘秀独自一人向南阳西北方向伏牛山逃去，王莽带兵在后面紧紧追赶。这天，刘秀跑到一座荒山下面，当时正是六月盛夏，赤日炎炎似火烧，又加上久旱不雨，刘秀又饥又渴，瘫倒在一块立陡的石壁下边，热得张开大口直喘粗气。刘秀心想，莫非今天我要死在这里？不由得自言自语道：“山哪，你歪歪头转转身，给我遮个荫凉，让我逃出一条活命吧。”话音刚落，那山峰真的向刘秀歪了过来，一片荫凉正好把刘秀遮住，刘秀幸免于死。刘秀喘息一会儿，嘴里渴得冒火，肚子又饿。这时从山脚下叫“来沟”的村庄上走来一位老婆婆，手提一只小瓦罐，刘秀勉强挣扎起身子，向那老婆婆深施一礼，说：“大娘，我快要饿死了，救救命吧！给口吃的吧！”刘秀双手捧着饭罐，脸一仰嘴一张，一口气把一罐小米汤喝得只剩下半罐。老婆婆把剩下的提到老伴那里，老伴一看恼了，斥责老婆婆给他送饭送得少，老婆婆把刚才的事情一说，老头不但不生气，还把剩下的又让刘秀喝了。正说话之间，山那边传来人喊马叫，刘秀慌忙拜谢老人，掏出一锭银子，转身向附近山沟躲藏。

后来，刘秀到洛阳登基称帝，回忆起这件事，派一位大臣到这座山下的“来沟”村查访老两口，要重谢老人，一问老两口早已下世。刘秀为报答老人恩情，下旨在此山上修建一座庙，命名为“先亡庙”

三、传承谱系及代表性人物

王莽撵刘秀的传说得到专家和学者的青睐，涌现出大量制品及作品。形象类有汉山石佛及真武大帝、玉皇大帝等泥塑造像等；建筑类有始祖殿、白龙寺、三皇洞、三观洞等；研究专著类有王平灿、张彦庆主编，陕西旅游出版社出版的《灵宝览胜》；赵来坤编著，国际炎黄文化出版社出版的《汉山的传说》；王谦编著、香港华联出版社出版的《灵宝地名》等；整理出版的资料类有杨连珍主编的《灵宝市文物志》《灵宝市民间文学集成》、王谦主编的《灵宝市文化志》、灵宝市委宣传部和教委编写的中小学教材《可爱的灵宝》、任世英编写的《灵西遗迹》等。在民间，王莽撵刘秀传说也得到了继承，目前，有孙庆德、杨刚子、相运杰等代表人物通过口传整理成书。

四、主要价值

王莽撵刘秀的传说，在中华民族文化特别是中原地区的黄河文化中，有着相当重要的价值，发掘、抢救、保护王莽撵刘秀传说的意义深远。王莽撵刘秀传说系原始的口头传说，故事本身有着不可替代的学术价值；溯源真武修道，刘秀避难的演变过程，将进一步对我国的文化史、文学史、艺术史研究做出有益的补充；从源头上掌握故事发展的脉动与演变的特质，则更能折射出故事具备的民族文化的时代特征和智慧光华。

五、目前保护情况

王莽撵刘秀的传说虽然在河南境内的西平县、遂平县、内乡县、灵宝市市政府的大力支持下，做出抢救性的挖掘、弘扬工作，但仍存在着不少难以解决的问题。王莽撵刘秀传说面临着失传的危险。

2007 年 2 月，西平县、遂平县、内乡县、灵宝市等地流传的王莽撵刘秀传说被列入河南省第一批非物质文化遗产名录。

第十九节　灵宝黄帝传说

一、历史沿革及分布情况

黄帝同炎帝并称为中华民族的始祖，华夏部落联盟领袖。他播百谷草木，大力发展生产，创造文字，始制衣冠，建造舟车，发明指南车，定算数，制音律，创医学等，是开创中华民族古代文明的先祖，传说中远古时代华夏民族的共主，五帝之首。

黄帝传说的故事，特别是发生在河南省灵宝市黄帝铸鼎原上有关黄帝铸鼎、驭龙升天等故事，在豫、秦、晋交界地区广为流传，在全国各地的黄帝传说中独一无二。黄帝陵位于灵宝市区西 20 公里阳平镇，是华夏民族的始祖轩辕黄帝部落这一代繁衍生息的历史佐证。

二、基本内容及艺术特征

在传说中，黄帝是个非常聪明能干的人物。他既会推算天文，制定出中国最早的历法，又会制造车、船和指南车。他还精通医术，和神医岐伯一起研究出一套诊治方法。他和岐伯关于医学的对话，被后人编成我国最早的一部医书——《黄帝内经》。黄帝的妻子嫘祖也很能干，她教人民养蚕，总结出一套喂蚕、缫丝、织帛的经验。从此人们既会制衣，又会做冕，还能制鞋，从上到下都装束起来，彻底改变了上古时代穿树叶兽皮的原始习惯。古代的人受饮水限制，居者靠河流，牧者逐水草，很不方便。黄帝发明了井，人们才有可能到远离河流的地方去开发。当时的人还不会盖房子，穴居野处，构木为巢；又是黄帝教给人们“伐木构材，筑作宫宝，上栋下宇，以避风雨”。因为黄帝是古代学者一致承认的华夏始祖，所以人们就把一切文明制度都推源于他。

黄帝死后，人们把黄帝的靴子埋在铸鼎塬上，形成了黄帝陵。陵的西端有一高 6 米，周长 42.5 米的土堆，传说就是黄帝陵冢。陵西南有一龙须沟，传说是龙须坠落之地，此间生长一种龙须草，说是龙须所变，周围皆无。古代文人墨客纷纷前来瞻仰，李白、杜甫、白届易、刘禹锡等著名诗人都曾到此拜谒，题诗作赋。

三、传承谱系及代表性人物

目前，灵宝黄帝传说的相关印证种类繁多，内容丰富。据统计，在黄帝传说内容中，建筑类的有黄帝陵冢、黄帝驭龙阁、黄帝庙、始祖殿等；地名类的有黄帝陵、铸鼎塬、黄帝岭等；水名类有湖水、鼎湖、荆山峪、夸父峪等；山名类的有荆山、夸父山、蚩尤山等；文化遗址类的有荆山遗址、桑园遗址、麻沟遗址、三圣遗址等；村名类的有桑园村、麻沟村等；风物类的有元宵节耍火龙、社火芯子、农历二月初九和九月初九祭祀黄帝等；形象类的有黄帝、嫘祖、后土、仓颉等泥塑造像，布绘“三神像”等；研究专著类有王平灿、张彦庆主编的《灵宝览胜》，贾同然编著的《虢州风物记》，任敏录编著的《寻根铸鼎原》，赵来坤编著的《老子与函谷关》，王谦编著的《灵宝地名》等；已整理出版的资料类有杨连珍主编的

《灵宝市文物志》《黄帝铸鼎原学术论文集》《灵宝市炎黄文化通讯》《灵宝市民间文学集成》，灵宝市委宣传部和教委编写的《可爱的灵宝》、任世英编写的《灵西遗迹》等。

四、主要价值

黄帝是中华民族文明初期的重要人文始祖，有关黄帝的事迹在史书中只有很简略的记载，大量的内容存在于民间的各种口头传说中。搜集、整理、研究这些传说，对于了解我们民族的史前史、民族史，研究我们文明的源头及形成，并由此探询中华文明的特征、中华民族的行为方式等，都有着不可替代、无法估量的价值，对于增强中华民族的认同感、自豪感、凝聚力、向心力，有着异常重大的意义。

五、目前保护情况

2007 年 2 月，灵宝黄帝传说被列入河南省第一批非物质文化遗产名录。

第二十节　葛天氏传说

一、历史沿革及分布情况

葛天氏是传说中与伏羲氏、神农氏齐名的我国远古时期重要的部族首领，是著名的神话英雄、重要的创世大神和文艺大神，在我国文化史上具有十分重要的地位。长葛市为上古葛天氏故址，至今仍生活着相传为葛天氏后裔的葛姓居民。葛天氏传说在长葛市石固镇、坡胡镇、后河镇、老城镇、增福庙乡及市郊流传甚广，并远播海内外。

二、基本内容及艺术特征

据考证，上古时期，今宁陵之地盛产葛，生活在那儿的部族对葛的诸多功效甚感神奇，从而把葛作为图腾顶礼膜拜，其他部落的人也就把这个部落称为葛部落。当时，葛部落的人主要依靠葛生活。对于生存环境恶劣、生产水平低下的葛部落族人来说，葛有很多神奇之处。葛国被正式封国在夏初。据传，大禹通过舜的禅让获得王位后，本想依例将王位禅让给辅佐自己治水 13 年的伯益，但大禹去世后，伯益却谦让不就，避于箕山。大禹之子启继位后，特意把伯益的儿子飞廉封到葛地为王。

葛天氏创制的葛天氏之乐，被称为中国音乐、舞蹈的始祖。据考证，葛天氏创制的葛天氏之乐是中国有文字记载的最早的乐舞，开中华音乐、舞蹈、戏剧文化的先河。此乐舞出自一个叫葛天氏的氏族，由八首乐曲组成。第一首《载民》，歌颂大地；第二首《玄鸟》，歌颂葛天氏族的图腾——黑色鸟；第三首《遂草木》，祝愿万物充满生机，草木生长茂盛；第四首《奋五谷》，祝愿五谷茁壮，丰收有望；第五首《敬天常》，表示对上苍的敬意；第六首《达帝功》，表示要按照天帝的意志行事；第七首《依地德》，表示要顺应大地上的阴阳消长及四时之变；第八首《总禽兽之极》，祝愿饲养的鸟兽能够大量繁殖，从而令百姓丰衣足食。

长葛流传着非常丰富的与葛天氏相关的各种民间传说，大体上可以分为：人物传说、地名传说、风物传说、遗址传说等。人物传说有《葛天氏出生》《天宝观》《葛衣》《牛尾舞》等。在地名传说中，《擂鼓台的传说》《岗河的来历》《石梁河》《葛河水不浑》《摆蓝池》《祭天台》和《葛河长葛不长槐》比较有名。

三、传承谱系及代表性人物

葛天氏传说的传承的方式有官方组织和民间自由传承两种方式。据有关史料记载，官方传承方式较弱，大都是民间传承方式。传承人有无目的和事业爱好两种情况。如文化馆民间文学专干杨应甫、文化局创作组黄坡、农民李文秀等都搜集整理有葛天氏传说，印成集子或在报纸上发表，并在文化网站、官方刊物发表或出版成书。

四、主要价值

中国古琴协会会长吴钊、河南大学历史文化学院教授李玉洁等专家学者研究考证后认为，“葛天氏之乐”是我国有文献记载的第一支音乐歌舞，故它是我国音乐、舞蹈、诗歌、剧目的重要源头。葛天氏传说与民间信仰融为一体，成为当地岁时节、礼仪、禁忌等重要文化生活内容。葛天氏在地方传说中不仅是创造歌舞音乐的文化大神，而且是创造世界、开辟万物的始祖神。

五、目前保护情况

为了保护这一文化遗产，当地政府在全市范围内对葛天氏传说进行了普查，搜集整理了葛天氏传说，出版了《长葛名人名胜传说》，编印了《葛天氏传说》；成立了长葛市非物质文化遗产保护中心，筹建了葛天氏游园，成立了长葛市古乐协会，对葛天氏乐舞进行搜集、挖掘和研究。

2007 年 2 月，长葛葛天氏传说被列入河南省第一批非物质文化遗产名录。

第二十一节　牛郎织女传说

一、历史沿革及分布情况

湖北省郧西县中部，有一条由北朝南的蜿蜒河流，叫天河。天河是郧西境内的第三大河流，也是世界上唯一的一条叫天河的河流，它在世界地图上独享“天河”之名，七夕传说源于天河。牛郎织女的传说是一个很美丽的，千古流传的爱情故事，也是中国四大民间传说之一。这个传说始终和七夕节相连，七夕坐看牵牛织女星，是民间的习俗。相传，在每年的这个夜晚，是天上织女与牛郎在天河鹊桥相会之时，这是中国传统节日中最具浪漫色彩的一个节日。

二、基本内容及艺术特征

传说在很久很久以前，南阳城西的牛家庄有一个叫牛郎的孤儿，随哥哥嫂子生活，嫂子对他不好，给了他九头牛却让他领十头回来，否则永远不要回去。沮丧之时他得到高人指点，在伏牛山发现了一头生病的老黄牛，他悉心照料，才得知老牛原来是天上的金牛星被打下凡间，牛郎成功将其领回家。后来在老牛的指点下，牛郎找到了下凡仙女们洗澡游玩的地方，拿起了其中一个的衣服，那个仙女名字叫织女，两人相识，遁入爱河，后生育有龙凤胎。但由于触犯天规，织女被带回天界。老牛告诉牛郎，它死之后把皮做成鞋出岸上就可以腾云驾雾。后来牛郎终于上了天界，眼看就要和织女团聚，被王母娘娘头上银簪所变的银河拦住去路。天上的喜鹊被他们的爱情感动了，化作“鹊桥”，牛郎织女终于团聚。王母娘娘有些动容，后命每年农历七月初七，两人才可在鹊桥相会。之后，每年七夕牛郎就把两个小孩放在扁担中，上天与织女团聚，成为佳话。

老人时时告诫后辈：男儿要像牛郎一样勤劳、质朴、善良、执着，女儿要像织女一样智慧、忠贞、节俭、孝顺。每年农历七月初七，人们过“乞巧节”。那天，妇女们组织开展各种劳动竞赛，以在竞赛中提高技艺。夜幕降临，人们来到河边燃放河灯，顺河漂流的盏盏河灯，寄托着人们对逝去亲人的哀思，承载着人们对家庭、亲人的祈福，同时，也是在为牛郎指路以尽快与织女相会。“河灯亮，河灯明，牛郎织女喜盈盈”的民谣，在郧西县境内广为流传。

三、传承谱系及代表性人物

牛郎织女传说是中国农耕文明和星辰信仰相结合的产物。由神话传说衍生为中国传统的七夕节风俗，再到文人诗文中的艺术形象塑造、戏曲演唱等。这一故事是历经地下、天上，初创、传播、创造，不断丰富完善为民族文化中的瑰宝。牛郎织女传说延续至今的形式有口头传说、史料记载、诗歌杂文、戏曲演唱等，内容丰富、形式多样。南阳牛郎织女传说起源较早，带有浓厚的地域特色，反映了中国古代人民对美好幸福生活的追求，包含着先民对自然星象运行规律的观察，蕴藏着非常丰富的文化信息。对于我们深入研究南阳乃至中原的意识形态、民俗风情、天文成就等都有重要参考价值。牛郎织女传说代表性传承人主要有刘文成、徐清发、魏文章等。

四、主要价值

起源于古代天体日月星辰崇拜的牛郎织女神话传说蕴含了世世代代中国人的爱情观、道德观和婚恋观，潜移默化地发挥了先进文化唤醒民众意识的作用，从民族心理、文化意蕴和人自身的角度等几个方面都有着极其深刻的现实意义。富含着中国特有的“一份耕耘一分收获”的农耕文化因子，七夕文化中爱情的诠释烛照着世世代代中国人的爱情世界，潜移默化地发挥了先进文化唤醒意识的重要作用，给劳动人民特别是中国妇女的精神文化生活以巨大的影响。

五、目前保护情况

随着时代的发展，人们的生产、生活方式和思想观念都发生了转变，当地的年轻人对牛郎织女传说的传承兴趣不高，与牛郎织女传说有关的民俗已经被很多人淡忘。近年来，南阳市不断加大对牛郎织女传说起源的挖掘、整理、保护。南阳市邮政局、市集邮协会启用发行系列风景戳、宣传戳及明信片，加强对它的宣传、保护。

2007 年 2 月，“南阳牛郎织女传说”被列入河南省首批非物质文化遗产名录。

第二十二节　竹林七贤传说

一、历史沿革及分布情况

竹林七贤是指魏末晋初的七位名士，成名年代较“建安七子”晚一些。嵇康、阮籍、山涛、向秀、刘伶、王戎及阮咸。七人常聚在当时的山阳县（今河南修武一带）竹林之下，肆意酣畅，故世谓竹林七贤。七人的政治思想和生活态度不同于建安七子，他们大都“弃经典而尚老庄，蔑礼法而崇放达”。在政治上，嵇康、阮籍、刘伶对司马氏集团均持不合作态度，嵇康因此被杀。山涛、王戎等则是先后投靠司马氏，历任高官，成为司马氏政权的心腹。

二、基本内容及艺术特征

在文章创作上，以阮籍、嵇康为代表。阮籍的《咏怀》诗 82 首，多以比兴、寄托、象征等手法，隐晦曲折地揭露最高统治集团的罪恶，讽刺虚伪的礼法之士，表现了诗人在政治恐怖下的苦闷情绪。嵇康的《与山巨源绝交书》，以老庄崇尚自然的论点，说明自己的本性不堪出仕，公开表明了自己不与司马氏合作的政治态度，文章颇负盛名。其他如阮籍的《大人先生传》、刘伶的《酒德颂》、向秀的《思旧赋》等，也是可读的作品。《隋书·经籍志》著录山涛有集 5 卷，已佚七人是当时玄学的代表人物，虽然他们的思想倾向略有不同。嵇康、阮籍、刘伶、阮咸始终主张老庄之学，“越名教而任自然”，山涛、王戎则好老庄而杂以儒术，向秀则主张名教与自然合一。他们在生活上不拘礼法，清静无为，聚众在竹林喝酒，纵歌，作品大多揭露和讽刺司马朝廷的虚伪。

七人在政治态度上的分歧比较明显。嵇康、阮籍、刘伶等仕魏而对执掌大权，已成取代之势的司马氏集团持不合作态度。向秀在嵇康被害后被迫出仕。阮咸入晋曾为散骑侍郎，但不为司马炎所重。山涛起先“隐身自晦”，但 40 岁后出仕，投靠司马师，历任尚书吏部郎、侍中、司徒等，成为司马氏政权的高官。王戎为人鄙吝，功名心最盛，入晋后长期为侍中吏部尚书、司徒等，历仕晋武帝、晋惠帝两朝，至八王乱起，仍优游暇豫，不失其位。竹林七贤的不合作态度为司马朝廷所不容，最后分崩离析：阮籍、刘伶、嵇康对司马朝廷不合作，嵇康被杀害。王戎、山涛则投靠司马朝廷，竹林七贤最后各散西东。

三、传承谱系及代表性人物

“竹林七贤”在中国历史上是一个独特的贤哲群体，是我国历史上一种别具特色的文化现象。他们的人生态度和处世方式、个性精神和人生追求，对当时的世风、魏晋文化的形成、后来的知识分子的修身、处世，乃至整个中国文化都产生了重要的影响。竹林七贤传说大致可分为五类，其中遗迹类有《酒仙也醉酒》《嵇康讽官》等；济世类有《嵇康救民》《琴魂传说》等；民俗类有《修武人饮酒习俗》《七贤澄沙糕的由来》等；贤孝类有《七贤与孝女》《嵇康横笛的传说》等；其他类别有《聪明的王戎》《吓不死》等。这些传说大部分都与历史遗存相对应，具有浓重的修武地方色彩和独特性。修武人的饮酒习俗、七贤澄沙糕的由来等传说直接关系到修武的民间饮酒文化、民间风味小吃等生活习俗。比如传说《琴魂》《仙人托梦》等语言生动，具有神奇色彩，反映的是修武群众的一种审美精神，表达了他们的美好愿望和心境，从侧面折射了修武人民的朴实和善良。与竹林七贤相关的民间习俗和审美精神等世代流传，传承的不仅仅是一段段故事、传说，而是一种中华民族所具有的勤劳、朴实、善良、勇敢的精神。所以，竹林七贤在修武的传说是历史留给修武人民宝贵的非物质文化遗产，挖掘、保护和传承竹林七贤传说是我们的责任和使命。

四、主要价值

往事越千年，名士风流已被雨打风吹去。但作为一个时代的文化符号，竹林七贤留给后人的不仅仅是他们的任情和率性，也不仅仅是那些和任情率性相关的故事。他们的人格精神，他们的潇洒怀抱，他们的处世方式，他们的文学创作，他们的多才多艺，都给后人以虽不能至而心向往之之感。他们不可能像“老庄”“李杜”那样令人高山仰止，但却凭借脱俗之举和非凡之作，影响了一个时代，影响着中国文化和传统文人。

五、目前保护情况

竹林七贤在云台山的百家岩留下了众多的文化遗迹。焦作每年都举办“竹林七贤”研讨会，邀请全国各知名学府和研究机构的专家、学者在修武县进行学术交流，并提高其旅游知名度。目前，竹林七贤的主要活动场所——百家岩正在整理修复中，不久将作为云台山的一个主要景点向广大游客开放。

2007 年 2 月，“竹林七贤”传说成功入选了第一批河南省非物质文化遗产名录。

第二十三节　帝舜传说

一、历史沿革及分布情况

帝舜，冀州人。父瞽瞍顽，母嚚，弟象傲，皆欲杀舜。舜顺适不失子道，友爱孝慈，欲杀不可得，即求常在侧，年二十以孝闻。三十而帝尧问可用者，四岳咸荐舜。尧乃以二女妻舜以观其内，九男与处以观其外。舜居妫汭，内行弥谨。尧二女不敢以贵骄舜亲戚。舜耕历山，历山之人皆让畔。渔雷泽，雷泽之人皆让居。陶河滨，河滨器皆不苦窳。一年成聚，二年成邑，三年成都。瞽瞍尚欲杀之，使涂廪，从下纵火焚廪，舜以两笠自捍而下。又使舜穿井，既深入，瞍与象下土实井，舜从匿空旁出。年五十，摄行天子事。六十一，代尧践位。载天子旌旗往朝父，夔夔唯谨如子道，封象为诸侯，在位三十九年。寿百有十岁（五帝本纪）。

舜是我国上古五帝之一，是中华民族文明造肇时期对民族文化做出过重要贡献的领袖人物，也是今天陈、袁、姚、虞等主要姓氏后裔共同供奉的先祖，他上承尧、下启禹，在中华文明探源工程中处于关键地位。

二、基本内容及艺术特征

史书中对舜的活动有很多记载。《史记》载："舜，冀州之人。舜耕历山，渔雷泽，陶河滨，就时于负夏。"《风土记》载："舜东夷人也，生姚墟。"经国内 40 多名专家的反复论证，认定舜的出生地姚墟、躬耕地历山、迁居地负夏、捕鱼之雷泽、制陶处河滨等皆在今河南濮阳县境内。

濮阳及其周边地区至今还保留着许多关于帝舜的美好传说。如"舜耕历山""舜王爷淘井""唐尧选贤传说""东瓜、西瓜、南瓜、北瓜""看舜帝的面子豆子从头到根都有角""大井、小井村名的来历""黄豆和黑豆的来历"等。还有不少与帝舜有关的文化遗迹，如濮阳县五星乡固堆（亦称暇丘）村为"舜帝故里"，固堆村保留有古瑕丘遗址，现为两座东西相连的高台，台上建有帝舜庙。当地有祭祀帝舜的习俗，形成了万人同吃一锅饭的"坐会"独特风俗。在濮阳县徐镇还遗留有名为"舜井"的古井。

三、传承谱系及代表性人物

帝舜文化形成于 4 500 年前的上古时期，帝舜的仁孝思想和伦理道德观念，对中华文明的形成和发展有着重大影响。孔子继承上古文化，将其发扬光大，成为中国传统文化的核心精神。受帝舜文化影响，在濮阳一带传承出现了许多孝子孝女、贤士名人，如孝子闵子骞、子路、吴猛、缇萦，直臣汲黯、蘧伯玉，义士荆轲，故有"卫多君子"之称。

四、主要价值

研究和发掘帝舜文化具有重要的学术价值。舜帝的人格力量有着巨大的感召力，海内外华夏子孙都崇尚舜帝美德。近几年寻根谒祖之风盛行，海内外舜裔联谊组织已达 80 余个，联谊活动规模不断扩大。目前，世界舜裔宗亲联谊会已认可了濮阳为帝舜故里，2006 年在濮阳召开了世界舜裔宗亲联谊会第十九届国际大会。帝舜文化已成为凝聚海内外同胞感情、实现祖国统一与振兴的重要精神力量。

五、目前保护情况

随着社会的发展，帝舜文化赖以生存发展的社会基础和地理环境发生了重大变化，以史料和口头传播的帝舜文化资料大部分已经散失,口头传承人越来越少,帝舜文化的研究人员也不断减少,全面了解帝舜文化的人屈指可数。目前,濮阳市已将帝舜文化研究和帝舜故里开发建议列入重要工作日程,建立了中国濮阳帝舜文化研究会和中国濮阳海外舜裔联谊会,并成功举办了 2006 年第二十届世界舜裔宗亲联谊会国际大会。编辑出版了《帝舜故里》学术论文集、专著《帝舜后裔姓氏源流》《帝舜故里——濮阳》画册,出版了历史文化研究学术刊物《龙苑》,发表了一批国内外专家学术论文。濮阳市政府还对帝舜文化遗迹进行了初步保护,修建了姚墟纪念馆、舜帝宫,修缮了帝舜祠,在舜帝的重要活动地姚墟、历山、瑕丘(负夏)树立了石质标志碑,等等。

2007 年,帝舜传说成功入选河南省首批省级非物质文化遗产名录。

参考文献

著作：

[1]汪振军. 河南非物质文化遗产传承与产业化研究[M]. 北京：中国社会科学出版社，2014.

[2]王日新. 中原记忆：河南首批非物质文化遗产代表作[M]. 郑州：大象出版社，2013.

[3]周耀林. 非物质文化遗产档案管理理论与实践[M]. 武汉：武汉大学出版社，2013.

[4]王英玮，陈智为，刘越男. 档案管理学[M]. 北京：中国人民大学出版社，2015.

[5]编辑委员会. 河南省国家级非物质文化遗产图录.[M]. 郑州：河南人民出版社，2011.

[6]张俊峰. 叩醒商都. 郑州[M]. 郑州：河南科学技术出版社，2018.

[7]贾成祥. 话说国医 河南卷[M]. 郑州：河南科学技术出版社，2017.

[8]新年. 行走中原.[M]. 郑州：大象出版社，2018.

[9]于燕. 淇水诗源[M]. 郑州：河南科学技术出版社，2018.

论文：

[1]张琳，朱文霜. 地坑院的生态价值及可持续发展研究[J]. 戏剧之家，2018(31)：222.

[2]闫玮. 河南非遗传承人保护现状分析[J]. 山西档案，2014(4)：101-103.

[3]庞先超. 河南传统美术类非遗文化融入地方高校公共艺术教育探析[J]. 美与时代(中旬刊) · 美术学刊，2019(1)：102-103.

[4]赵云. 浅谈河南省非物质文化遗产背景下的创意产业开发[J]. 卷宗，2016，6(2)：804-805.

[5]刘双. 河南非物质文化遗产营利性演出的管理与开发[J]. 管理观察，2014(19)：12-15.

[6]胡晓瑛. 河南非物质文化遗产的保护与产业化开发现状[J]. 岁月(下半月)，2012(10)：204.

[7]乔春梅. 河南非遗的外宣翻译方法探析[J]. 知识文库，2017(04)：27+15.

[11]杨丹丹. 近年来国内社火研究综述[J]. 地方文化研究，2014(6)：105-112.

[8]霍纪超. 论信仰民俗的历史变迁和功能嬗变：以新郑黄帝拜祖祭典为例[J]. 信阳师范学院学报(哲学社会科学版)，2013(6)：96-99.

[9]李桂民. 黄陵、新郑和缙云黄帝公祭再探讨[J]. 长安大学学报(社会科学版)，2018，20(2)：1-8.

[10]周小岩. 黄帝祭典的传播与发展[J]. 青年时代，2016(20)：21，23.

[11]王柏利. 太极拳：一种标识性文化符号[J]. 西安体育学院学报，2014，31(1)：70-74.

[12]彭永，付宏杰，贺保良，等. 小相，狮舞“九天”[J]. 农村. 农业. 农民：上半月，2011(7)：57-59.

[13]于海涛. 河南曲剧形成的历史动因新探[J]. 南京艺术学院学报(音乐与表演版)，2018(2)：71-75.

[14]李芳菲. 河南卫辉柳位高跷传承研究[J]. 青春岁月，2015(16)：304-305.

[15]楚小利."非遗"视野下河南曲剧的渊源与现状调查[J].中国戏剧,2019(6):88-90.
[16]张亚茹.论非物质文化遗产的教育发展之路——以河南柳位高跷为例[J].戏剧之家,2016(18):220.
[17]高耀武.河南濮阳市民间传统体育活动田野调研研究——以清丰县为例[J].体育科技,2016,37(6):63-65.
[18]徐景涛.河南地方庙会舞蹈艺术特色与现代传承方式研究[J].芒种,2015(7):155-156.
[19]王喜伟.河南沁阳"高抬火轿"乐舞文化变迁的因素分析及路径选择(一)[J].黄河之声,2016(13):120.
[20]李磊.中原文化传承创新视阈下河南越调受众研究[J].周口师范学院学报,2019,36(4):146-149.
[21]张舒怡.澄泥砚,黄河之土在水与火中的幻化[J].收藏.拍卖,2017(03):76-81.
[22]赵华.河南越调的发展现状与保护对策研究[J].中国戏剧,2009(6):52-54.
[23]杨正娟.河南越调传统剧目文本研究[D].开封:河南大学,2012.
[24]庞日养,程张杏.浅析当代少林功夫的多种认知概念[J].武术研究,2018,3(2):76-79.
[25]王改君.近代河南豫剧艺人群体研究[D].湖北:华中师范大学,2008.
[26]黄永健.传统豫西剪纸技艺的现状与发展研究:以南沟村剪纸为例[J].装饰,2017(11):29-32.
[27]王玲,张慧.中华民族的瑰宝:黄河澄泥砚[J].文艺生活·下旬刊,2017(11):11-12.
[28]李晓宇.浅谈豫西剪纸艺术[J].科学与财富,2019(5):244.
[29]许智银,付彤彤.洛阳宫灯传承人及其心理状况分析[J].洛阳理工学院学报(社会科学版),2016(1):1-4.
[30]时媛媛.地方非物质文化遗产的相关研究:以河南睢县二夹弦为例[J].黄河之声,2018(6):75.
[31]董国政.浅谈河南曲剧艺术[J].东方艺术,2009(S2):141-142.
[32]邹燕琴.留住文化的"根":乡村非物质文化遗产档案开发模式[J].北京档案,2019(9):25-28.
[33]李雪霞.数字创意背景下非物质文化遗产档案保护研究[J].档案管理,2019(6):51-52,55.
[34]葛美英.开封朱仙镇木版年画历史变迁与民俗文化:以民间艺人郭太运为研究个案[D].开封:河南大学,2010.
[35]陈利国,周民强.平乐正骨渊源考[J].风湿病与关节炎,2012,1(2):55-58,68.
[36]苗瑞洲.嵩山少林功夫文化品牌的定位[J].环球市场信息导报,2017(48):45-46.
[37]刘灿姣,阳利新.我国非物质文化遗产数字化保护的研究述评[J].图书馆,2016(2):15-20.
[38]于琼芳.河南浚县庙会中"踩高跷"的调查与研究[D].新乡:河南师范大学,2013.

[39]任秀梅. 戏曲“二夹弦”濒灭唱腔考察与研究[J]. 焦作大学学报,2017,31(3):22-26.

[40]胡宁. 中原火神信仰与地方社会:对道口、商丘两地火神信仰的田野调查[D]. 开封:河南大学,2013.

[41]卫文辉. 民间信仰的当代建构:以河洛地区黄大王信仰为例[D]. 开封:河南大学,2012.

[42]李杉杉,章海虹. 汴绣在传承与创新发展中的坚守与改变[J]. 大众文艺,2018(16):48-49.

[43]丁炎. 关于民间舞蹈价值及传承的思考:以河南睢县麒麟舞为例[J]. 商丘师范学院学报,2013,29(2):133-136.

[44]张冬. 宋金、元时期的少林拳研究[D]. 开封:河南大学,2011.

[45]刘婧. 非物质文化遗产档案信息传播调查研究[J]. 浙江档案,2018(9):22-24.

[46]靳晔珅. 陈式太极拳发展问题研究[J]. 焦作师范高等专科学校学报,2019,35(4):24-25,34.

[47]杨黎明,杨光. 太极拳的发展与对外传播:以太极拳故里焦作近五年的情况为例[J]. 辽宁体育科技,2018,40(3):104-108.

[48]王素花. 开封汴绣的现状及发展探析[J]. 北方文学(下半月),2011(4):150-151.

[49]卢林涛. 非物质文化遗产档案式保护研究进展[J]. 兰台世界,2019(4):10-15.

[50]王科. 汴绣艺术研究[D]. 开封:河南大学,2011.

[51]尚铭. 河南传统泥塑在现代环境下的创新性研究[D]. 成都:西南交通大学,2011.

[52]王素花. 开封汴绣的现状及发展探析[J]. 北方文学(下半月),2011(4):150-151.

[53]陈乃平. 从火神崇拜到麒麟舞的产生:以睢县大刘寨麒麟舞为例[J]. 北京舞蹈学院学报,2015(6):21-25.

[54]尹培丽,姚明. 非物质文化遗产口述档案资源建设研究[J]. 高校图书馆工作,2019,39(3):41-45.